워킹 맘의 시행착오는 죄가 아니다

워킹 맘의 시행착오는 죄가 아니다

초판 1쇄 인쇄 2019년 8월 15일
초판 1쇄 발행 2019년 8월 20일

지은이 정다희
펴낸이 金泰奉
펴낸곳 한솜미디어
등록 제5-213호

편집 박창서 김수정
마케팅 김명준
홍보 김태일

주소 05044 서울시 광진구 아차산로413
(구의동 243-22)
전화 02)454-0492(代)
팩스 02)454-0493
이메일 hansom@hansom.co.kr
홈페이지 www.hansom.co.kr

값 13,000원
ISBN 978-89-5959-514-3 (03810)

* 잘못 만들어진 책은 구입하신 서점에서 바꿔드립니다.
* 이 책은 아모레퍼시픽의 아리따 글꼴을 사용하여 편집되었습니다.

WorkingMom**Project**

워킹맘의 시행착오는 죄가 아니다

정다희 지음

한솜미디어

| Prologue |

"그 어린것들을 어디에다 두고 일을 해."

"그 시간까지 애들이 고생이 많네."

"엄마 욕심이 많아서 어린아이들이 꽉 막힌 어린이집에 갇혀 있으려면 얼마나 힘들겠어."

"애들은 누가 봐?"

"봐주는 사람도 없이 애들을 거기다 맡겨?"

저는 언제나 욕 한 사발 먹는 워킹 맘입니다. 물론, 우리 아이들이 걱정돼서 하는 말씀인 줄은 알지만 "아이고… 퇴근해서 아이들 챙기고 집안일하려면 힘들지? 대단하네"라는 위로의 말을 듣고 싶은 사람, 그게 저예요.

제 의지와 상관없이 사람들에게 비치는 저는 '엄마 욕심' 때문에 아이들을 힘들게 하는 못된 엄마였습니다. 우리 가정은 그렇지 않다고, 복이들과 복이 아빠는 행복하다고 이야기하는 게 나름 제 변명이었습니다. 변명 아닌 변명이라고 생각하셨을까요?

저에게 돌아오는 소리는 "쯧쯧", "휴~"가 대부분이었습니다. 처음에 오기로 시작한 제 이야기는 억울하고 속상한 심정을 글로 남기면서 시작했습니다. 저에게 모진 말을 했던 사람들에 대한 원망의 말들이 일기장에 가득했습니다. 속으로 삭이며 적어냈던 이야기를 훑어보았습니다. 참… 한심하기 그지없었습니다. '내가 선택한 워킹 맘의 길'을 후회로 물들이고 있는 제 모습만 보였습니다.

후회하기보다 이겨낼 수 있음을 믿고 다른 시선으로 바라보기로 했습니다. '반대 시선으로 바라보면 나에게 더 도움이 되지 않을까?'라는 고민과 이런저런 생각으로 매일매일 일기를 쓰기 시작했습니다. 한 자 한 자 적다 보니 글이 되고 글들이 모이기 시작했습니다. 어느새, 저에게 '책을 써볼까?'라는 꿈의 씨앗이 돋아나고 있었습니다.

책 출간이란 것에 대해서 한 번도 생각하지 않았던 제 삶이었습니다. 어느 순간, 마음속에 낯설게 자리한 새로운 꿈이 또다시 '내 인생 참 재밌다'라는 생각을 시발점으로 달리기 시작했습니다.

아무도 눈뜨지 않은 새벽, 홀로 잠과 싸워가며 복이 아빠의 코골이를 배경음악 삼아 써 내려갔습니다. 아이들의 뒤척임에 신경을 곤두세우며 한 페이지 한 페이지 적어나간 일기들이 한 권의 책이 되리라고는 얼마 전까지의 나라면 꿈도 못 꿀 일이었습니다. 마지막 페이지를 완성하고 마침표를 찍었을 때, 스스로 얼마나 자랑스러웠는지….

결국 내가 또 하나 해냈다며 신난 제 뒤에는 항상 저를 위해 눈물로 기도하는 친정엄마. 어떤 기분이든 다 맞추어주는 복이 아빠. 무서운 엄마, 일하는 엄마를 누구보다 사랑한다는 딸들이 무너지지 않게 지켜주는 견고한 반석이 되어주고 있었습니다.

한 자 한 자 눌러 담아 펴낸 제 이야기에는 부족하고 못난 모습의 과거 워킹 맘 정다희가 비참하기도 했던 모습을 버리려 무던히도 애썼던 모습들이 가득합니다. 스스로와 가족들에게 자랑스러운 사람이 되기 위한 과정을 담아냈습니다.

부족한 저도 살아보니 되더라구요. 뒤돌아보니 참 잘 살았다 싶어요. 그러니 모든 워킹 맘은 인생을 멋지게 살아낼 수 있어요. '엄마'라는 호칭이 참 강한 것이더라구요. 워킹 맘 파이팅!

언제 어디서나 할머니처럼 온화한 모습과 함께 편안한 미소로 아이들의 편이 되어주시는 장향숙 원장님, 저녁 9시가 넘은 시간까지 한 번도 싫은 소리 안 하시고 오히려 서두르지 말라며 다독여주시고 아이들을 사랑으로 돌봐주시는 장진자 선생님, 복이들이 어린이집에서 행복한 생활을 할 수 있게끔 항상 힘써주시고 바른 아이들로 성장할 수 있도록 지도해 주시는 김다영 선생님, 김푸름 선생님, 이외에 항상 어느 위치에서든 사랑으로 복이들을 맞아주시는 모든 어린이집 선생님, 정말 감사합니다. 워킹 맘으로 당당하게 일할 수 있게 도와주셔서 항상 감사합니다.

차례

04 마음의 단열제는 두껍게

05 마음의 인테리어는 나에게 걸맞게

06 워킹 맘 하우스에 들어오세요

01

땅을 다지는 중입니다

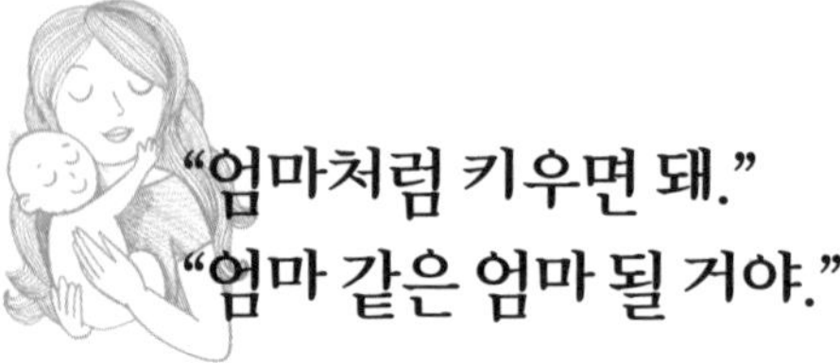

"엄마처럼 키우면 돼."
"엄마 같은 엄마 될 거야."

우리 엄마 미자 여사는 내가 인정하는 최고의 육아 달인이다. 전적으로 우리 아이들을 봐주는 것은 아니지만 가끔 애 봐줄 사람이 없으면 주말 같은 경우 맡긴다. 아이들이 할머니랑 살고 싶다고 할 정도로 애 하나는 끝나게 잘 봐준다. 우리 세 자매도 미자 여사의 육아신공으로 자랐다. 임신 사실을 알린 날 엄마의 한숨에 난 뭐가 그리도 당당했는지 "엄마처럼 키우면 돼"라고 말했다. 참 바보 같았다. 엄마처럼 아이를 양육한다는 게 얼마나 힘든 일인지 모르고 그 말을 내뱉었다. 그 말은 하지 말았어야 하는 금단의 말이었다.

아기가 태어나고 밤낮없이 울어대는 시기가 지났다. 뒤집기를 하고 걸음마를 한다. 말을 시작한다. 사람이라고 밥을 먹는다. 어린이집에 가야 할 시기가 왔다는 뜻이다. 그리고 내게는 일을 시작해야 한다는 뜻이다. 물론 아이를 낳은 뒤 쉴 틈 없이 일했다. 일을 사서 할 수밖에 없는 사람이다. 어쨌든 어린이집에 가야 하는 시기가 오면서부터 온갖 걱정이 시작되었다. 어떤 어린이집에 보낼지, 아이는 잘 적응할지, 너무 어릴 때 보내는 건 아닌지 별별 걱정이 앞섰다. 지나고 보니 별 걱정거리도 아니었는데….

우리 엄마는 나를 유치원에 보낼 때 무슨 생각을 했을까? 내가 어릴 때는 어린이집보다 유치원으로 시작하는 경우가 많았다. 나는 막상 애들을 보내야 할 때 생각이라는 것을 할 수 없는 상황이었다. 일을 해야만 살 것 같았기 때문이다. 오히려 드디어 아이들을 보낼 때가 왔다며 쾌재를 불렀던 기억이 난다. 어린것을 벌써부터 보낸다며 엄마한테 한소리 들었지만 나부터 살아야 했다. 솔직히 집안 형편도 좋지 않았다. 몇 달 돈을 벌지 않으니 슬슬 통장 잔고에도 한계가 왔다. 행복을 돈과 연관 짓지 말라고 하지만 돈이 없으면 행복할 수 없음을 그때부터 더 강렬하게 느꼈던 것 같다.

요즘 시대는 반드시 고정지출이 있기 마련이다. 세금, 보험, 저금, 학비 등등… 당장 벌지 않으면 안 되는 경우가 있다. 나도 금전적으로 너무 힘들었기에 "그 어린것을 보내냐"는 엄마의 잔소리에도 아이들을 어린이집에 보내야 했다.

내가 워킹 맘이 되려고 한 데에는 금전적인 이유가 가장 컸지만 또 하나, 아이를 양육하는 동안 누군가 내 자리를 치고 올라오고 있다는 불안감도 나를 내몰아 세웠다. 그 자리까지 얼마나 힘들게 갔는데 자리를 빼앗기면 아이를 탓할 것 같았다.

일하면서도 아이들을 친정엄마처럼 키울 수 있다는 근거 없는 자신감을 가지고 일을 시작했다. 참 무식하고 부족했던 엄마임이 틀림없다. 친정엄마처럼 아이를 양육하려면 나를 얼마나 희생해야 하는지 꿈에도 생각해 본 적이 없으면서 그렇게 덜컥 일하겠노라 선언했다. 무식하면 용감하다는 말의 표본이었다.

지금도 육아와 일 그리고 집안일에 치여서 힘들 때 가장 우선순위로 생각하는 말이 있다. 무식하게 내뱉은 말!

"엄마처럼 키우면 돼."

아버지는 내가 20살 되던 해, 막냇동생이 10살 때 하늘나라로 가셨다. 아버지 없이는 엄마가 무너질 것이라고 예상했던 내 생각은 완전 빗나갔다. 그때 엄마 심정이 어쨌는지 나는 알지 못한다. 하지만 한 가지 기억하는 건 엄마는 현실을 덤덤하게 받아들이고 회사로 출근하기 시작했다는 것이다. 지금도 회사에 출근하고 있다. 막냇동생이 아직 공부를 마치지 않았기 때문이다. 요즘에는 할머니들이 대부분 경제 활동을 하지만 그래도 나는 엄마가 대단하다고 생각한다. 막둥이를 위해 손녀가 있는 할머니가 출근을 한다.

처한 상황은 누구나 다르지만 친정엄마가 막내의 학업을 위해 아직도 일하는 모습을 보면서 내가 워킹 맘이라는 길을 선택한 것이 아이들을 위한 이유도 있음을 알 수 있었다. 결국 나는 엄마처럼 아이들을 키우고 있다고 말할 수 있다. 내 꿈, 내 커리어와 금전적 문제를 위해 선택했다고 하지만 아이들을 위해 출근하고 있다는 것도 배제할 수는 없다.

나이 50 넘어서 자식 뒷바라지하는 건 보통 일이 아닐 것이다. 점점 결혼을 늦게 하는 추세라 50이 넘어도 아이들이 청소년일 확률이 굉장히 높다. 나는 늦둥이를 낳은 엄마 덕에 워킹 맘 인생을 살아가는 데 있어서 최고의 선생님이 생겼다. 어쩌다 보니 친정엄마처럼 아이들을 키우고 있다.

우리가 살고 있는 시대에는 어쩔 수 없이 전업주부보다 일을 선택하는 부모들이 늘고 있다. 난 노후는 준비도 못하고 또다시 일의 연장선에 서기 싫다. 모진 엄마라는 소리 들을 것을 감안하고 아이들에게 나는 너희를 20살까지만 도와줄 거라고 이야기한다. 20살이 뭔지도 모르는 그 어린것들을 데리고 말이다.

내가 워킹 맘의 길을 선택한 이유가 점점 명확해지니 누구보다 열심히 일해야 했고 누구보다 열심히 살아야 했다. 그런데 그게 맘처럼 쉽게 되나? 역시나 여러 고비들을 마주쳐야 했다. 이겨낼 수 없어서 좌절했던 때도 있다. 세상사 내 맘대로 되지 않는다는 말을 뼈저리게 느끼고 또 느끼게 해준 것이 바로 워킹 맘의 위치였다. 워킹 맘이 멋있다? "어이구 당신이 해보세요~"라는 말이 절로 나오던 때도 있었다. 나는 점점 지쳐갔다. 당연히 짜증을 많이 내는 엄마가 되었고 항상 날이 서 있는 엄마였다. 감정이 폭발하면 남편에게 못된 말들을 쏟아냈다. 감정 점수 빵점이었다. 모두 다 적인 것 같고 나 말고는 나를 이해해 주는 사람이 없다고 생각했다. 정말 바보 같고 불쌍한 나날들을 보내고 있었다. 나는 점점 나를 형편없게 만들고 있었다.

하루는 딸아이가 나를 보고 환하게 웃으면서 "나는 커서 엄마 같은 엄마가 될 거야. 꼭!"이라고 말했다. '어이구야, 내 엄마처럼 키우겠다고 너한테 그런 모진 말들을 하는데도 너는 나처럼 되겠다고 하는구나. 뭔 복을 타고났기에 이런 딸이 내 곁에 있을까?'

다시 한 번 생각을 고쳐먹기로 했다. 20년 30년 뒤에 '엄마 같은 엄마가 될 거야'라고 똑같이 말할 피붙이가 있다면 지금보다 더 열심히 살아도 부족하지 않을까? 친정엄마 삶의 반도 살지 않은 내가 힘드네, 어쩌네 하기엔 나는 아직 너무 젊다.

힘을 내야만 하는 이유는 분명했다. 나에게 어떤 환경이 주어졌든지 다 떠나서 내 아이가 조금 더 좋은 환경에서 본인의 꿈을 키워나가길 바랐다. 여전히 꿈꾸고 있는 나에게는 이것 또한 꿈의 리스트 중 하나다. 난 꿈이 참 많은 사람이다. 엄마처럼 아이를 키워야 할 이유가 수백 수만 가지 있다는 뜻이다.

아무리 힘들어도 지금은 지칠 때가 아니다. 우리네 부모님들은 아직도 달리신다. 이래서 힘들고 저래서 힘들다는 변명은 접어둬야 한다. 내가 결정한 길이니 끝을 봐야 나중에 자식들에게 할 말이라도 있지 않겠는가. 이제 스타트라인에 선 마라톤 선수인 우리는 페이스를 조절하면서 끝까지 완주해야 하는 워킹 맘 그리고 엄마이다.

사람들마다 다르겠지만 누구는 엄마처럼 누구는 아빠처럼 누구는 조부모님처럼 아이를 양육하기 위해서 그분들의 육아 방식을 조금씩은 모방한다. 나를 이 자리에 있게 해준 분들 또한 이 시절을 무사히 다 넘겼다. 그 모습을 보고 느끼며 자랐다. 목표는 20년 30년 후에 "엄마 같은 엄마가 될 거야"라는 소리를 다시 듣는 것이다. 결승선이 생겼으니 지금부터 달리면 된다. 달리다 보면 힘든 언덕도 나올 테고, 엄청난 갈증에 시달리기도 할 것이다. 이 게임을 계속하느냐, 중도 포기하느냐는 엄마의 마음가짐에 달려 있다.

아이들에게 엄마는 그래도 포기하지 않았노라 외칠 수 있는 사람이 되기 위해 달려보자. 포기라는 것은 잠시 접어두자. 모두가 워킹 맘이 될 수 없다. 살면서 단 한 번도 경험할 수 없는 사람들이 얼마나 많은가? 우리는 이미 워킹 맘이 되어서 출발지점에 섰고 이미 달리고 있는 사람도 있을 것이다. 지금부터 시작이다. 나는 훗날 결승선에서 분명 아이에게 "엄마처럼 내 아이도 양육하면 된다"는 말을 듣고 있을 것이다.

내 양육 방식이 옳든 아니든 나와 아이들이 행복하면 된다. 부족한 부분은 노력하면 채워지기 마련이다. 우리 아이들은 분명 행복하다. 내가 엄마의 양육 방식으로 지금 행복하듯이.

워킹 맘이라는 왕관으로 나를 치장하자

나는 헤어디자이너이다. 누구보다 내가 돋보여야 한다고 생각하는 사람이다. 당연하게도 그렇게 살아와서 그런 걸 수 있다. 아닌 사람도 있겠지만 보통 임신하면 엄마들의 살은 급격하게 불기 시작한다. 나 또한 10kg 증가했다. 그 정도면 다행이지 했는데 막달 때는 10kg가 추가 되었다. 도합 20kg이 붙었다. 아이를 낳고 모유수유하면 다 빠진다는 말도 안 되는 친정엄마의 말에 홀라당 넘어가버린 피해자다. 엄마가 말하던 모유수유를 열심히 해서 10kg을 빼고 나니 나머지는 굶으면 현기증 나고 운동은 못하겠고 포기해야 하나…라는 지점까지 갔다.

그러던 나에게 하늘도 무심하셨지 둘째를 선물하셨다. 그토록 피하고 싶던 연년생 엄마가 되었다. 둘째를 임신했을 때는 내 몸뚱어리들이 살 붙이는 기술을 연마했었나 보다. 10kg은 아기자기한 숫자였다. 둘째를 낳으려 했을 때 60kg을 가뿐히 넘겼다. 키가 150cm밖에 안 되는 내 체구에 그 정도까지 쪘으면 임신과 출산을 경험한 엄마들은 대충 알 테다. 허벅지는 튼살 크림 없이는 안 되는 상황이었고 배는 터질 것만 같았다.

둘째를 낳고 마음을 독하게 먹었다. 복직해야 했으니까. 원래 몸무게까지는 아니더라도 근처까지는 진입해야 입던 옷에 몸을 구겨넣어 볼 수라도 있지 않을까 하는 욕심이었다. 새로 사기는 아까웠기 때문에 미친듯이 살을 뺐다. 온갖 다이어트 보조제를 입에 달고 살았다. 어째 어째 빼긴 뺐는데 배는 추~욱 처져 있고 얼굴은 생기가 없었다. 그래서 집에서 운동을 시작했다. 아침에 아이가 깨기 전 시간을 이용해서 열심히 해봤다. 그러니 뭐 조금은 봐줄만 하게 빠졌다. 지금은 바쁘다는 핑계로 운동과 작별했다. 그래도 봐줄만 하다고 스스로 위로하고 있다.

아이를 어린이집에 보내는 연습을 시작했다. 집에서 엄마는 '선생님', 너희는 '학생 어린이'라며 역할놀이를 꾸준히 했다. 솔직히 우리 아이들은 아주아주 감사하게도 처음 보내는 곳도 적응력 짱으로 한 방에 해결해 준 고마운 사랑둥이들이다. 우리 아이들 같지 않게 적응에 어려움을 겪는 아이들이 있다. 엄마는 육아휴직의 끝이 다가오는데 미치고 환장할 노릇일 것이다. 나처럼 애 봐줄 수 있는 이가 주변에 단 한 명도 없을 시에는 더 초조하고 불안하겠지. 나는 아이들을 어린이집에 보내거나 베이비시터에게 맡기는 과정을 왕관 차지 시험이라고 생각한다.

워킹 맘이라는 왕관의 무게는 아무나 짊어질 수 있는 게 아니다. 수차례 넘어지고 좌절해 봐야 한다. 짊어지면 다행이게. 잘못하다가 질질 끌고 가야 될 수도 있다. 학창시절 역사 시간에 역대 왕들의 생활을 배운다. 얼마나 힘든 생활을 했는지 조금만 들여다봐도 대단하다. 머리 위로 그 왕관을 올리기 위해서는 여느 왕들처럼 철저하게 나를 훈련시켜야 한다. 거저 되는 거면 아무나 워킹 맘하고 있겠지. 왕관 차지 시험을 통과하려면 엄마는 무덤덤해야 한다.

우리 아이들은 엄격한 엄마가 있는 탓이었는지 바짓가랑이 붙잡고 늘어지는 일은 없었다. 아마 아무것도 모를 때 어린이집에 등원했기 때문일 수 있다. 뭔가 깨우칠 때쯤 어린이집 등원을 시작하는 아이들은 확실히 다름을 주변 엄마들을 보고 알았다. 어린이집 입구에서 엄마와 떨어지지 않으려 용쓰고 엄마를 붙잡는 아이들도 있고, 엄마는 이미 갔는데 입구에서 쉼 없이 울어대는 아이도 있다. 아이들을 본 체 만 체 들여보내는 엄마들은 어린이집 원장님과 선생님들께 죄송하지만 출근시간에 쫓겨서 어쩔 수 없다고 하는 워킹 맘이다. 아이가 울어도 단호하게 나가는 엄마들에게 박수를 쳐주고 싶다.

우리 애들은 안 그랬으니 모를 거란 생각은 금물이다. 아이들에게도 사춘기가 오는 건지 한 번은 나에게서 안 떨어지려고 막내가 난리 블루스를 추었던 적이 있다. 나도 마음이 아팠다. 억지로 들여보낸 후 마음이 자꾸만 아이에게 갔다. 그래서 어린이집 문 앞에 가만히 서 있었다. 이때 나는 제대로 배웠다. 아이도 엄마에게 사기를 칠 수 있다는 것을. 문 앞에 서 있는 시간이 채 1분도 안 되었는데 아이가 선생님과 자기 반으로 들어가 장난감을 가지고 노는 것이었다.

단호하게 돌아설 줄 아는 당신 멋지다. 베이비시터에게 아이를 맡긴 엄마도 단호하게 집에서 나와 출근함에 박수를 쳐주고 싶다.

이제 왕관 자격 첫 단계를 합격했으면 다시 내가 아이를 갖기 전으로 돌아가는 것에 매진해야 한다. 세상은 애기 엄마라고 해서 봐주지 않는다. 오히려 애기 엄마는 갖추어야 할 게 태산이다. "역시 애 낳더니…"

라는 소리를 듣지 않으려면 나를 가꿔야 한다. 우리는 어쩔 수 없는 외모지상주의 삶을 살고 있다. 그렇다고 무리하게 살을 뺄 필요는 없다. 내가 해보니 안 되더라. 끝까지 빼도 꼭 마지막 6kg이 남았다. 애 낳기 전에 입었던 옷을 입으려는 꿈을 접고 당장 백화점 가서 나를 위한 투자를 해야 한다. 인터넷 쇼핑도 좋다. 매 계절 한 가득 옷을 사는 덕분에 엄마에게 잔소리 한 바가지를 하사받는다. 그래도 신경 쓰지 않고 앞으로도 계속 옷을 사고 화장품도 사고 나를 위한 투자를 멈추지 않을 것이다. 그렇다고 지나친 낭비는 하지 않는다.

나를 꾸며야 하는 이유는 또 있지만 그 이야기는 나중으로 미뤄둔다. 당당한 모습을 가지려면 어느 정도 나를 위해 투자해야 한다. 그렇다고 흥청망청 명품으로 치장하고 비싼 화장품으로 치장하라는 뜻이 아니다. 부럽지만 돈이 많다면 그래도 된다. 나는 돈이 절실했던 엄마여서 그런 치장은 나에겐 사치였다. 형편에 맞게 투자해야 한다. 그리고 준비된 내 모습을 거울로 봐라. 애 낳기 전의 서툰 모습보단 성숙이란 물을 한 사발 들이킨 내가 보인다. 난 아이 낳기 전보다 지금의 내 모습이 훨씬 매력적이라고 생각한다. '음… 이 정도면 봐줄 만하군'이란 생각이 들면 OK! 왕관 자격 두 번째 단계 합격이다. 이미 워킹 맘 왕관을 획득했다면 그 무게를 가볍게 하는 것도 미션이라면 미션이다. 조금 더 나아진 내 모습을 만들기 위해 지나치지 않는 선에서 나를 위한 투자는 환영이다.

베이비시터나 도우미 아줌마 아니면 아이를 맡아줄 부모님이 계신다면 조금은 빨리 패스할 수 있는 왕관 자격은 집안일과 일을 해내는 연습이다. 일을 시작하면 집은 개판 오분 전이 된다. 나는 청소를 정말 못

하는 축에 든다. 일주일에 한 번 하면 모든 것을 다 끄집어내서 하고 며칠 그냥 산다. 집안일 젬병인 내 입에서도 분명히 "집안일하랴 일하랴 식구 신경 쓰랴 밥하랴 내가 얼마나 힘든 줄 아냐"라는 소리가 쉴 새 없이 나온다. 육아맘이었던 때에 "애 보랴 밥하랴 빨래하랴 청소하랴 내가 얼마나 힘든 줄 알아?"라고 하던 나의 업그레이드된 모습이라고 보면 된다.

왕관 자격을 획득해도 사람인지라 분명히 엄청난 히스테리 여왕으로 등극할 수밖에 없다. 히스테리 여왕이 되기 싫었다. 이제는 내가 할 수 있는 집안일 딱 세 가지만 한다. 설거지 · 밥하기 · 빨래하기. 나머지는 워킹 대디가 한다. 둘 다 일하고 둘 다 집안일하는 게 당연하다는 이야기다. 그렇지 못한 집은 엄마가 워킹 맘으로 살기 너무 힘들다.

어떤 가장들과 살고 있는지 모르겠지만 남자들은 당연히 집안일을 안 하거나 못한다. 애교 장착하고 당장 부탁해라. 설거지했는데 깨끗이 안 했네 뭐했네 하지 말고 "어이구 잘한다"며 추임새 넣어주면 된다. 청소했는데 먼지가 한 가득 있어도 집이 깨끗해졌다고 "우와~" 한 번 해주면 된다. 남편 입장에서는 나름 열심히 했는데 잔소리 들으면 의욕이 없어질 수밖에 없다. 기껏 밥해 놨더니 맛칼럼니스트로 직업 전향한 사람처럼 이 트집 저 트집 잡는 남편에게 밥해 주기 싫은 마음과 똑같다. 그냥 무조건 잘했다고 하면 결국 남편은 바뀐다. 진짜 잘하면 금상첨화겠지만 잘할 것이라는 기대는 솔직히 내려놓자. 평생 안 하다 하려니 그들도 죽을 맛일 것이다.

이렇게 가사 분담이 어느 정도 되고 서서히 내가 없어도 될 영역을 넓혀가면 된다. 워킹 맘이 다 하려고 끌어안고 가면 중간에 지치기 마련이다. 완벽한 사람은 없다. 워킹 맘은 더더욱 완벽할 수 없다. 완벽을 바란다면 그냥 집에서 애만 보는 게 더 낫다. 내가 놓아야 할 부분이 있다면 쿨하게 놓자. 그게 나를 위하고 가족과 아이를 위해 더 좋은 길이란 것쯤은 기본으로 마음에 새겨놓아야 한다.

모든 게 완벽해야 했던 지인이 있었다. 그녀를 A라고 칭하겠다. A는 집에서도 직장에서도 완벽해야 했다. 같이 일하던 동료이자 좋은 언니였던 A는 직장에서 받은 스트레스를 고스란히 집에 가져갈 수밖에 없었다. 같이 일하는 동료로 내가 바라본 그녀는 정말 완벽했고 어쩜 애 엄마가 집안일에 육아에 직장에서까지 흐트러짐이 없었는지 지금 생각해도 신기하다. 하지만 그녀도 사람이었다. 집안일이 왕창 쌓여 있으니 스트레스 지수가 올라갔다. 항상 화가 치밀어 올랐지만 참으며 집안일을 했다. 잠을 자려니 이번에는 아이들이 놀아달라 난리였고 피곤함에 지쳐버린 A는 깜박 잠이 들기 일쑤였다. 완벽을 추구하던 그녀도 너무 지쳤던 것이다.

퇴근하고 집에 온 남편은 항상 그녀를 깨워 몰아세웠다. 매일이 싸움의 연속이었다. A는 더 이상 멋진 엄마도 멋진 동료도 아닌 채 우울증에 걸렸다. 우울증에 걸린 그녀를 보니 더 이상 그 완벽함이 멋져 보이지 않았다. 결국 그녀는 워킹 맘이라는 왕관을 내려놓고 지금은 전업주부로 살고 있다. 가끔 만나는 그녀는 완전히 회복됐고 자기 자신을 조금씩 내려놓고 있다. 회복이 된 그녀는 "그때는 왜 내려놓지 못했을까? 다시 한 번 기회가 온다면 난 완벽하지 않아도 될 것 같아"라고 말했고 지금은 다른 직업을 준비하고 있다. 훨씬 더 좋아진 모습으로. 덤으로 남편과의 사이 또한 전보다 괜찮아졌다고 한다.

무엇이든지 혼자 짊어지고 완벽하게 보이려는 모습은 금방 지치게 하는 지름길이다. 워킹 맘은 앞을 길게 내다보며 현명하게 조금씩 내려놓는 방법도 알아야 한다. 완벽하려고 하지 말자. 부족한 부분은 서로 채워주면서 천천히 나아가면 된다. 조금 돌아가더라도 서두르지 말자.

아이와 작별하는 게 자연스러워지고 나의 가치를 높이는 관리를 했고 가사 분담을 명확히 했다면 이제 왕관으로 나를 치장하자. 한껏 반짝이는 왕관으로 나를 치장하자. 나는 워킹 맘 왕으로 임명된 사람이다.

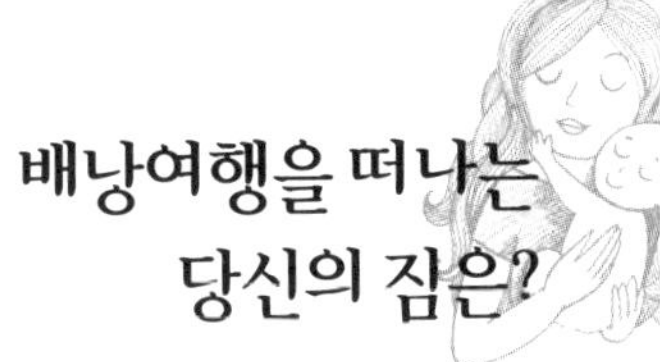

배낭여행을 떠나는 당신의 짐은?

나는 한 사람의 긴 인생 중 워킹 맘이 가는 길을 배낭여행이라고 하고 싶다. 배낭여행 중에서도 워킹 홀리데이라고 하는 게 맞을 듯하다. 워킹 홀리데이란 해외 여행 중 부족한 경비를 마련하기 위해 젊은이들이 현지에서 일할 수 있는 제도이다.

엄마들이 아이를 낳아 양육하면서 부족한 경비를 마련하기 위해 일하는 워킹 맘 시기를 배낭여행이라고 생각하면 조금 더 신나게 시작할 수 있지 않을까? 워킹 홀리데이는 취업뿐 아니라 다른 나라의 문화를 경험하며 자기 발전을 위한 동기부여 측면에서 떠나기도 하는데 워킹 맘 또한 인생의 워킹 홀리데이를 진행 중인 것이다. 워킹 맘이 아니더라도 주부 또한 살면서 한 번도 경험하지 않은 경험을 하는 것일 테다. 잠깐의 휴식을 위한 여행이 아니라 나의 발전을 위해 떠나는 여행인 점은 분명하다. 단순하게 떠날 수 있는 여행보다 워킹 맘으로서의 배낭여행은 조금은 긴 여정이 될 것이다. 장점은 돈이 따박따박 잘 나온다는 점이다.

우리네 엄마처럼 키울 준비를 하고 워킹 맘 왕관으로 한껏 치장했다면 이제 여행을 떠나면 된다. 단기여행 또는 휴가를 가봤으면 알 것이다. 그 짧은 몇 박 며칠 가는데 짐이 아주 한 가득이다. 옷을 몇 벌씩이나 챙기고 먹을 것은 또 왜 그렇게 많이 챙기는지, 다 먹고 다 입지도 못할 짐들을 바리바리 챙긴다. 하지만 배낭여행은 이와 많이 다르다. 말 그대로 '배낭' 여행이다. 배낭에 여권과 여벌 옷 그리고 여행하는 데 필요한 최소한의 것만 챙긴다. 단기여행처럼 바리바리 챙긴다면 출국하는 공항에서는 들뜬 마음으로 신나게 들고 다니겠지만 하루 지나고 이틀 지나면 그 짐은 말 그대로 짐이다. 결국 불필요한 것들은 버리게 된다. 왜 쓸데없이 바리바리 싸들고 가서 버리나? 처음부터 과감하게 두고 가면 된다.

워킹 맘의 배낭여행 준비물 또한 간단하면 된다. 사소한 잡념들은 고이고이 접어둬라. 일에 집중하기도 바쁘다. 멀티플레이가 가능하다면 잡념주머니를 차고 가도 된다. 나는 멀티플레이에는 젬병이기 때문에 고이 접어뒀다. 지금은 내 인생에도 잡념이라는 존재가 스멀스멀 생기려고 하는데 별 필요 없다고 느껴진다. 조만간 버릴 예정이다. 정말 필요한 것만 챙겨서 설레는 마음으로 가면 된다. 집에서 애만 보고 집안일에 치일 때는 그렇게도 바라고 바라던 출근 아닌가?

아무것도 모르는 오지로 배낭여행을 간다면 처음부터 좌절이라는 것과 마주친다. 똑같다. 한 번도 가보지 못한 워킹 맘의 길은 당연히 좌절을 퍼부어줄 요소들로 가득할 것이다. 오지에서 좌절을 견뎌내느냐 포기하느냐에 따라 배낭여행의 끝은 좌지우지된다. 끝까지 버티고 버텨서 돌아온다. 이 또한 똑같다. 견뎌내야만 한다. 쉽게 포기하기엔 우리의 가슴 뛰던 설렘에게 너무 미안하지 않은가.

일한다는 기쁨에 들뜨고 조심스러운 마음으로 아이에게 맞는 어린이집을 찾아다니던 열정, 더 좋은 베이비시터를 찾던 열정, 새로운 출근 준비로 옷 가게며 화장품 가게며 들락거리던 기쁨이 있었다. 드디어 육아에서 벗어난다는 쾌감도 있었다. 그런 마음속을 열정과 기쁨이라는 비타민으로 가득 채우자.

그런데 출근하고 보니 내 맘과 같지 않은 일들이 넘쳐난다. 당연하다. 아이 엄마라는 이름표를 붙이고 출근했으니 더더욱 당연하다. 아이 엄마라는 이름은 여권이다. 나를 대변해 주고 나를 증명해 주는 것이기에 절대 잃어버리면 안 된다. 여행지에서 여권을 잃어버리면 골치 아프다. 지갑은 잃어버려도 여권만은 꼭 지켜야 한다. 아이 엄마라는 여권을 꼭 쥐고 한 발 한 발 나아가 보자. 이 여권은 나만이 가질 수 있기 때문에 무엇보다 더 정신무장하고 꼭 지켜야 한다. 하나밖에 없는 여권이기에 더 철저하게 나를 단련시켜서 지켜야 한다.

내 의지를 훔치려는 수많은 소매치기들과 마주치게 될 것이다. 정신없이 왔다 갔다 하면서 일을 시작하게 된 본질을 잊어버릴 위험도 있다. 여권을 지키기 위해 다른 것들을 버려야 할 상황도 올 것이다. 안전하게 편안한 여행을 끝내기 위해 중간 고비들을 현명하게 대처해 보자. 힘들었던 여행이 행복했던 여행보다 기억 속에 더 오래 간직된다. 지금 우리의 여행은 평생 간직할 수 있는 추억이 되어가고 있다.

시작이 쉬운 게 어디 있을까? "시작이 반이다"라는 말이 있다. 하지만 덜컥 시작했으니 반쯤 왔다고 생각하면 오산이다. 시작은 준비된 자만 할 수 있다.

예를 들어 아이의 어린이집 보내기를 생각해 보자. 어린이집에 보내기 위해 좋은 어린이집을 찾고 엄마들의 평을 하나하나 들여다보고 맘에 드는 어린이집에 대기시킨다. 연락이 오면 상담을 간다. 우리 아이를 정말 믿고 맡겨도 되는 곳인지 원장 선생님과 열심히 원을 둘러본다. 맘에 안 들면 다른 곳 상담을 또 간다. 아이들을 믿고 맡길 수 있는 곳을 끊임없이 고민하고 연구해서 찾는다. 원하는 어린이집에 가게 되면 어린이집에서 요구하는 준비물을 준비한다. 물티슈, 칫솔, 치약, 낮잠 이불, 식기구 세트, 필기구 등등 그리고 원에서 입는 단체복을 구매한다. 입학비도 준비한다. 모든 준비를 다 마친 후 빠진 것이 없는지 한 번 더 점검한다. 그리고 드디어 아이를 등원시킨다.

이 정도는 해야 어린이집에 보내기 시작했다고 주변 사람들에게 말할 수 있다. 준비물도 많고 알아볼 것도 많다. 시작하기 전에 이렇게나 많은 준비를 해야 한다는 것이다. 이렇게 준비를 철저히 하고 "시작이 반이다"라고 말한다면 인정한다. 생각만 하고 있다면 시작했다는 말은 하면 안 된다. 나중에 분명히 시작이라는 단어 앞에 사죄할 날이 온다. 나도 아이를 어린이집에 보내고 일을 시작하면서 참 많은 착각 속에 살았다. 준비되지 않은 워킹 맘의 길은 너무너무 고단했다. 여권만 가지고 다니면 뭐하겠는가. 어디를 어떻게 가서 무얼 해야 할지 모르는데…. 나는 '맨몸으로 부딪쳐라'라는 말도 믿지 않는다. 맨몸으로 부딪칠 정도의 멘탈이면 엄청난 내공이 숨어 있다고 생각한다.

그다음 챙겨야 할 것이 사전 정보이다. 그냥 무작정 떠난다면 앞서 말했듯이 어마어마하게 시간을 낭비할 것이다. 워킹 맘으로 아이를 양육하려면 어찌해야 하는지 책이라도 잡고 읽어보자. 책 속에 답이 있다.

요즘 많은 엄마들이 이용하는 맘카페를 활용하는 것도 좋다. 인터넷에 검색해 보면 수천, 수만 가지 정보들이 쏟아져 나온다. 마치 배낭여행을 떠나기 전 내가 가려는 나라의 기본 정보 정도는 공부해야 하는 것처럼, 워킹 맘으로서의 배낭여행 또한 사전지식이 분명히 있어야 한다. 그 나라의 문화, 예절, 식습관 등 쥐뿔도 모르면서 무슨 자기계발을 할 것인가. 워킹 맘으로서의 배낭여행도 똑같다. 워킹 맘들이 어떻게 살아가는지 한 번 정도는 공부해야 한다. 아이가 아플 땐 어떻게 대처해야 하는지, 식사를 챙겨줄 수 없을 땐 어떻게 해야 할지, 상사와는 어떻게 해야 할지 어느 정도는 파악하고 가야 한다. 무작정 맨몸으로 부딪쳤다간 멘탈이 너덜너덜 나가떨어질 것이다.

요즘은 육아 선배들이 넘쳐난다. 그렇다고 그 정보들을 너무 맹신하진 말고 내 것으로 만들어서 나만의 지식창고를 만드는 게 좋다. 이 여행은 힘든 여행이 아니라 나를 한 단계 더 업그레이드시켜 주는 여행이라 생각하고 시작하면 된다. 일터로 나가기 전까지 시간은 무궁무진하다. 그 시간들을 활용해 철저히 준비한 자는 "저 일 시작해요~"라고 말할 수 있다. 혹여 일 나가기 전까지 정말 시간이 없다면 너무 서두르지 말고 할 수 있는 날 하나씩 차근차근 해나가면 된다.

여행 달인들은 반드시 약을 구비해서 움직인다. 어느 나라나 약은 다 있겠지만 미리 나에게 맞는 약을 챙겨서 간다. 그것도 어느 순간 어떻게 아플지 모르니 종류별로 가지고 간다. 워킹 맘으로서의 배낭여행 또한 약을 종류별로 챙길 필요가 있다. 정신 승리의 달인이 아니라면 꼭 챙겨야 한다. 아플 일이 수도 없이 넘쳐난다. 여기저기 쥐어 터져서 상처가 아물 날이 없다. 나 또한 여기저기 쥐어 터져 보고 아픈 날이 안 아픈 날보다 많았다.

지금은 마음의 상비약이 한 가득이지만 처음 일을 시작했을 때는 정말 힘들었다. 아무 약도 준비되어 있지 않았기에 어떻게 대처해야 할지 몰랐다. 부디 미리 마음의 상비약을 준비하고 워킹 맘으로서의 여정을 떠나길 바란다. 우리네 엄마가 더 좋은 길로 가라며 우리를 다그칠 때처럼, 넘어지면 자기가 넘어진 것처럼 더 화내고 우리를 혼냈던 것처럼 나 또한 그런 마음인 것 같다. 정말 아무 준비 없이 덤볐다가 하마터면 불운의 워킹 맘 표본이 될 뻔한 나로서는 같은 워킹 맘의 길을 가는 엄마들이 조금은 덜 아팠으면 좋겠다. 다만 그러기 위해선 정말 피나는 준비과정이 필요하고 끝없는 단련이 필요하다는 것쯤은 꼭 마음에 새기길 바란다. 이런저런 준비가 필요 없다고 생각하는 분들은 그냥 맨땅에 헤딩 한 번 해보면 된다. 얼마나 힘든 길로 돌아와야 될지는 본인만 알 테니.

워킹 맘 배낭여행에 필요한 것들은 꼭꼭 챙기길 바란다. 나는 지금도 이 여행을 하면서 필요한 것들이 있으면 즉흥적으로 충전하고 필요 없어지면 버리기도 한다. 그 정도 융통성은 있어야 이 여행이 좀 순조롭게 풀릴 테니까. 당신의 배낭여행에는 어떠한 것들이 필수품인지 체크 잘 해서 길고 긴 여행을 무사히 마치길 바란다. 훗날 이 여행의 크고 작은 일들로 힘들고 지쳤었지만 정말 행복했음을 느끼길 바라고 바란다.

당신의 배낭은 무엇으로 채울 것인가?

죽을 것 같던 진통을 이겨낸 사람은 바로 나다

한 아이를 출산하는 데 38주에서 40주 정도의 시간이 걸린다. 나는 현기증과 가벼운 감기몸살인 줄 알았다가 임신 사실을 알게 된 케이스다. 그것도 일하던 동료 선생님과 동시에. 일단 임신은 했는데 이놈의 입덧은 정말 사람 미치게 하는 재주가 있었다. 목이 다 쉴 때까지 화장실을 들락날락했다. 머리는 어지럽고 속은 울렁거리고 청심환이라도 마구마구 먹고 싶었다. 그럼 살이 빠질 줄 알았지. 천만의 말씀. 앞서 말했듯 나는 20kg 쪘던 임산부였다. 누가 굴리면 데구루루 굴러갈 정도의 몸집을 만들었다. 난 지금도 우긴다. 나와 아기가 함께 만든 것이라고. 어쨌든 태동을 느끼고 배가 남산만 해지면서 아이가 내 품에 올 날이 얼마 안 남았다는 것을 느꼈다. 가진통이 시작되면 병원에 가서 아이를 맞이하면 된다.

나는 42주가 되도록 소식이 없어서 유도분만을 하기로 했다. 병원에서 12시간 금식하고 오라기에 입원 전날 저녁 마지막 만찬을 먹었다.

친정엄마가 아기 낳기 전에 고기를 먹어서 힘을 내야 된다고 사줬다. 다음 날 유도분만 약을 투여할 때까지만 해도 그저 아이를 만날 수 있다는 생각에 신이 났다.

시간이 지나면서 슬슬 고통이 시작되었다. 화장실을 들락날락하면서 토악질을 해댔다. 피를 토하고 나서야 조금 진정이 되는가 싶었다. 그것도 잠시, 본격적인 진통이 시작됐다. 정말 온갖 짜증이 나는 고통이었다. 더 화가 났던 건 간호사의 말이었다. 물론 이런저런 산모를 많이 봐왔겠지만 간호사가 "아직 멀었는데~ 지금 이렇게 아파 할 정도 아닙니다~"라고 했는데 인생 살면서 열받았던 기억 베스트 3에 속한다. 친구였으면 욕이란 욕은 다 해줬을 정도였다.

간호사가 두 번째 내진할 때 너무 아파서 간호사를 발로 밀어버렸다. 지금 생각하면 정말 죄송하다. 맨 정신이 아니었으니 이해하셨으리라 믿는다. 그 정도로 사람 돌아가시겠다는 말이 절로 나오는 아픔이었다.

드디어 7cm가 열렸다. '이제 의사 선생님이 무통주사느님을 나에게 하사해 주시겠지'라는 생각에 조금은 기뻐하고 있었다. 갑자기 간호사가 의사 선생님을 긴급호출하기 전까지는 그랬다. "아기 심장이 뛰지 않네요"라고 말하고는 급하게 수술준비를 하였다. 첫아이는 무조건 자연분만하라던 친정엄마도 얼른 수술하라고 했다. 그렇게 죽네 사네를 외치던 나는 거짓말처럼 진통이 사라지는 것을 느꼈다. 심장만 불규칙적으로 요동치고 있었다.

조용히 링거와 함께 수술실로 들어갔다. 부분마취할 틈도 없이 전신마취를 했고 눈을 감으면서 많이도 울었던 것 같다. 눈을 떠보니 참 예쁜 선물이 나에게 와 있었다. 조심히 안아보고 울컥함에 눈물이 계속 나왔다. 친정엄마의 "우리 딸도 엄마긴 엄마네"라는 말이 아직도 생생히 기억난다. 진통 후 수술 회복 후유증은 대박이었다. 억지로 걸어야 된다고 하는데 지금 생각해도 끔찍하다. 다만, 아이를 보러 가는 길은 그 아픔조차 참을 수 있었다.

아이를 낳은 엄마들이라면 진통 한 번쯤은 겪었을 테다. 제왕절개한 엄마들은 회복단계에서 아픔을 겪는데 이 고통이 얼마나 큰지는 겪어보지 못한 사람은 모른다. 하늘이 노래지면 나온다는 아기? 흥! 노란 게 아니라 번쩍번쩍 우르르 쾅쾅 해야 나온다. 임신부터 출산까지 정신적으로 신체적으로 쉬운 게 하나도 없다. 우리는 이런 고통을 이겨낸 엄마다. 정말 대단한 엄마다.

요즘 남자들이 임산부 체험을 많이 한다고 한다. 심지어 진통 체험까지 있다고 한다. 체험하고 난 남자들은 하나 같이 여자들 대단하다고 말한다. "이쯤이야 참을 수 있어요" 하는 사람은 없다. 우리는 대단한 여자들이다. 엄마이기에 대단하다.

이렇게 대단한 엄마들인데 일하다 보면 대단한 엄마는 어디 가고 나약한 엄마만 남는다. 그럴 수밖에! 막상 출근했는데 아이는 어린이집에서 뭘 하고 있을지 생각이 신경이 온통 그쪽에 가 있다. 게다가 아이가 조금이라도 아프면 스스로 나쁜 엄마네 어쩌네 하면서 자책하기 바쁘다.

어떤 엄마든 아이가 궁금하기도 하고 걱정도 된다. 그러나 나보다 더 우리 아이를 잘 봐주는 분들이 우리 아이들을 케어해 주고 있다. 그런 걱정은 잠시 접어두는 게 좋다. 노심초사하며 CCTV만 들여다보거나 알림장만 주야장천 보고 있다면 일의 능률은 떨어지기 마련이다. 요즘 시대가 어느 때인지 나도 잘 안다. 날마다 어린이집과 유치원 사건 사고가 터진다. 잘 아는 엄마라서 더 믿는 수밖에 없다. 그저 믿고 있을 뿐이다.

못 믿겠다면 사서 고민할 필요 없이 집에서 내가 훌륭하게 양육하면 된다. 그러나 워킹 맘이라면 내 아이를 돌봐주는 분들을 전적으로 믿어야 한다. 나는 상사든 가족이든 나한테 이래라 저래라 하면 아무리 가까운 사이라도 화가 머리끝까지 차오른다. 선생님들도 사람인데 자꾸 지적만 한다면 화가 안 나겠는가? (베이비시터들도 포함된다.) 아이가 고열에 시달려 어린이집에 못 가게 되는 상황이라면 엄청난 눈치를 감수하고 월차든 연차든 낸다. 전염병이어도 그렇다. 그게 아니라면 아이는 당연히 아프면서 큰다. 아이가 조금 힘들어하면 그냥 누워서 쉬게 부탁드린다는 정중한 말 한 마디면 선생님들도 알아서 다 조치해 주신다.

이런저런 걱정에 일을 제대로 못한다면 직장에선 당연히 눈치를 준다. 일할 때는 무조건 일에 집중해야 한다. 죽을 둥 살 둥 해가며 모든 감정을 얼굴로 드러내면 함께 일하는 동료들은 짜증이 난다. 아이가 잠깐 아프다고, 다른 아이들과 불협화음이 있다고 해서 일을 그만두네 마네 하는 걱정은 너무 철없는 걱정이다. 아이들도 한 번쯤 겪어야 될 과정이 있고 나 또한 덤덤히 넘길 수 있는 과정이 필요하다.

진통과 회복을 견뎌낸 대단한 엄마들이기에 우리는 이 또한 덤덤히 넘길 수 있다고 생각한다. 아이들 때문에 눈치 보이는 것은 당연하다. 눈치 보이는 만큼 더 열심히 하면 된다. 기를 쓰고 열심히 하는 사람에게 뭐라 할 사람은 없다. 만약 그런 사람이 있다면 뭐라고 하는 사람이 이상한 사람이다. 이런저런 걱정으로 안절부절하는 것보다 그 시간에 더 열심히 일에 집중한다면 분명히 상사나 동료들은 알아준다. 나약한 엄마로부터 벗어나자.

우리 딸은 눈이 조금 아프다. 하늘이 무너질 것 같은 불안함과 온갖 걱정이 아무것도 못하게끔 나를 막았다. 이 병원 저 병원을 뛰어다녔다. 서울대학병원에서는 5시간에 걸쳐 검사를 받았다. 수술을 하네 마네 하다가 지푸라기 잡는 심정으로 마지막 검사를 받았다. 이 병원 저 병원 다녔던 탓에 당연히 눈치가 보였지만 직장에 못 나갔다. 아이가 아픈 것도 모자라 직장 눈치까지 보려니 참 사람 할 짓이 아니었다(다 이해해준 우상춘 이사님, 김미진 점장님 감사합니다). 그전까지 잘 버티던 나도 그때만큼은 다 때려치우고 싶을 정도로 힘들었다.

그나마 위로가 되었던 건 서울대학병원의 안과 검사실에서 느낀 안도감이다. 내 아이 말고도 많은 아이들이 조금 더 나아지기 위해 치료를 받고 있었다. 부모님들 중 한없이 우울하기만 한 분들도 있었지만 반대로 아이와 장난치며 정말 해맑은 엄마 아빠들도 많았다. 울며 불며 쓰린 맘으로 이 병원 저 병원 뛰어다닌 나로선 이해하기 힘든 광경이었다. 이미 지쳐 있었기 때문이다. 지칠 대로 지친 나에게 정말 제대로 정신 차리게 해준 딸의 한마디가 있다.

"엄마, 행복이 병원 검사 기다리는 시간 많이 힘들죠? 미안해요."

5살 아이가 하기에는 너무나 묵직한 말이었다. 어른인 나도 검사받는 시간이 정말 힘들었다. 어린아이가 받기에는 너무도 힘든 검사를 견뎌내며 정작 엄마에게 위로의 말을 건네는 딸을 볼 면목이 없었다. 아이 잘못이 아닌데 마치 아이 잘못인 것처럼, 내 잘못이 아닌 것처럼 행동하고 있었다. 엄마 자격이 없어도 한참 없는 엄마였다.

앞으로 내 인생에 무슨 일이 들이닥칠지 모르는 한 치 앞도 알 수 없는 세상에 살면서 이 작은 바람에 나는 흔들리고 있었다. 당장 생각을 바꿔먹고 “엄마는 행복이랑 이렇게 둘이 데이트해서 너무 좋은데?”라고 해주니 아이는 그제야 5살 아이로 돌아와 까르르 넘어갔다. 고액의 병원비를 내고 인생과외를 한 셈이다.

워킹 맘은 당연히 일에 치이고 사람에 치인다. 그럴 때마다 힘들어하지 말자. 아이가 전부 바라보고 있다. 아이 눈에는 필터가 없다. 그 사람의 표정, 말투로 웬만한 것은 다 파악할 수 있다. 신이 주신 순수한 눈이다. 아이가 자신 때문에 엄마가 힘들어한다는 것을 모를 리 없다. 아이들은 바보가 아니다.

워킹 맘의 고비 중 하나는 아이가 아픈 것이다. 수족구, 수두, 홍역 등등 어쩔 수 없이 휴가를 몽땅 끌어다 써야 되는 것은 물론이고 눈치도 보인다. 아이가 아프면 그때만큼은 어느 때보다 많이 흔들릴 수밖에 없다. 하지만 절대 흔들려서는 안 된다. 갑작스런 아이와의 데이트 일정이 잡힌 것이고, 당당하게 쓸 수 있는 휴가를 낸 것이다. 눈치는 휴가 다 끝나고 보면 된다. 나가서 열심히 더 열심히 일하자. 어차피 이런 상황에선 눈치 백 단인 사회인들은 내 의지와 상관없이 열심히 하게 되어 있다. 사람들은 자기 과거는 오래 기억하지만 남의 과거 일은 오늘 내일이면 다 잊어버린다. 작은 바람에 흔들리지 말자. 최악의 고통을 이겨내고 이 자리에 있는 게 엄마다. 당신은 아이를 멋지게 출산한 워킹 맘이다.

2% 부족할 때? 부족해도 된다

어릴 때 2% 음료수가 폭풍 히트를 쳤다. 참신한 광고 아이디어 때문이었을까? 시장 점유율이 90% 정도였다고 한다. 어릴 때 "2프로 부족할 때" 이러면서 다녔던 기억이 있다. 정확히는 몰라도, 뭔가 부족하긴 부족하다는 것일 텐데 어린 나에게 너무 어려운 광고였다. 어쨌든 하도 유명해서 먹어보았지만 내 입맛에는 별로였다. 정말 2% 부족한 맛이었다. 후에 나왔던 레몬 맛은 좀 먹을 만했다.

2%는 우리가 목마름을 느끼는 시점이라고 한다. 목마름을 느끼는 시점에 바로 물을 찾아 먹지는 않는다. 느끼는 시점일 뿐이지 목이 타들어갈 것 같은 갈증은 아니기 때문이다. 시간이 조금 지나서 정말 마셔야 할 것 같으면 알아서 찾아 먹는다. 물이든 음료수든 목이 타들어갈 것 같은 갈증에는 적극적으로 찾아 마신다. 그전까지 2% 정도는 부족해도 된다. 마찬가지로 엄마도 워킹 맘도 완벽할 수 없다. 사람은 완벽할 수 없다. 그러니 완벽해야 한다는 생각에서 벗어나야 한다. 유명인들도 다

부족했던 때가 있고 위인들도 부족했던 때가 있다. 그분들은 부족함을 잘 극복한 이야기를 우리에게 몸소 보여준다. 알려지지 않은 사람들 중에서도 부족함을 이겨내고 성공한 사례가 많다. 사람은 부족하면 더 잘하려고 노력하고 무언가를 더 배우려는 자세가 생긴다. 완벽하면 할 필요가 없으니 그 자리에 머물러 있게 된다. 2% 부족하다는 것은 나에게 무언가를 이겨낼 수 있는 힘이 주어지는 것이니 큰 강점이다.

지금 할리우드에서 가장 막강한 영향력을 끼치는 한 아버지의 이야기가 내 생각을 더 확고하게 한다. 그는 공립학교에 다녔고 옷도 물려 입던 사람이었다. 여러 계층 여러 인종이 섞여 사는 저소득층 주거지역에서 살았다. 그는 지독히도 가난이 싫었고 그 가난에서 벗어나기 위해 높은 자리를 향해 나아갔다. 결국 그는 비벌리 힐스에 저택을 갖게 되었다. 개인 제트기에 페라리 자동차까지 엄청난 성공을 거두었다. 그의 자녀들은 어떨 것 같은가? 그는 부유한 환경에서 아이를 키우는 것은 생각보다 훨씬 힘들다고 말했다. 그는 저소득층에서 그의 아버지가 자신을 성공적으로 길러낸 것보다 자신이 자녀들을 성공적으로 키우는 것이 어렵다고 했다(『다윗과 골리앗』, 말콤 글래드웰 지음).

워킹 맘인 우리는 더 부족할 수밖에 없다. 아이들과 놀아줄 시간은 전업주부인 엄마보다 두 배 이상 적다. 나 같은 경우는 직업 특성상 공휴일과 대체 공휴일도 전부 근무한다. 대체 공휴일이 정말 너무나도 싫은 사람 중 한 명이다. 겨우 쉬는 날도 솔직히 놀아주기 힘들어서 그냥 집에서 텔레비전이나 유튜브를 틀어주는 경우가 허다했다. 일주일에 한 번 유일하게 쉬는 날 아이들과 씨름하기 싫었다. 미안했다. 미안하고 또 미안했다. 짜증 났다. 짜증 나고 또 짜증 났다.

복이 아빠는 "엄마 좀 쉬게 둬"라는 말을 쉬는 날 아침마다 했다. 솔직히 아침이 아니라 점심 가까운 시간까지 했다. 애들은 그날이 나와 놀 수 있는 딱 하루였을 텐데 나는 그날 하루가 내가 쉴 수 있는 딱 하루였다. 푹 쉰다고 말만 했지 정신은 푹 쉬지 못한 상태로 출근한다. 출근한 후 미안함이 또 밀려온다. '이번 주에는 놀아주기로 다짐했는데…'라면서 자책한다.

주말마다 거의 외식하거나 주변 지인 가족과 자주 만났다. 그건 나를 위한 힐링이었다. 아이들은 음식점 안에서 가만히 유튜브만 보길 바라지 않았을 것이다. 그런데 그런 상황만 되풀이되었다.

미안함에 장난감만 계속 사주었다. 아이들이 원한다면 웬만한 건 다 사주는 무식한 엄마였다. 억만장자도 아니면서 부자 행세를 했다. 덕분에 아이들은 마트 가면 장난감 한 개 정도는 가지는 게 당연시되었다. 나는 참 부족한 엄마였다. 돈을 그렇게 무식하게 써놓고 돈이 없다며 자책하는 부족한 엄마였다. 그것도 해봐야 아는 부족한 엄마였다. 그러나 처음부터 매 주말 아이들과 뽈뽈거리면서 돌아다녔다면 나는 지금쯤 지쳐서 나가떨어졌을지 모른다.

지금은 그때의 부족함으로 주말에 무리하지 않는 선에서 열심히 돌아다닌다. 무식하게 장난감만 안겨주면 된다고 생각했던 대가로 지금은 집에 장난감이 가득 차서 장난감은 사주지 않아도 된다. 일을 시작한다고 해서 아이들에게 미안함에 무언가를 더 해주려고 하다가는 분명히 중도 포기하게 된다. 부족해도 된다. 아이들도 갑자기 완벽해지려는 엄마는 부담스러워한다. 천천히 그리고 서서히 하면 된다. 부족함을 깨달았다면 부족함을 채우려는 실행에 옮기면 된다. 마음을 다잡고 실행에 옮기려는 사람에게 늦은 때는 없다.

아침마다 풀메이크업을 한다. 풀메이크업이라 하기 민망하지만 내 기준에서 굉장한 풀메이크업이다. 워킹 맘이 뭐 그렇지 않은가? 대충 비비 척척 바르고 눈썹 그리고 아이라인 정도 하고 립스틱 끝. 그마저도 눈썹 문신, 아이라인 문신한 사람은 더 간단하다. 미혼 여성들 중에도 이렇게 간단하게 하는 분들이 많겠지만 나 같은 경우엔 20대 초반은 정말 어마어마한 메이크업 솜씨를 뽐내며 얼굴에 그림을 그렸다. 연애할 때는 더했지. 결혼하고 아이를 낳고 그나마 한다는 게 비비, 눈썹, 립스틱 이 정도다. 결혼 전 그리고 신혼 때의 나와 비교하면 정말 부족하지 않은가?

여느 때와 다름없이 화장하다 조금 신경 써서 아이라인 꼬리를 한껏 빼주고 눈에 힘을 좀 줘봤다. 마스카라도 하고, 그날따라 시간이 남아돌았나 보다. 펄도 조금씩 뿌려주고 볼터치도 했다. 오~ 진짜 풀메이크업! 개인적으로 굉장히 만족스러운 모습이었다. 아침밥 먹는 딸들 앞에 짠~ 하고 보여줬다. 기대와 달리 행복이는 "엄마, 여우 따라했어요?"라고, 축복이는 "엄마, 도깨비야? 눈이 이상해요"라고 말했다.

뼈저리게 느꼈다. 역시 2% 정도는 부족해야 엄마구나. 갑자기 안 하던 짓을 해대니 아이들이 당황했나 보다. 아이들이 눈치챌 수 없게 조금씩 조금씩 추가해야 했나?

쉽게 말해서 서서히 살이 찌면 같이 사는 가족들이나 항상 보는 동료들은 살이 쪘는지 모른다. 하지만 2~3개월 만에 만나는 지인들은 하나같이 말할 것이다.

"너 왜 이렇게 살쪘어?"

아이들에게 부족했던 부분을 단번에 고치려 하지 말자. 서서히 천천히 그러나 조금씩 꾸준히 바꿔보자. 시간이 지나 돌이켜보면 분명 크게 달라진 내 모습이 보일 것이다. 부족한 부분은 끈기를 가지고 변화시키자. 부족해야 엄마다. 교과서에 나오는 부모상처럼 완벽하면 발전이 없다. 아이를 향한 미안함이 사랑으로 채워질 수 있게끔 노력하면 된다.

살다 보면 우리는 의지와 상관없이 많은 이들에게 상처를 준다. 그리고 상처를 준 미안함으로 그 사람에게 더 잘하려고 한다. 그러나 상처받은 사람은 그때의 상처를 잊지 않는다. 10번 잘해도 한 번의 실수로 다 무너뜨린다는 말이 있지 않은가. 10번 100번 더 잘해 줘도 못해 주었던 기억은 또렷이 남아 있다. 그러나 나도 모르는 사이 아이에게 상처를 줬다고 너무 미안한 감정으로만 아이를 대하지 말자. 10번 100번 노력하고 잘해 주는 게 부족하다면 1,000번 10,000번 노력해 보자. 아이들의 상처가 치유될 수 있다면 그 이상 몇 배로 해줄 수 있지 않은가?

지금 난 친정엄마에게 그때 서운했었다며 솔직하게 터놓는 이야기들이 있다. 아이 엄마가 된 나는 지난날의 친정엄마도 그때는 나같이 부족했음을 이해하고 있다. 우리 아이들과 나도 지금의 나처럼 언젠가는 상처를 웃으면서 이야기할 날이 꼭 오리라 믿는다. 어차피 내가 완벽하게 아이들을 위해 모든 것을 해준다고 해서 아이들은 100% 만족하지 않는다. 남편이나 우리 아이들을 봐주는 선생님 혹은 부모님이 아무리 내 상황에 맞게 잘하려고 해도 내 마음에 100% 만족을 주지 못하는 것과 똑같다. 누구나 부족하다. 자책할 시간에 어떻게 하면 아이를 행복하게 해줄 수 있을지 고민하는 게 더 효율적이다. 우리 아이들은 엄마의 부족함도 이해해 줄 수 있고 나를 엄마로 세워주는 대단한 존재들이다. 생각보다 속 좁지 않다. 다만, 아이들이 지치지 않게 꼭! 서서히 채워주자.

부족한 부분을 채워나갈 요소들은 세상천지 널렸다. 찾아내는 것은 엄마의 숙제다. 어린 시절 소풍 가서 했던 보물찾기처럼 설레는 마음으로 하나씩 찾아가면 된다. 보물을 찾기 위해 모든 신경을 집중해서 평소에 보지도 않던 나뭇가지 구석구석, 돌 밑까지 찾지 않았던가? 찾고 나면 온 사방 뛰어다니며 그 쾌감을 온몸으로 느끼던 때를 기억해 보자. 사랑 찾기 게임이라 생각하고 열심히 찾아보자. 못 찾아도 된다. 많이 찾은 친구들은 의기양양 대며 못 찾은 친구들에게 나눠준다. 어떻게 우리 아이에게 채워줘야 할지 모르겠다면 주변에 잘 채워주고 있는 엄마들에게 물어보면 된다. 어떻게 하면 되는지. 단, 열심히 정말 열심히 내 방법을 찾지 않고 물어보지는 말자. 의미 없다. 선물만 받아버리는 보물찾기와 다르게 우리들이 찾는 것은 더 고차원적인 것이다. 그저 남이 찾아놓은 답만 바라면 내 것이 되기는 쉽지 않다.

문제집을 풀 때 머리를 쥐어짜도 모르겠어서 별표 친 경우와 꼼수 부리면서 해답해설을 보고 받아쓴 경우를 보자. 해답해설을 보고 받아쓴 경우 100점을 맞을 것이다. 하지만 그대로 베끼면 머리에 남는 것은 하나도 없을 것이다. 고민 한 번 해보지 않고 쉬운 길로 가려다 나중에 시험지에는 빨간 작대기 비가 주룩주룩 내리겠지. 반면, 고민하고 또 고민해도 답이 안 나와서 문제집에 빨간 작대기를 받은 경우는 특별한 해답해설을 받는다. '이건 이래서 이랬던 거구나. 저건 저래서 그랬던 거구나'라면서 내 것으로 만들고 나만의 방법을 찾게 된다. 공식도 외우게 되는 좋은 케이스다. 결국 시험지에는 동그라미가 가득할 것이다.

틀리면 좀 어때? 이미 내 머릿속에 그 문제들을 푸는 방법들이 나열

되이 있고 다시 연습해 보면 결국 잘하게 돼 있다. 아이들에게 2% 부족하면 어때. 우리는 진통이란 과제를, 수술 후 회복이라는 과제를 잘해낸 대단한 엄마다. 2% 부족해도 나는 참 괜찮은 워킹 맘이다. 우리 아이들은 분명 행복하다. 사랑받고 있다.

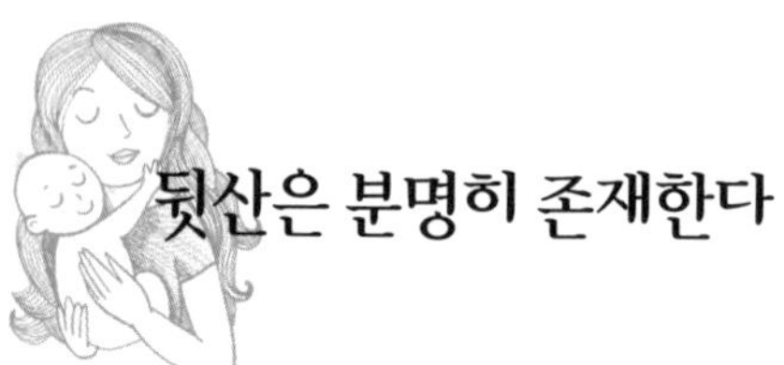

뒷산은 분명히 존재한다

내가 근무하는 곳은 시골이라 볼 수 있다. 공기 좋지 물 좋지, 산도 많다. 카운터에 앉아서 바깥을 바라보면 날이 좋은 날은 앞에 작은 산 하나와 뒤에 큰 산 하나가 장관을 이룬다. 정말 예쁘다. 하늘까지 새파랗고 구름이 몽실몽실 떠다니면 정말 짱이다. 그런 날은 꼭 옥상에 올라가서 하늘 한 번, 산 한 번 사진을 찍는다.

알다시피 우리나라는 미세먼지라는 강한 적이 있다. 황사라는 적도 있는데 아주 아주 못된 놈들이다. 우리 아이들 바깥 놀이를 못하게 하는 못된 것들이다. 특히 봄철 공기가 좋지 않을 때는 뒤의 큰 산은 아예 볼 수 없다. 원래 없던 것처럼 코빼기도 보이지 않는다. 몇 날 며칠을 볼 수 없다. 작은 산마저도 흐리멍텅하게 보인다.

뒷산을 다시 보기 위해선 강한 비바람이 있어야 한다. 공기를 다시 깨끗하게 정화시켜 줄 무언가가 필요하다. 가게 배너가 날아갈 것같이 바람이 불고 땅에 구멍 뚫어버릴 기세로 비가 오고 나면 그다음 날 그토록 원하던 뒷산을 볼 수 있다. 깨끗한 하늘 몽실몽실 구름 앞산 뒷산이 조화롭게 있는 모습을.

워킹 맘이든 주부든 한 번쯤은 겪는 힘든 일이 있다. 예를 들어 우리나라 학생들은 불행하게도 대학이라는 원하지 않는 꿈을 가지고 공부와 씨름하는 경우가 많다. 당연히 요즘 세대들은 대학 정도는 나와야 된다는 인식 속에 살고 있다. 일단 첫 번째 목표가 대학이라고 잡아보자. 대학을 가기 위해서 학생들은 공부한다. 수능을 볼 생각에 앞이 캄캄할 것이다. 주변에선 누가 어디 대학 갔네, 걔는 점수가 몇이라더라, 이번에 내신 관리 못하면 인서울 못 한다, 어쩌고저쩌고. 거기다 부모님까지 너무나도 과한 관심을 준다. 쉴 틈도 없을 것이다. 얼마나 힘들겠나. 수능이 다가올 즈음에는 남은 날수까지 세어가며 공부한다. 수능 보는 날, 아이들은 전력을 다해 싸운다. 여기서 끝이면 다행이다. 실기도 있고 논술도 준비한다. 그렇게 악착같이 해서 원하는 대학을 가는 학생들이 있다. 열심히 했지만 재수해야 하는 경우는 조금 더 힘들 테지만 그 경험을 통해 무언가 분명 배울 것이다.

악착같이 해낸 친구들을 보면 얼마나 대견한가? 단지 똑똑해서 가는 경우는 절대 없다. 이루기 위해선 열심히 해야 한다. 똑똑하다고 자만하다간 결국 저~ 밑으로 뚝 떨어진다. 자기를 단련하고 자신에게 냉정했던 학생들만이 맛볼 수 있는 것이다. 그들은 미세먼지에 가려져 있던 뒷산을 보기 위해 몇 날 며칠을 꾹 참았다. 마지막까지 전력을 다해서 비가 오든 바람이 불든 참고 갈 길을 간 것이다. 그 후 모습은 상상할 수 없이 짜릿하다. 이미 뒷산을 보았기 때문에 그들에게는 앞으로 무슨 일이 있어도 뒷산의 존재를 믿고 더 잘 헤쳐나갈 용기가 생긴다.

마찬가지로 워킹 맘은 일하다 보면 힘든 일이 한두 가지가 아니다. 우선 시간 제약이 많다. 더 일하고 싶어도 못하는 경우도 있다. 회식을 하고 싶어도 당연히 못한다. 아이로 인해서 당연하게도 못하는 것들이 넘쳐난다. 그러면 당연히 눈치가 보인다. 단합을 위한 자리에 못 가면 다음 날 나만 왕따된 기분이다. 쑥덕쑥덕 대는 소리들이 내 이야기인 것만 같다. 한다고 열심히 하는데 일도 잘 안 된다. 아이 때문에 정신이 없어 실수하여 상사에게 무진장 깨지기도 한다. 결국, 내가 지금 이게 뭐하는 짓인가, 뭘 위해서 내가 이렇게까지 해야 하나 별별 생각을 다 한다.

나는 일 특성상 남들보다 출근이 늦고 퇴근도 늦다. 예전엔 아이를 찾으러 가야 되는 시간이 다가오면 집중을 못했다. 세미나도 참석 못 하는 경우가 생겼다. 안 하는 것과 못 하는 것은 정말 큰 차이이다. 아니, 차이라고 말할 수 없게 완전 다른 것이다.

하고 싶은 일은 많은데 못 하면 상실, 우울, 별별 감정이 다 생긴다. 그러다 보면 '퇴사해? 말아?'부터 온갖 걱정을 사서 한다. 얼굴 찌푸리고 힘들다는 것을 온몸으로 표현한다. 가정에서는 더하다. 가족들은 뭔 죄인가? 적어도 내가 선택한 길인데 감정적으로 남한테 피해를 주면 안 된다. 정 힘들면 주변 선배 워킹 맘에게 털어놓든지 아니면 가족에게 털어놓자. 그러나 선배 워킹 맘들 중 분명 "나 때는 더했어~", "그 정도가 뭐 힘들다고 그래", "조금만 더 지나봐라 지금은 아무것도 아니다" 등등 자신들이 더 힘들었던 점을 말할 수 있다. 가족들은 들은 척도 안 할 수 있다. 그럴 때는 터놓고 이야기할 곳이 있음을 감사하자.

힘든 상황을 혼자 끌어안고 간다면 우울증이란 인생 동반자가 생길 수 있다. 털어놓을 때는 그저 "그래, 너 정말 힘들구나"라는 말 한마디를 바랄 테지만 사람들은 그닥 당신의 일에 관심이 없다. 자기가 힘들었던 일이 중시된다. 내 이야기를 가만히 들어주고 토닥거려 주는 사람이 주변에 있다면 당신은 행운아다. 자기 이야기만 해대는 사람이 있다는 게 안 좋다는 이야기가 아니다. 그들이 말할 때 그들도 얼마나 힘들었는지 공감해 주면 된다. 그렇게 공감하다 보면 알게 모르게 나에게도 위로가 된다. 혼자 끙끙 앓는 것보다 이야기하고 표현하는 게 필요하다. 그들이 잘 아는 체하고 자신의 경험을 줄줄 이야기한다는 것은 이미 뒷산의 존재를 경험했다는 뜻이다.

나도 아이들 문제로 꽉 막힌 듯 답답했을 때가 한두 번이 아니다. 워킹 맘이라면 아이들 문제는 절대 빼놓을 수 없다. 내 직장에는 전부 워킹 맘들뿐이다. 하루에도 몇 번씩 아이들 이야기를 한다. 걱정거리와 별별 아이들 자랑을 해가면서 이런저런 이야기를 한다. 물론 다들 힘든 점은 있기 마련이다. 그래도 이런저런 이야기하면서 조금이나마 스트레스를 푼다. 이야기할 곳이 이마저도 없어서 끙끙거리면 얼마나 힘들겠는가. 이렇게 마음고생을 해도 언젠가 괜찮아질 것이라는 믿음이 마음 한 켠에 있기에 다시 한 번 더 열심히 일하려는 다짐이 생긴다. 아무리 지금 상황이 힘들더라도 결국 행복해질 것이라는 믿음으로 지금의 고민 정도는 헤쳐나가 보자. 뒷산을 보기 위한 여정이라 생각하고.

윤종신의 '지친 하루'라는 노래는 운전할 때 한 번씩 듣는 노래인데 지금의 내 상황에 꼭 맞는 노래라고 생각한다. 워킹 맘이라는 꿈을 가지고 나아가다 보면 지치고 힘든 경우는 당연히 생긴다. 나만의 강단으로 나만의 방식으로 헤쳐나가면 된다. 모르겠으면 찾아보려는 시도라도 해보자. 힘든 상황에 내 몸을 맡기고 가만히 있기엔 우리의 시간이 너무 아깝다. 뒷산은 분명히 존재한다. 무슨 일이 있어도 그 자리에 항상 있다. 그 믿음으로 하나씩 헤쳐나가면 된다. 지금 힘든 것은 우리에게 더 멋진 풍경을 선사해 주기 위한 잠깐의 정체기라 생각하고 조금씩 나아가 보자. 당신은 깨끗한 하늘과 함께 장관을 이루는 뒷산을 마음에 담을 자격이 있는 엄마이다. 힘든 일이 연속인 일상에 지친다면 잠시 쉬어가도 된다. 몇 날 며칠 내 인생에 미세먼지 투성이여도 괜찮다. 분명 비는 온다. 분명 바람은 분다.

거기까지라고 누군가 툭 한마디 던지면
그렇지 하고 포기할 것 같아
잘한 거라 토닥이면 왈칵 눈물이 날 것만 같아
발걸음은 잠시 쉬고 싶은 걸
하지만 그럴 수 없어 하나뿐인 걸 지금까지 내 꿈은
오늘 이 기분 때문에 모든 걸 되돌릴 수 없어
비교하지 마 상관하지 마 누가 그게 옳은 길이래
옳은 길 따위는 없는 걸 내가 택할 이곳이 나의 길
부러운 친구의 여유에 질투하지는 마
순서가 조금 다른 것뿐
딱 한 잔만큼의 눈물만 뒤끝 없는 푸념들로 버텨줄래
그날이 올때까지

– 윤종신, 곽진언, 김필 '지친 하루'

엄마도 힘들어

우리 엄마 미자 여사는 자궁 문이 7cm 열릴 때까지 참았다가 병원에 가서 할머니한테 미련하다고 욕을 먹었단다. 미련하게 그걸 참고 있는 딸을 바라봤던 할머니는 얼마나 속상했을까. 그 정도 했으면 나왔어야지. 나는 새벽 1시 즈음 병원에 들어가서 아침 11시 정도에 세상에 나왔단다. 태어나면서부터 하루 넘기는 진통을 엄마에게 선물한 셈이다. 그렇게 고생시켰는데도 엄마는 내가 예뻤단다. 바로 밑의 동생은 참 예쁜 아이였는데 많이 아파서 하늘나라로 갔다. 지금 둘째는 엄마와 아기 중 한 명이 죽네 사네 하며 생사를 오갈 정도로 힘들게 낳았단다. 의사 선생님이 아빠에게 둘 중 하나를 선택하셔야 된다고 할 정도였단다. 막내는 엄마가 한 달가량 중환자실에 입원했지만 달수를 다 채우지 못하고 나왔다. 심장이 약해서 크게 울면 안 된다고 했다. 나와 둘째가 조금이라도 울리면 엄마에게 등짝 스매싱을 당했다. 지금 막내는 나보다 덩치도 크고 키도 크다.

다들 태어나면서부터 엄마를 너무 힘들게 했다. 엄마는 우리를 키우면서도 순탄하지 않았다. 경제적으로 너무 힘들었단다. 처음부터 빚으로 시작했고, 오죽하면 내 손을 잡고 한강을 갔더란다. 그 후엔 IMF라는 고비도 있었다. 2008~2009년 경제 위기가 왔을 땐 치매 할머니를 모셨고, 아버지는 돌아가셨다. 세 자매의 현재 진행형 사춘기도 겪었다. 하필 막내가 어려 엄마의 갱년기와 겹쳤다.

이 정도는 애교 수준이다. 지칠 법도 한데 엄마는 악착같이 지금도 일을 하며 살고 있다. 정말 대단한 여자다. 더 멋진 건 이런 이야기를 하나의 경험처럼 이 또한 지나간다는 식으로 이야기한다는 점이다. 나라면 정말 열두 번도 더 죽는 소리를 했을 텐데 엄마는 단 한 번도 그래서 힘들었다는 말보다는 나는 모든 상황을 기도로 이겨낸 대단한 사람이라고 한다. 자존감이 아주 높은 사랑스런 사람이다. 덕분에 우리 세 자매는 자존감 높은 엄마의 영향으로 아주 잘 살고 있다.

일에 치이고 사람에 치여 마음이 너무 힘들어서 이야기하면 엄마는 가만히 들어준다. 우리가 힘들다고 이야기하는 상황들이 자신이 겪어냈던 상황에 비해 정말 작은 것임을 이미 알고 있는 사람의 여유랄까? 이런 엄마라고 왜 안 힘들겠나. 손녀를 둔 할머니가 늦둥이 공부시킨다고 일하고 있다. 체력적 정신적으로 힘들 것이다. 그래도 웃으면서 살아간다. 자신이 힘든 것보다는 하루 종일 서서 일하는 내 걱정하느라 바쁘다. 이런 사람이 바로 내 엄마다. 내 아이들이 나중에 나를 바라보는 시선이 엄마를 바라보는 내 시선 정도라면 더할 나위 없이 행복할 것이다. 엄마의 강한 정신력을 보고 자란 내 삶을 고스란히 아이들에게 물려주고 싶다.

내 몸도 힘든데 아이들이 이것저것 요구하면 정말 죽을 맛이다. 일 끝나고 아이들을 데리러 가면 차에 타는 순간부터 귀가 윙윙거릴 정도로 많은 말을 쏟아낸다. 정말 힘들었던 날 "조용!"이라고 외쳤다. 아이들 풀이 확 죽는다. 미안하지만 어쩐다.

이미 온몸이 지쳐버렸는데, 집에 와서는 더하다. 아이들은 진심으로 난리 블루스를 친다. 엄마 힘들다는 소리가 절로 나온다. 나도 사람인지라 하루에 쓸 수 있는 에너지가 한정되어 있는데 직장과 집에서 나누어 쓰려니 죽을 맛이다. 아이들은 하루 종일 어린이집에 있다가 나를 보니 얼마나 반갑고 신날까 싶지만 나도 살아야 되지 않겠나. 더 이상 화낼 힘도 기운도 없었다. 아이들에게 그만 소리치고 그만 화내고 싶었다. 나도 내 아이에게 예쁜 말만 해주고 싶은 엄마다.

엄마는 세 명이 달려들어 이 소리 저 소리 해댈 때 어땠을까 싶다. 엄마는 본인의 힘듦을 속으로 삭이는 방식으로 우리들을 대했다. 그런데 한없이 강할 줄 알았던 엄마도 아픈 적이 있다. 자신의 내면에 모든 감정을 감추었던 엄마는 결국 가면성 우울증으로 한동안 고생했다. 나는 그러고 싶지 않았다. 아이들에게 솔직해지기로 했다.

아침은 어느 정도 에너지가 비축되어 있어서 아침을 활용하기로 했다. 어린이집에 데려다주는 차 안에서 같이 노래를 부르고 신나게 이야기했다. 까르르 넘어가는 소리에 오히려 에너지가 충전됐다. 아이들은 조용하라고 고함지르던 엄마가 같이 이야기하고 노래 불러주니 그것으로 만족해했다. 일이 끝난 후 집에 가는 차 안에서는 엄마가 일을 많이 해서 힘들다고 솔직하게 이야기했다.

아이들은 어른들이 생각하는 그 이상으로 똑똑하다. 힘들다고 이야기하니 수긍하고 자기들끼리 쑥덕거린다. 키득키득 거리기도 하고 그러다 대뜸 "엄마 힘들어요?"라고 물어본다. 그렇다고 이야기하니 '아빠, 힘내세요'를 부른다. 내가 힘들다고 했는데 웬 아빠 힘내세요? 그래도 그런 애교에 또 한 번 웃고 넘어간다.

아이들도 감정을 읽을 줄 알고 어느 정도 생각도 할 줄 안다. 무작정 힘들다고 화만 냈던 자신이 부끄러웠다. 진작 힘들다고 이야기할걸… 그러면 아이들도 받아들였을 텐데 그 말 한마디를 하지 못해서 아이들에게 고함지르고 화만 냈다. 아이들도 이미 어렴풋이 알고는 있었다. 표현을 안 하니 지금 힘든지 아까 힘들었는지 미래에 힘들 것인지 예측을 못하는 것이다. 이럴 때 보면 남편과 똑같다. 말로 해야 안다. 힘듦을 표현하는 것은 좋지만 의미 없이 '힘들다'라는 말을 남발하지 말자. 아이들은 똑똑함과 동시에 단순해서 '엄마 = 힘든 사람' 이렇게 인식한다.

엄마는 힘들다. 신경 써야 할 것들이 배로 넘쳐나기에 어쩔 수 없다. 힘들면 누구라도 붙잡고 이야기해 보자. 가장 가까운 가족에게 친구에게 솔직해지면 된다. 숨겨 봤자 나만 힘들다. 힘들다며 대뜸 화부터 내면 상대방은 내가 왜 그러는지 알 수 없다. 여유를 가지고 이야기하다 보면 나도 모르게 진정이 된다. 감정 컨트롤이 안 되면 조용히 마음을 정리하는 시간도 필요하다. 어떤 이유로 내가 힘든지도 모른 채 두서없는 고민을 털어놓기보다는 어떠한 상황에 처해 있는지 왜 감정 컨트롤이 되지 않는지 알아야 한다.

왜 힘든지 명확히 하자. 그냥 힘들다는 표현은 누구나 한다. 정말 참을 수 없을 정도로 지치고 힘들다면 왜? 무엇 때문에? 그런지 명확하게 알아보자. 힘들게 하는 것들이 무엇인지 알아야 해결할 수 있다. 들어주는 사람 힘까지 빼면서 이유 없이 힘들다는 말을 남발하다 보면 결국 주위에 아무도 남지 않는다.

'그냥 힘들다'를 남발하면 정말 누구에게나 힘든 사람이 된다. 왜 힘든지 어떤 점이 힘든지 알아야 극복하는 힘도 생긴다. 극복하는 힘을 기르다 보면 무엇이든 웃어넘기는 힘도 생긴다. 왜 힘든지 무엇이 힘든지 일기라도 써보면 별일 아닌 것으로 힘들 때가 많다. 꼭 써보길 바란다. 나중에 내 자식들을 바라보며 눈에 넣어도 아프지 않은 내 새끼들 더 힘들까 걱정하는 때가 오면 당신은 인생의 고수가 되어 있을 것이다. 하지만 지금의 우리는 이제 막 시작하는 엄마 새싹단계이다. 이런저런 일들이 많을 것이다. 엄마도 힘들다. 나에게 다가오는 감정들을 인정하고 표현하나 보면 위로는 덤으로 찾아올 것이다.

학창시절 죽을 것같이 힘들었던 때를 떠올려보면 지금은 아무 일도 아니다. 하지만 그 힘든 기억은 그때만 겪을 수 있는 기억이다. 훗날 생각해 보면 지금의 힘든 경험은 아무것도 아닐 수 있다. 지금만 겪을 수 있는 일이다. 조금은 즐기면서 헤쳐나가다 보면 좋은 기억으로 남게 될 것이다.

행복이는 어릴 때부터 말이 조금 빠른 편에 속하는 아이였다. 그래서 그런지 어릴 때부터 의사표현이 명확했다. 주변에서는 또래에 정확하게 문장 구사하는 아이는 처음 본다며 놀랬었다. 막둥이가 자라는 걸 보니 정말 행복이가 빠른 아이였구나 하고 느낀다. 둘 다 체구는 아주 아주 작은 편이다. 항상 반에서 키나 몸무게로 꼴찌를 차지한다. 그래도 똑 부러진다.

하루는 자신이 누구누구 때문에 아주 힘들단다. 왜 힘드냐고 물어보니 그냥 이유 없이 자기를 싫어하고 색칠공부 책을 가져가야 자기랑 놀기 때문에 색칠공부를 가져가야 된다고 했다. 그럼 그 친구 말고 다른 친구와 한번 놀아보라고 이야기했다. 요즘 아이들이 더 무섭다더니 6살 아이가 나에게 하는 말들이 사실일까 싶기도 했다. 며칠이 지났을까. 똑같은 소리를 또 한다. 이번에는 축복이도 합세해서 거든다.

나는 어린이집 일에 크게 관여하는 엄마는 아니다. 두고 보는 편이다. 하지만 이번에는 계속 똑같은 이야기를 하기에 뭔 일인가 싶었다. 주말에 할머니 집 가서도 그 아이 이야기를 했다고 하고 큰 이모한테도 했다고 한다. 집에 오는 길에 "행복아 그 아이 때문에 많이 힘들어? 엄마가 어떻게 해줄까? 선생님한테 말해 볼까?"라고 물었다. 행복이의 대답은 내 뒤통수를 제대로 가격하였다. "엄마가 왜 뭘 해줘요?" 행복이는 그저 자신이 힘들었다는 것을, 내가 일하고 힘들었다고 이야기한 것처럼 이야기한 것뿐이다. 들어줄 사람이 필요했던 것뿐인데 나 혼자 북 치고 장구 치고 별걱정을 다 하고 있었던 것이다. 다시 알림장 앱에 들어가서 보니 행복이가 말했던 아이와 우리 딸은 엄청나게 사이 좋은 바깥 놀이 단짝친구였다.

그 일이 있고 얼마 지나지 않아 할머니가 그 친구에게 "왜 너랑 안 놀려고 하는지 물어봐"라고 했단다. 행복이가 한 번 더 생각하고 그 친구랑 같이 문제를 풀어갈 수 있게 길을 만들어준 것이다. 나는 거기까지 생각도 못하고 그냥 우리 아이 걱정만 하고 있었다.

생각해 보니 "너무 신나게 놀아서 힘들어요"라고 말할 때 내가 "많이 힘들었겠네~ 힘들면 어떻게 해야 돼?"라고 되물어보면 쉬었다가 에너지를 충전해서 더 신나게 놀았다. 아이는 자신의 감정을 말하고 어떻게 해야 하는지 생각하고 쉬면서 더 신나게 놀기 위해 준비하는 시간이 필요했던 것이다. 어린이집이라는 작은 사회에서 처음 겪는 일들이 힘들 때 들어줄 사람이 필요했던 것이다. 그 친구와 문제가 있을 때 누군가에게 물어보고 생각해 본 후에 다른 아이와도 놀아보고 또다시 모두 다 같이 놀이도 해보고 자기만의 방법을 만들어가고 있었다. 요즘도 가끔씩 그 아이 때문에 힘들다고 한다.

엄마도 힘들 때는 그저 힘들다고 말하면 된다. 단, 풀어가는 방법은 내가 찾아가는 것이다. 조금 쉬면서 내가 왜 힘든지 생각해 보면 방법은 있다. 아이들도 잘 헤쳐나가는데 어른인 우리는 더 멋지게 풀어나갈 수 있을 것이다. 이 또한 지나간다. 분명 내 인생의 뒷산은 무엇보다 멋지게 나를 위해 존재한다.

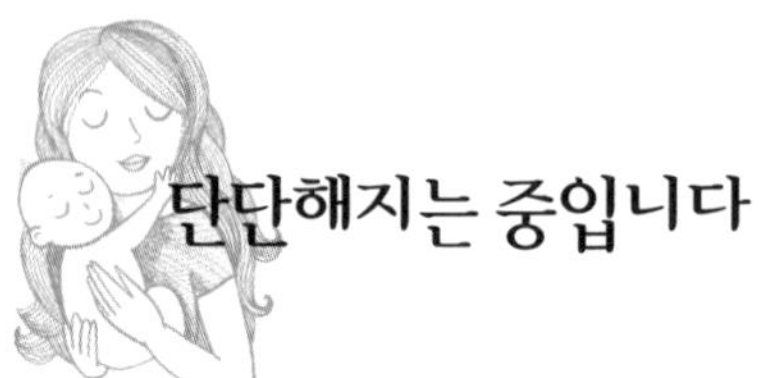

단단해지는 중입니다

"비 온 뒤에 땅이 굳는다"라는 말이 있다. 비가 온 뒤의 땅은 질척거린다. 땅이 마르고 난 후에는 아주 단단해진다. 어렵고 힘든 상황을 겪은 후에는 단련이 되어서 이전보다 더 강해진다는 뜻이다. 고생 끝에 낙이 온다는 것과 같다고 볼 수 있다. 반대로 비가 오지 않는다면 땅이 굳어질 일이 없다고 생각할 수 있다. 고생을 맛보지 않으면 낙이라는 존재를 모르고 지날 수도 있다. 한 번 더 단단해지기 위해선 역경은 필수요소라고 볼 수 있다. 마냥 행복할 수만은 없다.

워킹 맘으로 살면서 힘든 부분이 한두 가지가 아님을 알고 있다. 예비 워킹 맘도 이런 문제를 쉽게 생각하지 않았으면 좋겠다. 정말 말로 표현할 수 없을 만큼 힘들다. 하지만 하나씩 극복하다 보니 극복한 후에 맛보는 단단해짐으로 내 자신을 더욱더 발전시키는 장점들을 찾아볼 수 있었다. 어떨 때는 태풍으로 어떨 때는 가랑비로 어떨 때는 소나기 등의 여러 가지 모습으로 우리에게 다가온다. 영리함을 무기 삼아 때에 따라 다르게 반응해야 한다. 매번 태풍 오듯이 대비를 하게 되면 작은 바람에도 지치기 마련이다. 또한 가랑비로 착각해서 너무 안일하게 대처했다간 큰 봉변을 당할 수도 있다.

우리는 이미 알게 모르게 하나씩 역경을 잘 이겨내고 있는 엄마들이다. 아이를 낳고 12시간 넘게 잠을 못 자는 경우가 생긴다. 이유 없이 우는 아이를 어르고 달래느라 엄마는 진을 뺀다. 제발이라는 말을 수백 번은 외쳐야 상황이 끝난다. 잠을 못 자면 사람이 미친다는 실험을 수도 없이 감행한다. 멍한 정신으로 잠들라 치면 또다시 아이의 투정이 시작된다. 정말 환장하겠다는 말이 절로 나온다. 그래도 어떻게 했던가? 또다시 어르고 달래고 원하는 것을 해주기 위해 고군분투한다. 그러면서 하나씩 배워나가게 되고 이겨낼 수 있게 된다. 이때 엄마들의 우울지수는 하늘을 찌른다.

그래도 지금 생각해 보면 '그때는 그랬지. 그런 경험이 있었기에 우리 아이들이 옆에 있지'라는 생각이 든다. 아이를 낳아 양육하면서 이미 많은 역경들과 마주쳤지만 지금 워킹 맘, 주부라는 자리에 있다는 것은 우리가 참 잘 헤쳐나왔음을 말해 준다. 특급 칭찬이 필요한 시기다. 무너질 시간 없이 너무나도 잘 견뎌냈다.

『채근담』 전집 제88장에 '역경'에 대한 이야기가 있다.

靜中靜非眞靜 動處靜得來 纔是性天之眞境

정중정비진정 동처정득래 재시성천지진경

樂處樂非眞樂 苦中樂得來 纔見以體之眞機

낙처락비진락 고중낙득래 재견이체지진기

고요한 속에서의 고요함은 참다운 고요함이 아니다. 소란함 속에서의 고요함을 지녀야만 비로소 마음이 참 경지를 얻었다 할 것이다. 즐거움은 참다운 즐거움이 아니다. 괴로움 속에서 즐거운 마음을 지녀야만 비로소 마음의 참된 쓰임을 볼 수 있다.

육아 속 역경 그리고 직장에서의 고난이 있었기에 지금의 우리는 참 경지를 얻었다고 생각하자. 내가 아니고서 누가 이것을 견디겠는가? 지금도 잘 견디고 있다. 분명 우리는 아주 단단해진 모습으로 모진풍파가 와도 더 잘 헤쳐나갈 수 있는 준비가 되어 있다. 매번 역경을 겪어내며 이전보다 더 강해지는 엄마들이기에 어떤 두려움도 없다. 당신은 충분히 잘하고 있다.

어떤 직업이든 인턴 기간이 있을 것이다. 나 또한 인턴 과정만 4년을 보냈다. 처음부터 차근차근 배우는 단계가 필요하다. 자격증이 있다고 바로 손님들의 머리카락에 시술을 할 수는 없다. 어떤 모발에 어떤 약을 어떻게 써야 하는지 모르기에 그런 방법들을 하나씩 배워나가야 한다. 손님들마다 모발이 다 다르기 때문이다. 집에서 많이 하는 염색조차 황색계 멜라닌 색소가 많은지 적색계 멜라닌 색소가 많은지에 따라 염색약 선택이 다르기에 염색 공부도 해야 한다.

처음 인턴 시절은 약이고 뭐고 떠나서 서 있는 게 가장 힘들었다. 아침 출근하면서부터 내 담당 선생님의 자리 정리를 하고 각자 맡은 구역을 청소한다. 그리고 예약판을 보며 대충 예약상황을 머리에 꿰고 있어야 한다. 그렇게 시작하면 앉을 틈도 없이 일해야 한다. 정말 죽을 맛이었다. 항상 앉아 있던 나에게 그보다 힘든 일은 없었다. 언제 들어올지 알 수 없는 손님께 인사를 해야 하기 때문에 손님이 없어도 서 있어야 했다. 선생님들은 앉아 있거나 직원실에 들어가 있기도 했다. 그런 모습을 보면서 나도 손님이 없을 때 좀 앉아 있고 싶기도 했고 짜증도 났었다. 지금은 그런 훈련이 왜 필요한지 알고 있다. 그런 준비가 되어 있지 않으면 에너지 소모가 많은 직업 특성상 견뎌낼 수 없다.

인턴 시절 사고를 얼마나 많이 쳤겠는가. 그걸 뒷감당하는 분은 디자이너다. 안 그런 손님도 있겠지만 미용실에 가보면 시술자는 손님들과 대화를 많이 한다. 하루 종일 다른 주제로 대화하는 것은 쉬운 일이 아니다. 어느 날은 사회적 이슈가 하나 있으면 하루 종일 그 대화만 한다. 10번이고 20번이고 똑같은 말을 해야 한다. 나중에는 그 주제 첫 마디만 나와도 토가 나올 지경까지 간다. 게다가 손님들과 질 높은 대화를 하기 위해 책은 달고 산다. 인턴들은 손에 물 마를 날이 없다. 결국 손이 다 터서 피가 나는 과정을 몇 번이고 반복한다. 따뜻한 물이 닿으면 더 따갑다. 따가워도 어떻게 하나? 여름이 아닌 이상 찬물로 했다간 난리가 날 텐데, 꾹 참고 한다.

어떨 때는 네 손이 내 맘과 같지 않게 움직인다. 마음은 벌써 다했는데 현실은 참담하기 짝이 없다. 퇴근해도 숙제와 나머지 연습을 한다. 그렇게 한 단계씩 수료한 후 디자이너 승급시험을 본다. 디자이너가 되면 처음에는 굉장히 열정적으로 한다. 하지만 엄청나게 많은 클레임이 걸린다. 직원들 간 불화도 얼마나 심한지 인턴 시절엔 상상도 못했던 일들이 펼쳐진다. 인턴 과정이 없었으면 멘탈이 붕괴될 사건들이 한두 건이 아니다. 그런 경험을 다 겪은 지금, 무슨 일이 있든 인턴이 무슨 실수를 하든 초지일관 태연하게 대처할 수 있다. 인턴시절부터 경력자라는 타이틀이 생긴 나에게 처참한 역경은 쉴 틈 없이 찾아왔다. 지나고 보니 그런 시절이 있었기에 지금의 내가 있는 것 같다.

엄마도 인턴 과정이 있기에 지금의 내가 있다. 예비 워킹 맘이라는 인턴 과정이 있었기에 지금의 우리는 멋진 워킹 맘으로 자리하고 있다. 처음에는 누구나 실수하고 넘어진다. 일어서지 않고 그 자리에 멈춰 있으면 발전이 없다. '이것쯤이야'라는 마음으로 툭툭 털고 일어나서 하나하나 차근차근 다시 해보자. 아이로 인해 상사에게 깨지는 날도 많고, 직원들과 트러블도 생긴다. 여러 트러블들이 있지만 그 또한 이겨낸다는 마음 자세를 지녀야 한다. 이겨내다 보면 아주 단단해져 있는 나를 만난다. 후배 워킹 맘들에게 좋은 표본이 될 수 있다. 비록 질척거리는 땅을 밟는 과정, 땅이 건조되는 과정이 너무 힘들어도 단단해지는 땅을 만날 날은 결국 오게 되어 있다. 당신은 지금처럼 잘 이겨낼 수 있다. 아주 잘하고 있는 최고의 엄마다.

아이는 제대로 된 걸음마를 하기 위해 넘어지고 일어서기를 무한정 반복한다. 그 과정이 있어야만 걸음마를 하고 달릴 수 있다. 몇 번이고 넘어져도 된다. 헤쳐나가는 방법이 완벽하지 않아도 된다. 어차피 몇천 번 넘어진다. 이겨낼 수 있다는 나 자신에 대한 믿음만 있으면 못할 것이 없다. 어설프면 어때, 그 또한 해내고 있다는 것이다. 가장 나다운 방법으로 단단한 워킹 맘 단단한 엄마가 되자. 나는 오늘도 넘어졌다 서기를 반복하면서 단단해지고 있는 멋진 워킹 맘이다. 분명 나만의 워킹 맘 반석은 누구보다 단단해지는 중이다.

02

아이와 튼튼한 기둥 세우기

여행을 떠나요

나는 직업 특성상 공휴일도 일한다. 토요일도 근무해야 한다. 내 휴무에 공휴일이 겹치면 아주 횡재한 달이다. 또다시 말하지만 대체공휴일이 누구보다 싫은 엄마 중 하나다. 항상 마음 한편에 미안함이 자리하고 있다. 우리 아이들은 너무나도 당연한 일이라서 별 이상함을 못 느낀다. 어린이집 가는 날, 아빠 회사 안 가는 날, 그다음 날이 엄마 회사 안 가는 날 이렇게 알고 있다. 휴가도 맞추기 쉽지 않다. 미리 정해 놓지 않으면 다른 사람에게 뺏기는 경우가 생긴다. 그래도 어떻게든 시간을 마련해서 놀러 가려고 한다.

우리 아이들은 다른 집에서 자는 것을 정말 좋아한다. 다른 집이란 펜션이나 호텔인데 가기 전부터 들떠 있다. 토요일 오후에 출발해서 별다른 것 없이 잠만 자고 일요일에 오는데 그래도 좋단다. 여유가 되는 달은 되도록 많이 놀러 가려고 노력한다. 즉흥적으로 "우리 오늘 어디 갈까?"라고 말하면 알아서 모든 리스트를 뽑아두는 부지런한 복이 아빠가 있어서 어디든 편하게 갈 수 있다. 놀러 가면 평소에 잘 찍지 않는 아이들 사진을 굉장히 많이 찍는다. 그래야 나중에 내가 워킹 맘이어도 너희들을 위해 이렇게 여기저기 쏘다녔다고 당당히 말할 수 있을 테니까. 나름대로 잔머리를 굴린다.

아이들은 어디서 무엇을 하느냐가 중요하지 않다. 누구와 시간을 보내느냐가 중요하다. 그저 엄마와 함께 있는 게 좋다. 어린이집 쳇바퀴 속에서 보내다가 하루 이틀밖에 엄마랑 보낼 수 있는 시간이 없다. 함께하는 시간이 많이 생기길 간절히 바라고 있다. 크면 달라진다고 선배맘들이 말해 주어서 빨리 크길 바라고 있다. 그런 마음 뒤편에 우리 아이들에게 좋은 추억을 많이 만들어주고 싶다는 소망이 있다. 엄마는 너희와 보내는 시간이 너무 행복하다고 알려주고 싶다.

여행이라는 단어를 사전적으로 보면 '일이나 유람을 목적으로 다른 고장이나 외국에 가는 일'이라고 되어 있다. 우리가 흔히 생각하는 여행은 어디를 꼭 가야 될 것 같지 않았는가. 해외는 한 번쯤 다녀와 줘야 여행을 다녀온 티가 난다고 생각한다. 비행기 정도는 타 줘야 된다는 생각에 제주도 또한 많이 간다. 차로 갈 거리는 그냥 바람 쐬러 다녀온 것이라고 한다. 물론 계획을 잡고 해외로 제주도로 멀리멀리 다녀올 수 있다. 하지만 우리가 생각하던 여행과 사전적 의미로 보는 여행은 완전히 다르다. 사전은 다른 고장에 가는 것 자체를 여행이라고 본다. 이게 맞다고 생각한다. 경기 광주에 사는 내가 토요일 저녁 급하게 인천으로 가는 것도 다른 고장에 가는 것이기에 여행이라 볼 수 있다. '고장'이란 마을이라는 말과 같다. 여행을 어렵게 생각할 필요가 없다.

가끔 주변에서 허세 심한 엄마들을 종종 본다. 살기 힘드네, 여유가 없네 하면서도 비행기도 많이 타고 전화만 하면 자기 어디 놀러 와 있다고 자랑한다. 평범한 서민인 나는 여유도 없고 힘들기에 이해할 수 없다. 워킹 맘이 무슨 돈이 넘쳐나서 매번 해외로 여행을 가는지 정말 궁금하다. 왜 그렇게 여행을 정의 내리는지 그들에게 물어보고 싶다. 그러면서 나에게 아이들과 좋은 추억 만들기를 강요한다. 나는 지금도 잘하고 있는데, 나와 우리 아이들은 옆 마을에 가서 노는 것도 여행인데 말이다.

우리 아이들은 서울을 도시라고 생각한다. 서울 롯데월드를 가면 마냥 행복한 여행을 즐기고 온다. 서울 인사동을 가도 아주 먼 여행인 셈이다. 엄마와 함께하는 순간을 소중히 간직할 수 있으면 그것이야말로 여행의 묘미 아닌가. 비행기를 태워줘야 여행이라는 생각은 그만두는 게 좋다. 정신건강에 해롭다. 아이들은 엄마랑 함께 집 앞 슈퍼를 가는 것도 여행이라고 생각할 수 있다. 형편에 맞는 여행을 가면 된다. 돗자리 싸들고 한강에서 뛰어놀고 맛있는 김밥 한 줄 먹으면 우리 아이들은 그게 행복이다.

엄마의 기대치에 맞는 여행이 아닌 아이들이 원하는 여행을 가자. 설마 아이들이 "엄마, 유럽에 프랑스라는 곳이 있는데 그곳에 가보고 싶습니다"라고 말하겠는가. 내가 가고 싶은 곳을 아이들을 위한 여행이라 덮어씌우지 말자. 아이들에게 한번 진지하게 물어보자. 어디에 가고 싶은지. 아이들 대답은 생각보다 간단하다. 마트, 슈퍼, 장난감 가게, 수영장, 키즈카페 등등. 엄마가 사서 고민할 필요 없다. 아이들이 원하는 곳에 가면 된다. 조금 더 여행의 의미를 붙이고 싶으면 차로 한 시간 거리에 있는 다른 동네에 가서 신나게 놀고 거기서 밥을 먹고 오면 된다. 그곳은 아이들에게 낯선 장소이므로 엄마와 함께 새로운 곳을 다녀왔다고 기억할 것이다. 그렇게 가까운 곳부터 천천히 둘러보자.

일주일을 어린이집, 학교 또는 집안에서 보내는 아이들에게 그 정도 보상은 해줘야 한다고 생각한다. 물론 나도 일주일 내내 일하고 집안일 하느라 힘들다. 하지만 워킹 맘 아이들은 4시 정도에 하원하는 아이들과 다르다. 하원하는 아이들을 바라보면서 엄마가 오기를 기다린다. 나는 우리 아이들이 친구들은 이미 다 하원한 어린이집에서 엄마가 퇴근하기를 기다리는 것이 당연하다고 생각하지 않는다. 아이들은 감사하게도 그 긴 시간을 묵묵히 견뎌내 주고 있다. 엄마가 자기를 데리러 올 거라는 믿음 하나로 참고 있다. 몇 번이고 현관을 바라보면서 얼른 엄마가 오기만을 기다린다.

전날 일찍 하원했던 아이들이 다음 날 어린이집 끝나고 키즈카페 갔네, 마트를 갔네, 뭐를 했네 쫑알쫑알 말하는 동안 워킹 맘 아이들은 꿀 먹은 벙어리처럼 들어주어야 한다. 그런 상황들을 묵묵히 견뎌내고 있는 것이다. 아이들은 자기가 우위에 있다고 생각하는 순간 왕처럼 군다. 그 순간 그 아이들은 왕이 된 셈이다. 일장연설을 늘어놓는 친구들을 바라보며 부러움을 슬쩍 아무렇지 않은 척이라는 감정과 바꿔치기한다. 일찍 하원하는 친구들 중에는 엄마들끼리 친해서 하원 후에도 서로 만나 놀 수 있다. 그 아이들은 다음 날 단짝이 되어서 나타난다. 분명 어제까지만 해도 나와 친했는데 한 명이 더 끼어들고 어제의 재미있었던 일들을 나열한다. 어린이집이나 베이비시터 선생님께 맡겨져 있던 아이들 역시 꿀 먹은 벙어리가 되겠지.

아이들은 이미 우리 엄마는 일을 해서 난 저렇게 놀 수 없다는 생각을 하고 있다. 그래도 그 친구들과 신나게 놀기 위해 다가가는 용기를 낸다. 이런 워킹 맘 아이들이 일주일에 하루 또는 이틀 엄마와 함께하는 시간이 얼마나 소중한지 깨닫길 바란다. 우리 아이들이 모르는 게 아니라 속이 깊어 우리에게 표현하지 않을 수 있다. "마냥 밝은 아이라 우리 아이는 안 그럴 거예요"라는 소리는 집어넣자. 우리가 쉬는 그 하루 이틀에 우리 아이들이 신나서 떠들 수 있는 경험을 만들어줘야 한다. 나도 우리 엄마가 이렇게 놀아준다고, 나도 가족과 이렇게 놀고 친구들과 이렇게 논다고 신나게 이야기할 수 있게 해주는 게 워킹 맘의 의무다.

나는 거의 기계적으로 일요일이면 밖으로 나간다. 나가서 뭐라도 한다. 우리 아이들에게 일주일을 버틸 수 있는 기억을 심어준다. 너는 더 행복한 아이라고 끊임없이 알려준다. 엄마가 사랑한다고 끊임없이 알려주면서 엄마와 함께하는 좋은 시간을 계속해서 만든다. 이것은 의외로 간단하고 쉽다. 그저 엄마와 함께하길 바라는 아이들은 작은 것 하나에도 행복해한다. 마트만 다녀와도 아이들의 주말 이야기는 아주 화려하다. 그렇게 월요일 아침 주말 이야기 나누는 시간에 우리 아이들의 기를 빵빵하게 살려주고 있다.

주말에 엄마와 아빠와 한 일들을 신나서 떠들 딸을 생각하면 나도 신이 난다. 주말 이야기 시간 사진을 보면 우리 딸은 항상 신이 나 있다. 주말 동안 한 것들을 그림으로 표현하는 시간이 있다. 선생님이 우리 아이가 발표한 내용들을 써주시는데 가끔 서운하다. 정말 많은 것들을 했는데 아이들은 자기들이 가장 즐거웠던 기억만 장황하게 말하는 것 같다. 그래도 우리 아이들의 종합장에 그려진 모습들은 행복했음을 절로 느끼게 해주는 그림들이어서 감사하다. 우리 아이들은 이렇게 하루 이틀의 행복으로 또 한 주간을 견뎌내고 있다.

전업주부가 직업인 분들이라면 굳이 주말에 여기저기 안 가도 된다. 평소에도 아주 잘해 주실 것을 알고 있다. 하지만 워킹 맘이라면 지금부터라도 아이들에게 좋은 기억 좋은 여행을 선물해 주자. 일주일에 한 번 있는 기회를 그냥 날려버리기엔 아이들에게 너무 미안하지 않은가. 우리는 아이들에게 힐링을 선사해 줄 의무가 있는 엄마다. 아이들이 지치지 않도록 끊임없이 노력해야 한다. 잘 견뎌내 주고 있는 아이들이다. 잘 참고 있는 아이들이다. 여행을 떠나자. 아이들이 원하는 그곳으로.

큰 마트에 다녀왔어요

고객으로 만나 지금은 친한 언니로 지내는 은정 언니는 아이들 또래가 비슷해서 자주 만난다. 우리는 일주일에 많게는 7일 적게는 5일 정도 통화한다. 어제 전화해 놓고 오늘도 전화해서 대뜸 잘 사냐고 물어본다. 일요일마다 뭐할 거냐고 전화가 온다. 내 대답은 거의 하나다. 특별한 일이 있지 않으면 마트에 간다. 통화할 때마다 언니가 거기에 전세 냈냐고 할 정도로 자주 간다. 이변이 있지 않는 이상 매주 간다고 보면 된다.

가서 아이들과 늦은 아침을 먹고 투어를 시작한다. 백화점과 대형마트 그리고 옆에는 동물원도 있어서 정말 좋다. 아침을 먹고 서점에서 필요한 것들을 구매한다. 책이나 아이들 색칠공부 정도 구매하고 밑에 대형마트를 가든지 중간에 커피를 마시든지 할 게 태산인 곳이다. 길 하나만 건너면 동물원이다. 조금 더 가면 미사리 조정경기장도 있다. 우리 아이들에게 더할 나위 없는 지상낙원이다. 아이들은 자기들이 사는 것도 아닌데 마트를 지나치게 좋아한다. 아마 자기들이 돈을 벌어서 사야 되는 때가 와도 마트를 맹목적으로 좋아할지는 의문이다.

목적지를 정한 후 그곳으로 직진한다. 우리 아이들은 사람 관찰하는 것을 좋아한다. 그래서 그런지 아이들은 가면서 이 사람 저 사람 구경한다. 밥을 먹다가도 테이블 건너편에 아이 머리띠가 자기 것과 같다고 좋아한다. 밥을 먹다가 혼나는 아이를 보면 자기도 모르게 감정이입이 되는지 아무 말도 안 하고 있는 내 눈치를 슬쩍 본다. 걸어가다가 "엄마, 저기 봐요" 하는데 도통 찾을 수 없다. 나랑 가방이 똑같은 사람이란다. 엄마랑 모자가 똑같은 아저씨도 있단다. 또 걷다 보면 내가 아주 싫어하는 놀이를 한다. 선을 밟지 않고 콩콩 뛰는 것이다. 손을 잡고 온 체중을 실어서 콩콩 뛰어대면 팔에 알통이 절로 생기는 기분이다. 기분이 좋아서 신나서 온몸으로 표현을 해댄다.

대형마트에도 가고 동물원에 가기도 한다. 하루 종일 돌아다닌다. 이제 집에 가자는 소리가 나올 때가 되면 쿨하게 집에 간다. 얼마나 많은 에너지를 소모했는지 집에 다 와 갈 즈음엔 녹다운이 돼 코까지 골며 잔다. 아침부터 나가서 오후 4~5시 정도에 들어오기 전까지 얼마나 많은 일들이 있었는지 모른다. 그런데 우리 아이들은 주말 이야기 발표 시간에 아주 신나는 얼굴로 중간 과정은 다 빼먹고 딱 한 가지 말만 한다.

"큰 마트에 다녀왔어요."

종합장을 보면 한 달에 2번은 큰 마트 이야기다. 정말 가끔 큰 마트에 가서 아이스크림을 사먹었다 정도이다.

이런 아이들이 한 가지 꼭 강조하는 게 있다. '엄마랑 아빠랑'이다. 무엇이 되었든 엄마랑 아빠랑은 빠지지 않고 말한다. 가족이 함께하기에 자기들에게도 의미가 있었던 모양이다. 별다른 것을 하지 않아도 함께

했다는 것에 만족한다. 바라는 것은 음료수나 아이스크림 사먹기, 색칠 공부 사기 정도로 소소하다. 이런 소소함에 아이들은 힐링을 하고 재충전한다.

이런저런 핑계를 대면서 집에만 있었던 때도 있다. 엄마가 오늘은 너무 피곤하니까 집에서 좀 쉬자고 이야기하면 대답은 잘하지만 표정을 숨기지는 못한다. 가장 바쁜 시즌 2주 정도 집에서 아이들이 좋아하는 디즈니 채널과 디즈니 영화를 틀어주고 누워만 있었다. 미안했지만 귀찮아서 어떠한 것도 하기 싫었던 때다. 아침 10시 11시까지 잠을 잤다. 주말에 집에서 한 발자국도 움직이지 않았다. 월요일 오후 주말 이야기 사진과 아이들이 종합장에 그린 그림이 알림장 앱에 올라왔다. 그 그림을 본 후 늦잠을 자도 9시는 넘지 않으려고 노력한다.

'집에 있었어요'라는 제목에 깜깜한 방에 나는 누워 있고 아이들의 손엔 스마트 폰 그리고 티비를 보는 모습이 그려져 있었다. 그 그림을 본 이후 아이들도 늦잠을 자면 함께 자는데 아이들이 일어나면 같이 일어나서 그날 뭐 할지 물어본다. 주변 워킹 맘들에게도 전화를 걸어 오늘 뭐 할지 물어보고 시간이 맞는 사람이 있으면 함께 어디라도 간다. 지금까지 그래 왔고 앞으로도 그럴 것이다. 마트 하나에 행복해하던 아이들인데 내가 힘들다는 이유로 아이들에게 상처를 준 것 같아 며칠이고 마음이 쓰인 것을 생각하면 더 잘해 주고 싶다.

며칠이 지나고 아이에게 물어봤다.

"엄마가 일 안 하는 날에 어떻게 해주면 좋겠어?"

아이의 대답은 간단했다.

"엄마랑 같이 놀고 싶어요."

마트 가고 싶다? 키즈카페 가고 싶다? 전부 땡이었다. 그저 엄마랑 같이 놀고 싶었던 것이다. 나는 아이들과 함께 노는 방법을 아직 많이 터득하지 못했다. 같이 요리하기, 종이접기 정도다. 더 이상 노는 방법을 연구하지 않는 이유가 있다면 솔직히 집에서 놀이를 하고 치울 엄두가 나지 않는 것도 한몫한다. 나가서 세상 구경시켜 주는 게 내 정신 건강과 아이들 신체활동에 더 좋을 듯해서 되도록 밖으로 나가는 방법을 선택했다. 아이들이 좋아하고 행복해할 만한 방법이 있다면 집에서 신나게 놀아주면 된다. 나만의 방법으로 우리 아이들의 주말 이야기를 가득 꾸며주자. 아이들은 많은 것을 바라지 않았다. 가족이라는 존재가 필요했던 것뿐이다. 함께 시간을 보낼 가족이 필요했던 것이다.

나는 해산물을 굉장히 좋아한다. 특히 회, 조개구이를 좋아한다. 하루는 일하다가 너무 먹고 싶어서 즉흥적으로 소래포구에 가자고 했다. 일을 마치고 오후 8시에 출발해야 했다. 복이 아빠는 다음 날 아이들 놀이기구도 태울 겸 월미도로 가자고 했다. 나야 땡큐지. 호텔 체크인을 한 후 횟집에 가서 푸짐하게 먹었다. 아이들도 오랜만에 나와서 기분이 한껏 들떠 있었고 나 또한 오랜만에 바닷바람을 맞으며 회를 먹으니 기분이 최고였다. 월미도의 밤 하면 빠질 수 없는 불꽃놀이도 했다. 아이들은 신나서 방방 뛰고 난리였다. 그런 모습을 보니 힐링이 절로 되었다. 선선한 바닷바람을 느끼며 산책하다가 아이들이 졸려 해서 아이스크림을 쥐어주고 호텔로 들어갔다. 역시나 바로 녹다운된 아이들 덕분에 오랜만에 이런저런 이야기를 하며 좋은 시간을 보냈다.

아침에 일어나서 놀이기구를 태우기 전에 앞 편의점에서 김밥과 컵라면 그리고 도시락을 사 와서 간단하게 아침을 먹였다. 그리고 바라고 바라던 놀이기구를 다섯 가지나 탔다. 강행군은 계속 이어졌다. 차이나타운에 동화마을이 있다고 해서 여행의 마지막을 장식하려고 갔다. 구경 중 해가 너무 뜨거워서 아이들 모자를 각각 5천 원씩 주고 샀다. 아이스크림도 사먹었다. 집에 가기 전 차이나타운에 왔으니 짜장면을 먹어야 한다면서 음식점에 들어갔다. 나랑 복이 아빠만 열심히 먹고 집에 가는 차 안에서 아이들은 완전 떡실신의 끝을 보여줬다.

다음 날 아침, 차이나타운에서 본 중국여자 머리를 해달라 그러질 않나, 모자가 예쁘게 써졌는지 거울 앞에 서서 10번 넘게 확인했다. 말할 거리가 많아서 너무 신났던 것이라고 생각했다. 아이들이 행복해하니 오랜만에 갔다 오길 정말 잘했다는 생각이 들었다. 앞으로 좀 더 자주 가야겠다는 생각으로 파이팅 있게 일을 시작했다. 오후에 알림장 알람이 울려서 들어가 봤는데 아이들에게 또다시 배신감을 느꼈다.

'아빠가 아이스크림 사줬어요.'

'아침에 엄마가 작은 마트(편의점) 김밥이랑 음료수 사줘서 먹었어요.'

'아빠가 모자 사주셨어요.'

결국 기승전 마트다. 우리 아이들은 마트가 그렇게 좋은가 보다. 그래서 요즘 아이들과 자주 마트를 간다. 덕분에 멀리 가서 놀고 오는 것보다 돈이 절약되니 나도 좋다. 아이와 무엇을 했는지는 그리 중요하지 않다. 그저 함께했음이 중요하다. 아이가 공놀이를 좋아하면 최선을 다해서 공놀이를 해주면 된다. 그림 그리기를 좋아하면 옆에서 함께 그려주면 된다. '시간이 없다', '돈이 없다'는 핑계는 접어두자. 커피 한 잔 아끼면 버스비가 생긴다. 버스투어라도 하면 된다. 학교 운동장이나 동네 공원은 공짜다. 그곳에서 신나게 같이 달려주면 된다. 어린이도서관에서 동화책 읽어주는 것도 공짜다. 아이들과 함께할 수 있는 것들이 흘러 넘쳐나고 있다.

하루는 할머니랑 도서관에 가서 책도 보고 사진도 찍었는데 마지막 머핀이 아주 강렬했는지 "도서관 마트에 갔어요"라고 나한테 말해 주었다. 정말 기승전 마트의 끝판왕들이다. 그래도 아이들이 기억하는 순간에 내가 그리고 가족이 함께했음에 감사한다. 마음 저 밑바닥에 있는 귀차니즘의 민낯을 덮으려는 핑계부터 없애고 하나씩 시도해 보자. 당신은 아이들의 주말 이야기 제목을 무엇으로 장식하게 해줄 것인가?

듣는 귀가 필요하다

어렸을 때를 생각해 보면 하원하고 나서 미주알고주알 엄마한테 참 많은 이야기를 했다. 지금도 나와 동생들은 아주 많은 이야기들을 엄마한테 한다. 대부분 우리가 겪었던 일들이다. 엄마한테 이야기하면 조금 위로가 돼서 그런 건지 이야기를 하게 된다. 엄마는 항상 들을 준비가 돼 있는 사람이다. 몇 번이고 똑같은 이야기를 해도 묵묵히 들어준다. 사람들은 저마다 자기 말을 하기 바쁘기에 듣기보단 말하려고 하는데 우리 엄마는 대부분 들어주려고 한다. 속상한 일이 있어서 엄마한테 서운함을 토해내듯이 말하면 엄마는 처음에 무조건 우리 편을 들어준다. 그러고 나서 대화 끝에는 항상 "그 사람도 그랬을 이유가 있었을 거야"라는 말로 마무리한다. 아니면 왜 그런 상황이 오게 됐을지 한 번 더 물어봐준다. 다시 한 번 더 왜 그런 상황이 됐는지 되물어보는 방식이다.

말하다 보면 내가 유리한 쪽으로 다 토해내는 경우가 생긴다. 앞뒤 다 빼먹고 내가 느꼈던 감정만 이야기하게 된다. 특히 서운했던 일들이 있으면 더하면 더했지 덜하지 않는다. 엄마랑 이야기가 끝나면 나 혼자 생각할 시간이 생긴다. 그때 다시 생각해 보면 분명 내 잘못도 있기 마련이다. 지금도 그렇다. 일하다가 스트레스받는 부분에 대해서 이런저런 이야기를 하면 엄마는 일단 "그래 그 사람 참 이상하다"라고 내 기분에 맞춰준다. 마지막은 항상 예전과 다를 게 없다. 그래도 이유가 있을 거라든지 아니면 그런 것쯤 이겨낼 수 있지 않겠냐는 말을 한다. 그러다 보면 격해져 있던 내 감정이 차츰 수그러든다.

우리 아이들도 하원하는 차에서 서로 이야기하겠다고 난리다. "엄마 오늘은 이랬어 저랬어." 서운한 일이 있을 때는 차 안이 떠나가도록 자기가 화났던 상황, 슬펐던 상황을 장황하게 펼친다. 나는 일단 "그랬구나. 그래서 어땠어? 속상했겠다"라면서 온갖 추임새를 넣는다. 아이가 점차 진정되는 것을 느끼면 그때 물어본다. 그때 "행복이 마음이 그래서 너무 속상했지? 그럼 친구 마음은 어땠을까?"라고 물어보면 아이는 자기만의 생각에 빠진다. 차 안이 쥐 죽은 듯 조용해진다. 자신만의 시간이 필요하기에 그냥 내버려둔다. 차에서 내릴 때까지 조용하다.

집에 들어가면 방금 대화한 것들을 다 까먹은 사람처럼 손 씻고 발 씻고 난 후 신나게 논다. 자고 일어나서 아침을 먹을 때 혹은 어린이집을 가는 차 안에서 뜬금없이 아이의 말문이 열린다. 충분히 그 상황을 곱씹어보고 곱씹어본 후에 내놓는 말은 어른인 내가 배울 만한 말들이 많다. 상대방의 입장에서도 생각해 보고 자신의 입장에서 생각한 후 한층 더 성숙해진 생각을 나에게 이야기해 준다. 기분을 풀고 어린이집에 신나게 등원한다. 하원할 때 아이는 오늘의 또 다른 이야기를 나에게 구연동화하듯이 털어놓는다. 전날과 다르게 행복했던 이야기들로 가득 채운다.

일이 너무 힘든 날은 조용히 운전만 하고 싶을 때가 있다. 하지만 아이들은 아침에 잠깐 보고 저녁이 되어야 보는 엄마에게 할 말이 많을 것이다. 처음에는 조용히 하라고 화를 냈었다. 아이들이 의기소침해지는 모습이 보여도 내가 당장 힘들기에 그러려니 하고 넘겨버렸다. 그러니 점차 아이들이 나에게 말하는 모습이 줄어드는 것을 느꼈다. 어차피 들어주지 않을 이야기니까 처음부터 하지 않게 되었나 보다. 그런데 참 사람 심보가 못났다. 처음에는 내가 말하지 말라고 해놓고 아이들이 말하지 않으니 꼬치꼬치 캐묻고 있었다. 아이들이 얼마나 혼란스러웠을까. 하루는 이야기하지 말라고 고함지르더니 하루는 꼬치꼬치 캐물으니 어찌해야 올바른 것인지 혼란이 왔을 것 같다. 당황스러워하는 아이의 눈을 마주하고 있자니 엄마로서 더 당황스러웠다. 눈을 맞추고 엄마도 엄마라는 걸 처음 해보는 거라서 미안하다고 솔직하게 말했다. 엄마는 왜 엄마를 처음 해보는 것인지부터 딸아이의 '궁금 투성 판도라'의 상자가 열려버린 덕에 그날은 정말 많은 말을 했다.

참 희한한 게 친구들이나 지인이 자기 힘들다는 이야기할 때면 심리상담가가 되어서 열심히 들어주었는데 매일매일 마주하는 가족의 이야기는 무심했다. 함께하는 이들에게 더 잘해야 하는데 항상 옆에 있을 거라는 믿음 때문이었을까? 참 바보 같은 실수를 했다. 지금은 누구보다 우리 아이들 이야기를 열심히 들어주려고 한다. 아이들의 이야깃거리 하나하나에 집중하고 들어주는 모습에 아이들은 점점 자신들이 사랑받는 존재라고 인식한다. 그렇게 자존감을 한 단계씩 쌓고 있다.

처음에는 들어주는 게 너무 힘들었다. 이랬다 저랬다 대꾸하고 싶은 것을 참는 게 어지간히 힘들었다. 친정엄마가 했던 것처럼 들어주려는 연습을 무던히도 했다. 아이들이 이야기하는 것들을 무조건 인정해 주기로 했다. 내 생각은 잠시 묻어두고 우리 아이들의 입장만 생각했다. 우리 아이들의 입장을 이해하려고 노력했다. 그러기 시작하니 점점 듣는 귀가 열리기 시작했다. 시간이 지나고 나니 공감해 주는 감정이 생기기 시작했다. 내 생각을 잠시 내려놓고 공감해 주었을 뿐인데 아이들은 위로를 받고 있었다.

듣고 공감하는 것은 인간관계에서도 반드시 필요하다. 아이들에게 했던 방식대로 하니 요즘 주변인들과의 관계도 돈독해졌다. 내 욕심 내 관점만 주야장천 이야기했던 때와는 다르게 날 믿어주는 사람들이 많아졌다. 그렇다고 자기 생각을 마냥 덮어두라는 것은 아니다. 단지 들어줄 때에는 누가 말하든 그 사람 입장에서 생각하면 된다. 어느 정도 상대방의 감정이 진정되었다고 생각될 때 충고하는 것도 잊지 말아야 한다. 만약 들어주기만 한다면 자신의 말만 옳다고 생각하게 될 것이다. 충고했는데 '너 잘났다'라는 식의 반응이 나온다면 '나도 한때는 저랬겠구나' 하고 넘기자.

나는 우리 아이들이 자신만 생각하는 이기적인 아이들이 되길 바라지 않는다. 우리 아이들의 마음도 중요하지만 나를 속상하게 했던 상대방의 마음을 이해하려고 노력하는 아이들이 되길 바란다. 들어주되 반대편의 입장도 생각하게 유도한다면 아이들의 듣는 귀는 절로 열린다. 아이들이 조금씩 변하는 중임을 느끼고 있다.

공룡 장난감이 대유행이라고 한다. 듣도 보도 못한 만화가 또 유행하기 시작한 것이다. 우리 아이들에게 무조건적인 선물 공세를 했던 때가 있었다. 그러다 보니 다른 집에 비해 장난감 양이 어마어마하다. 감당이 안 될 정도로 많아서 100L 쓰레기봉투로 두 번이나 버렸다. 그래도 넘쳐나는 것을 보니 나도 참 미련스럽게 살았다. 지금이라도 정신 차려서 정말 다행이다. 서서히 일한다는 죄책감의 산물인 의미 없는 선물 공세를 줄이고 있는 도중에 마트에 갔더니 역시나 장난감 코너 앞에서 한참을 서성이는 아이들의 모습을 볼 수 있었다. 둘 다 입을 모아 요즘 친구들은 다 저 장난감이 있다면서 누가 봐도 아기자기한 장난감을 좋아하는 딸들이기에 가지고 놀지 않을 장난감을 사달라고 졸라댔다. 누구는 이게 몇 개나 있네, 여자 친구들도 가지고 있네 하며 장난감이 필요한 이유를 어쩜 그렇게 똑 부러지게 이야기하는지 안 사주면 꼭 죄인이 될 것 같았다.

나도 모르게 감정이 조절 안 되어 지금 집에 장난감이 몇 개가 있느냐며 다그쳐 물었다. 마지막에 엄마들이 하는 단골 멘트 "쓸데없는 소리 하지 말고 나와"라며 양손을 붙들고 질질 끌고 나왔다. 나는 아이들이 의견을 말할 기회를 묵살하고 들으려는 시도조차 하지 않았다. 아이들은 그저 화내는 모습으로 비춰지는 내 모습을 빤히 바라볼 뿐이었다. 나중에는 울먹이기 시작했다. 아이들로서는 사달라면 항상 사줬던 엄마가 그런 말과 행동을 하는 게 이상했을 것이다. 나는 내 기분에 따라 아이들의 말을 해석해 버렸고 결과는 아이들에게 상처를 주는 꼴밖에 되지 않았다. 그날은 결국 공룡 장난감을 사주지 않았지만 서로의 기분은 굉장히 상해 버렸다.

얼마 지나지 않아 장난감 사주기를 목표로 한 칭찬 스티커를 다 모아서 장난감 가게에 갔다. 아이들은 뒤도 돌아보지 않고 공룡 장난감이 있는 곳으로 갔다. 몇십 가지의 장난감 중에서 본인들이 좋아하는 색깔의

공룡을 골랐다. 나는 속으로 가지고 놀지도 않을 거 또 산다고 구시렁거렸지만 약속은 약속이기에 공룡 장난감을 사주었다. 아이들은 꼭 이날만을 기다려온 아이들처럼 차에서 노래를 부르고 아주 기분 좋은 상태가 쭉 이어졌다. 그러나 얼마 가지고 놀지도 않을 거란 생각은 완벽하게 빗나갔다. 매일 어린이집 가방에 넣어서 다녔다. 집에 와서도 꺼내 놀았다. 의미 없이 사주지 않기로 한 것에만 너무 치우쳐서 아이들의 의견도 물어보지 않은 나의 잘못을 꼬집듯 아이들은 그 장난감을 너무나도 잘 가지고 놀았다. 나는 결국 아이들이 왜 그 장난감이 필요한지 구구절절 표시했음에도 혼만 내버린 엄마가 되었다.

처음부터 아이들에게 "우리 집에 너희들이 가지고 놀 수 있는 장난감이 많은데 왜 사려고 하니?", "엄마가 왜 너희한테 저 장난감이 필요 없을 것이라고 말할까?"라고 한 번이라도 물어봤으면 서로에게 상처만 남는 경험이 되지는 않았을 것이다. 이런 경험으로 인해서 나는 또 듣는 연습이 얼마나 필요한지 깨달았다.

아이들에게 말할 기회조차 주지 않는 경우가 얼마나 많은지 생각해보자. 엄마의 요구사항이나 아이들이 해야 될 것들에 대해서 대화하기보다 일방적으로 통보하는 수준으로 아이들에게 말하고 있지는 않은지, 내 기분, 내 상황에 따라 상처 주는 말을 툭툭 내뱉지는 않은지 생각해 볼 필요가 있다. 당신은 아이들의 이야기를 들을 준비가 되어 있는가? 공감하려 노력하는가?

우리 아빠는 빨간색

하루는 둘이서 색깔 이야기에 꽂혀서 숨이 넘어가게 웃으며 이야기하고 있길래 은근슬쩍 나도 끼워달라는 의사 표시를 했다. 아이들은 얼굴색 이야기를 하고 있었다. 할머니는 노란색을 섞은 하얀색, 엄마는 핑크색을 섞은 하얀색이란다. 이모는 노란색 그리고 쭉~ 이어지는 얼굴색 이야기. 가만 듣고 있다가 아빠 얼굴색이 빠졌기에 "아빠 색깔은?"이라고 하니 필터링 과정이 없는 아이들이 내뱉은 한마디가 하루 종일 생각이 나서 혼났다.

"우리 아빠는 빨간색."

원래도 붉은 편이긴 하지만 한잔 들어가는 순간 정말 말도 못하게 빨개지는 특징을 저렇게 말할 줄이야. 며칠 뒤 이런저런 상황을 이야기해주고 "당신 얼굴 빨간색이래"라고 했더니 복이 아빠도 빵 터졌다. 둘이서 한참을 낄낄거리다가 놀고 있는 아이를 불렀다. 아빠 앞에서 한 번 더 확인시켜 주기 위해 "아빠는 무슨 색?"이라고 물었다. 여전히 대답은 "빨간색!"이었다. 며칠이 지나도 아이 생각은 명확했다.

만약 내가 아이들이 숨도 못 쉬게 웃어대는 대화에 끼지 않았다면 이런 사실은 꿈에도 몰랐을 것이다. 아이들의 상상 속 생각들이 얼마나 무궁무진한지 알아야 한다. 상상력을 함께 공감해 주는 게 엄마의 역할이다. 워킹 맘인 나는 다른 엄마들보다 우리 아이들과 함께하는 시간이 적기 때문에 더욱더 아이들과 함께하는 시간을 늘리려고 노력한다. 직접 놀아주는 것은 한계가 있기에 자꾸 대화를 시도한다. 예를 들어 설거지는 고도의 집중력을 요하는 집안일이 아니다. 그럴 때 아이가 달려온다면 옆에서 종알거리는 소리를 들어준다. 물론 칼이나 가위 같은 위험한 것들이 많을 때는 싱크대 주변은 오지 못하게 한다. 빨래를 널 때 또한 고도의 집중력이 필요하지 않다. 은근히 아이들에게 도와달라고 하면서 이런저런 이야기를 하고 아이들에게 용기를 준다. "우와~ 잘한다. 축복이가 도와주니까 더 빨리 끝낼 수 있을 것 같아"라면서 계속 이야기를 해준다. 그러면 아이는 의기양양해져서 자기가 어린이집에서 잘해서 칭찬받았던 이야기를 끊임없이 이야기한다. 내가 해주어야 할 것은 열심히 빨래를 널면서 "대단한걸?"이란 소리만 외치면 된다. 어렵지 않다. 들어주고 공감해 줄 기회는 얼마든지 있다.

지금부터라도 스마트폰을 잠시 내려놓고, 텔레비전을 끄고 아이와 함께 대화해 보자. 워킹 맘의 1분 1초는 정말 소중하다. 아이들의 1분 1초는 더 소중하다. 소중한 시간을 우리 아이들과 대화하는 데 조금이라도 쓴다면 그 시간은 분명 값진 시간이 된다.

요즘 아이들의 30% 이상이 언어 발달에 문제를 보이고 있다고 한다. 특히 초등학교 저학년에서는 언어 발달의 지체 현상이 증가하고 있다고 한다. 이 진단은 독일 소아청소년과 의사, 교육학자, 치료사들의 의견이다. 만 3~4세 유아는 20%가 언어 치료를 필요로 하는데 의학적 이유 없이 언어 발달의 지체를 보인다고 한다. 마인츠대학의 하이네만 교수는 이유가 가정에 있다고 말한다. 미디어가 발달하면서 아이들은 책을 읽는 시간이 줄어들고 어른들끼리도 말을 너무 적게 하는 '침묵하는 가정'이 늘고 있다는 것이다.

어린이집에서 보내준 부모 잡지에서 본 이야기인데 정말 공감한다. 요즘은 어딜 가나 아이들에겐 미디어가 노출되어 있다. 나 또한 음식점에 가서 아이들이 놀 수 있는 놀이시설이 없다면 밥 먹는 시간을 제외하고는 본인들 패드나 스마트폰 보는 것을 흔쾌히 허락한다. 집에서도 열심히 놀고 다 씻고 난 후 자기 전 10분 정도 스마트폰을 보겠다고 하면 그러라고 한다.

다행인 건 우리 아이들은 참 수다스럽다는 점이다. 유튜브보다는 엄마 아빠랑 말하는 것을 좋아한다. 할 말이 왜 그리도 많은지 조금은 조용해 줬으면 싶은데 쪼르르 달려와서 폭풍 수다를 늘어놓고 들어가기를 반복한다. 이런 과정들이 굉장히 귀찮았다. 연구 결과를 보고 조금씩 바꿔가려고 노력했다.

집에서 아이들 소리가 끊임없이 나야 하는데 요즘엔 하루 종일 텔레비전이나 유튜브 소리만 나는 경우가 허다했다. 내가 수다스러운 편이 아니기에 집은 정말 조용한 편이다. 연구 결과를 접하고 나서부터는 되도록 텔레비전을 켜지 않았다. 평소에도 식사 시간에는 텔레비전을 켜지 않았다. 하지만 내가 준비할 게 많은 아침 식사 시간에는 딩동댕 유치원을 항상 보던 아이들인데 그마저도 단호하게 못 보게 했다. 처음엔 입을 삐죽이고 눈가가 빨개지도록 눈물을 참았다. 처음에는 지독히 힘들었다. 익숙한 환경을 바꾸는 것이 나에게도 아이들에게도 여간 힘든 게 아니었다. 자꾸 대화를 유도하고 아이들 관심사에 대해 먼저 질문하기를 반복했다. 처음엔 낯설어 하던 아이들도 지금은 아침 시간에 텔레비전을 켜지 않는 것에 대해 이상하게 생각하지 않는다. 처음에는 내가 주제를 던져주거나 관심사에 대해서 물어봤는데 이제는 본인들이 알아서 이야기하고 하고 싶은 이야기를 한다. 그 덕분인지 이번 해 생활기록부에 자신이 전달하고자 하는 의사표현을 정확히 한다고 적혀 있었다. 전에는 항상 자기가 전달하고자 하는 것을 명확히 전달하지 못한다고 씌어 있었다.

이 결과가 꾸준히 노력했던 결과물이라고 믿어 의심치 않는다. 축복이는 분명히 쑥스러움을 많이 타고 몸으로 표현하던 아이였다. 엄마가 들어주려고 노력하는 모습을 알아챘는지 엄청난 수다쟁이로 등극하셨다. 언니한테도 말로는 항상 지는 바람에 화를 이기지 못해 무조건 때리는 것으로 감정을 표현했는데 이제는 말대꾸로 받아치기나 나에게 이르는 방법을 사용한다.

엄마와의 대화가 얼마나 중요한지 깨닫게 되었다. 예전에는 등하원할 때 차 안에서 항상 가요를 틀었다. 어느 날 휴대폰과 스피커를 연결하는 선이 고장 나는 바람에 어쩔 수 없이 조용한 상태에서 등하원을 했었다. 그때 우리 아이들의 수다 본능이 깨어나기 시작했다. 스피커 선이 고장 난 게 천만다행이지 아니었으면 아이들의 생각을 들어주는 시간을 30분이나 뺏긴 채 살아갈 뻔했다. 처음엔 고장 났으니 또 사야 한다는 마음에 짜증이 났었는데 지금은 정말 잘된 일이라며 감사하고 있다. 아이들의 언어는 끝이 없다. 계속 듣다 보면 재밌다. 가끔 알 수 없는 언어로 이야기를 하는 바람에 하나도 알아들을 수 없지만 자매는 서로의 말을 귀신같이 알아듣고 신나서 까르르 넘어간다. 말하기를 즐겨하는 사람이 아니여서인지 듣는 것에 대한 거부감이 있었는데 요즘에는 아이들이 더 많은 말을 해주었으면 좋겠다는 생각을 한다. 고급 라디오 DJ를 항상 데리고 다니는 기분이다. 오늘은 오랜만에 아이들과 색깔 이야기를 해보아야겠다. 여전히 아빠의 색은 빨간색인지.

행복한 공간

2012년 영화 '광해'를 마지막으로 지금까지 영화관에 단 한 번도 가지 않았다. 갈 수 없었다는 말이 맞는 것 같다. 휴무는 불규칙했고 한 달에 한 번 쓰는 월차도 평일에만 해결할 수 있는 볼일들을 보러 다녀야 했기에 영화는 생각조차 할 수 없었다. 데이트는 꿈도 못 꾸는? 그게 어느 나라 문화인지 까마득하게 잊은 지 오래다. 문화생활과는 거리가 먼 엄마였다. 어딜 가나 아이들은 나와 한 몸이 되어서 움직여야 했다. 주변에 아이들을 잠시라도 봐줄 수 있는 사람이 없다. 그나마 주말에 둘 다 일을 해야 하는 상황이면 친정엄마에게 부탁하는 정도이다. 친정엄마도 직장에 다니는지라 그 부탁마저도 엄청난 눈치가 보인다.

아이들을 데리고 영화관에 가라는 소리를 많이 듣는다. 그러나 아이들이 아직 영화나 공연에 집중하는 데 한계가 있어 꿈도 못 꾼다. 꾸준히 데리고 다니면 다르다는 말에 전적으로 동의한다. 우리 아이들의 집중력을 무시하는 것은 아니지만 분명 영화나 공연을 보면서 지루해할 때가 올 것이다. 그때 다른 친구들이나 다른 부모님들에게 피해를 주고 싶지 않다. 너무나 FM적인 마인드일 수 있다. 하지만 타인에게 피해를 줄 수 있는 상황은 애초에 만들고 싶지 않은 게 내 원칙이라면 원칙이다. 어른인 나도 재미없는 부분이 나오면 몰입도가 떨어져서 몸을 이리 꼬고 저리 꼬고 할 텐데 아이들은 더하면 더했지 덜하지 않는다.

대신 집에서 보는 것을 선택했다. 요즘은 텔레비전+인터넷 가입만 해도 볼 수 있는 프로그램들이 엄청나다. 영화는 더 많다. 특히 디즈니에 빠져 있는 우리 아이들에게 최상의 영화들은 다 공짜로 시청할 수 있다. 주말에 쉬는 날 딱 하루는 아침부터 영화를 틀어준다. 거짓말 하나도 보태지 않고 '겨울왕국'을 500번 정도는 봤다. 라푼젤은 100번 정도 본 것 같다. 디즈니 프린세스 시리즈는 30번 이하로 본 것들은 없을 정도로 디즈니 시리즈는 한 번 보면 푹 빠진다. 물론 시작함과 동시에 막내는 뛰어다닌다. 블록을 꺼냈다가 자동차 장난감을 꺼냈다가 분주하다. 그러다가 좋아하는 OST가 나오면 순간 집중하고 노래가 끝나자마자 또 뛰어다닌다. 행복이는 자기가 좋아하는 영화를 틀어주면 굉장한 집중력을 보인다. 끝까지 보는 경우가 대다수이다. 요즘에는 '맘마미아'에 빠져서 허구한 날 그것만 틀어달라고 한다. 형님반이 된 지금 이제는 원하는 영화 정도는 스스로 찾아서 본다.

여러 곳을 경험하고 아이들과 함께 바깥에서 시간을 보내는 것도 중요하지만 우리 아이들에게는 변수가 많다. 나갈 수 없이 아픈 경우, 전염병에 걸린 경우 등 굉장하다. 날씨도 어떤 날은 비가 너무 많이 오고 어떤 날은 나가면 안 되는 긴급재난 문자가 연달아 3개나 올 정도로 덥다. 또 어떤 날은 정말 운전할 수 없을 만큼 눈이 쌓여 있다. 어쩔 수 없이 집에서 보내야 하는 시간이 생기기 마련이다. 내가 귀찮아서가 아닌

외부적 요인이라면 집을 행복한 공간, 즐거운 공간으로 만들어보자. 누누이 말했지만 아이들은 누구와 함께 어떤 것을 하느냐가 중요하기에 꼭 나가서 노는 게 능사가 아니다. 어쩔 수 없이 집에 있어야 한다면, 집에서 활동해야 한다면 무엇을 즐겁게 할지 미리 알아둘 필요가 있다.

우리 아이들은 영화 보는 것을 좋아한다. 색종이 접기도 참 좋아한다. 색종이 사주는 게 일이라면 일이다. 한 번은 하트 접는 방법을 알려주었더니 서로 경쟁이 붙었다. 가만히 앉아서 30개를 접어놓고 누가 이겼내 누가 졌내를 외치면서 더 하려던 것을 다른 접기로 관심을 돌린 적이 있다. 그냥 하트를 질리게 접도록 내버려둘 걸 그랬다. 다른 접기를 알려주었더니 거실바닥에 그 동물만 한 가득이었다.

어떤 날은 어린이집에서 매미 접기를 배워왔다. 역시나 끝을 모르고 접어대는 탓에 어마어마한 매미 숲이 생겨났다. 아이클레이 놀이는 평일에 하원하고 늘 하는 놀이여서 되도록 주말에는 안 꺼내주려고 하는데 질리지도 않는지 아이클레이는 항상 하는 놀이로 신나서 한다.

조금 더 놀아주고 싶을 때는 물감놀이를 한다. 굉장히 깔끔 떠는 아이들이라서 몇 번 하다가 손 씻으러 들어간다. 물감놀이 정도는 하게 해준다. 솔직히 물감놀이를 하면 아이들이 덤으로 목욕놀이하면서 씻고 나올 수 있어서 좋다.

어떤 주말은 조금 더 오버해서 아이들과 요리놀이를 한다. 만두를 만든다든지 김밥을 만든다든지 아이스크림을 만드는데 아이들과 함께할 수 있는 요리가 생각 외로 엄청 많다. 아이들은 평소에 먹지 않던 채소도 자기 손을 거치게 되면 잘 먹는 기적을 보여준다. 생소하게 생각하던 식재료도 친근감 있게 받아들인다. 아이와 함께 놀 수 있고, 아이가 먹지 않던 것도 잘 먹고, 소근육 대근육 자극을 주고, 끼니도 해결할 수 있고 등등 일석다(多)조인 셈이다. 이것저것 하다 보면 주말이 후딱 지나가 있다.

토요일에 미용실 또는 내 근무가 끝나면 우리 가족은 외식을 하는 편이다. 지인 가족들과 식사도 자주하는 편이고 엄마와도 가끔씩 한다. 하루는 밥을 먹고 2차 3차까지 이어지는 바람에 귀가 시간이 많이 늦어졌다. 아이들이 차에서 깊게 잠든 상태라 한 명씩 안아서 집으로 안고 들어가야 했다. 행복이를 안고 들어가 내려놓으려는데 아이가 꼼지락꼼지락 거리더니 잠에서 깨어버렸다. 깨워서 미안하다며 다시 자라고 토닥거려 주니 아이는 많이 힘들었는지 "엄마, 내일은 엄마 쉬는 날인데 집에서 같이 쉬면 안 돼요?"라고 했다. 아이도 쉬는 시간이 필요했던 것일까? 그러겠노라 말하고 얼른 자라며 등을 쓸어주었다. 아이는 옅은 미소를 띠면서 잠이 들었다. 낮에 아빠랑 키즈카페에서 놀았다더니 에너지 소모가 많이 됐나 보다. 그래도 잠결에 한 소리겠지 하고 다음 날 어디 놀러 갈지 인터넷을 조회해 보고 잠이 들었다.

다음 날 아침 아이들이 하나둘 일어나는 소리에 같이 일어나서 아침밥을 준비하며 "오늘은 엄마 쉬는 날인데 어디로 놀러 가 볼까?"라고 물어봤다. 행복이는 엄청 서운하다는 투로 "오늘은 집에서 놀기로 했잖아요!"라면서 나를 흘겨봤다. 아차… 잠결에 말했던 게 아니라 이번 주는 정말 쉬고 싶었던 거구나. 엄마가 잠깐 까먹었다며 미안하다고 사과하니 다시 기분이 좋아져서 축복이와 신나게 놀기 시작했다.

아이들은 나가서 노는 것이 더 좋을 것이라는 내 생각을 완전하게 무너뜨린 상황이었다. 언제나 나가서 노는 게 신나는 것만은 아니었나 보다. 집에서 놀아주는 게 벅차서 나가는 방법을 택했던 내 방식의 문제점을 여실히 들추어낸 상황이다. 나가지 않겠다고 해서 영상물만 보게끔 방치하지 않으면서 나가서 노는 것보다 더 재미있게 놀 수 있도록 조금 더 신경 쓰면 그 또한 행복한 기억으로 남을 것이다. 집에서 노는 게 심심하고 따분한 것이 아닌 편안한 공간에서 가족들과 함께 행복하게 보내는 것으로 기억된다면 우리 집은 행복한 집이다. 다행히 우리 아이들은 집에서 노는 것도 재미있어 하고 힘든 날은 굳이 나가지 않고도 재밌게 노는 방법을 알고 있다. 나보다 낫다.

엄마도 사람인지라 생각이 자꾸 간사하게 움직일 때가 있다. 밖에서 시간을 보내면 집이 최고라는 생각이 들고 집에서 시간을 보내면 '어디라도 나갈 걸 그랬어'라는 생각이 든다. 앞으로 집이든 바깥이든 함께하면 어디든 행복한 곳이라 생각하고 그곳을 나와 아이들이 행복하게 만들어가면 된다. 행복을 한껏 느낄 수 있는 행복한 공간을 만들어주자.

03

아이와 단단한 벽돌 쌓기

엄마는요?

아이들이 보채거나 때를 쓰면 "다음에 해줄게"라는 말로 상황을 마무리하는 경우가 많았다. 매일 "다음에 해줄게", "어린이집 끝나고 해줄게"라는 말을 자주 하는 게 일상이었다. 아이들은 끊임없이 요구해 왔다. "다음에 해줄게"라는 말을 전적으로 신뢰했던 것 같다. 몇 번은 지켰기 때문이다. 하지만 반복되는 요구에 약속을 지키는 횟수가 점점 줄어들자 어느 순간부터 아이들은 티는 안 냈지만 어차피 안 지켜질 것이라고 생각하고 있었던 것 같다.

연년생 아이들을 키우다 보니 서로 의견이 안 맞으면 살벌하게 싸우는 경우가 많다. 저 나이에 어떻게 저렇게까지 싸우나 싶을 정도다. 아이러니한 건 그렇게 싸우고 채 몇 분도 안 되는 사이에 희희낙락 엄청난 절친이 되어 있다.

하루는 마트에서 한글쓰기와 스티커북을 샀다. 나는 책이나 놀이 북 같은 것은 사달라는 대로 다 사주는 편이다. 특히 색칠놀이와 스티커북은 어릴 때부터 한 번도 허투루 버리지 않았다. 둘의 취향이 정반대여시 싸울 일이 없었다. 물론 몇 개씩 사주는 건 아니고 한 권을 다하거나 다해 갈 때쯤 사준다. 아주 감사한 것은 친정엄마가 중간에 한두 권씩은 꼭 사줘서 경제적 도움이 많이 된다. 행복이가 할 수 있을 것 같은 것을 고르라고 하니 누구보다 신중하게 이 책 저 책을 둘러보다가 딱 두 권을 골라오기에 오케이 했더니 옆에서 축복이는 언니에게 시샘이 났는지 굳이 하지 않아도 될 한글놀이와 자동차 스티커북을 들고 와서 자기도 사야 된다고 하기에 그러라고 했다. 느닷없이 친구들 중에 한글을 읽는 아이들이 있다며 공부해야겠다고 했다. 놀기도 부족할 텐데 사서 공부를 하겠다니… 내 딸이 맞나? 싶었다.

집으로 돌아오는 길에 처음엔 서로 자기는 이걸 샀네 저걸 샀네 자랑하기 바쁘더니 갑자기 이유 없이 싸움이 붙었다. 집에 오는 내내 싸웠다. '집에 도착하면 그만하겠지'라고 생각했는데 더 심하게 싸우더니 지 잘났네 나 잘났네 하면서 나한테 쓸데없는 말까지 해가며 이르고 울고 난리가 났다. 가만 들어보면 정말 별거 아닌데 서로에게 속상했나 보다. 처음엔 둘이 사이좋게 지내라, 그러지 마라 좋게좋게 이야기했는데 들을 생각을 안 하고 완전 마이웨이였다. 결국 화가 머리끝까지 나서 "너네 둘 다 안 싸우기로 약속했지! 한 번 더 싸우면 한 명은 엄마 할머니한테 가고 한 명은 아빠 할머니한테 가기로 했지! 약속했었어 짐 싸!"라고 고함을 지르고 어린이집 가방을 둘 앞으로 던져주었다.

한 번 혼내면 어마어마하게 혼내는 엄마임을 알기에 엄마가 하라는 대로 해야겠다 싶었나 보다. 주섬주섬 옷과 장난감을 챙기기 시작했다. 그런 상황에서 아이들이 하라는 대로 하니까 더 열받는 건 뭔 심보인지. 눈물을 뚝뚝 흘리면서 잘못했다고 빌지도 않고 꾸역꾸역 짐을 싸는 애들을 보니 뭐 저런 애들이 있나 싶었다. 짐 싸기를 끝내고 문 앞에 세워 놓고 당장 나가서 할머니 집에 가라고 했다. 그제야 잘못했다고 울고불고 난리가 났다. 엄마는 한번 말한 거 지킬 거니까 당장 나가라고 단호하게 말했더니 행복이는 울면서 신발을 신었고 축복이는 안 갈 거라고 사이좋게 지낼 거라고 울고불고 난리를 쳤다. 그러더니 둘이 갑자기 애틋해져서 가지 마라 사이좋게 지내자 하면서 안아주고 눈물 닦아주고 그렇게 일단락이 됐다. 서로 미안하다며 손을 꼭 잡고 좋은 언니동생 하자며 방에 들어가서 자는 모습을 보니 갑자기 울컥해서 "엄마가 미안했어"라며 안아주고 잘 자라는 인사와 함께 그날은 마무리됐다.

다음 날 어린이집 가는 차 안에서 신나게 놀다가 축복이가 "엄마는 왜 약속 안 지켜요?"라고 물어보기에 내가 언제 약속을 안 지켰냐고 따졌다. 갑자기 둘이 한 팀이 돼서 날 공격하는데 정말 꿀 먹은 벙어리인 양 아무 소리 못하고 미안하다는 말밖에 할 수 없었다. 지금까지 "다음에 해줄게", "오늘 어린이집 끝나고 해줄게"라고 말했던 것들을 다 기억하고 있었나 보다. 나중에는 진짜 그런 약속을 했는지 기억도 안 나는데 줄줄 읊어대는 아이들 앞에서 정말이지 아무 말도 할 수 없었다.

어젯밤 자기 전에 곰곰이 생각해 보니 엄마는 약속도 안 지키면서 자기들이 싸웠다고 받았던 처벌이 너무 가혹하다고 느꼈는지 분명 둘이 방 안에서 쑥덕거린 게 이러려고 그런 것 같기도 했다. 너무하다 싶을 정도로 세세한 것까지 다 기억하고 있어서 신기할 정도였다. 다음 날 아침에 짜장밥 해주기로 했는데 미역국을 끓여줬다느니 어린이집 끝나고 친구 집 가서 놀기로 했는데 엄마가 힘들다고 집에 갔다느니 아빠랑 키즈카페 간다고 그랬는데 마트 가서 아이스크림만 사고 집에 왔다느니 별별 소리를 다 해댔다.

가만 생각해 보니 그래도 나는 해준다고 해준 게 꽤 많았는데 이 아이들은 해준 것과 상관없이 무엇을 해주기로 했던 것이 중요했다. 그게 약속이었는데 약속을 수시로 어긴 엄마가 되어 있었다. 아이들을 어린이집에 데려다주고 일하러 가는 길에 온갖 생각이 다 들었다. 처음에는 화가 났다. 힘든 와중에 핑계를 대기는 했지만 해주려고 노력해서 다른 방법으로 해준 게 얼마나 많은데 쟤네들이 저러나 싶었다. 자꾸 곱씹어서 생각해 보니 결국은 내가 잘못했다. 무조건. 지키지도 못할 약속을 남발한 경우였다. 아이들이 참 억울했을 법했다. 이대로 거짓말쟁이 엄마가 되기 싫어서 미용실에 도착하자마자 다이어리를 펴서 아이들이 쉴 새 없이 말했던 지키지 못한 약속들을 적어 내려갔다. 하늘이 나에게 벌을 내리시는 건지 그날은 아침부터 저녁까지 한가했다. 계속 생각하고 적고 생각하고 적고 하루에 의무적으로 한 권 이상 읽기로 마음먹었던 책도 눈에 안 들어왔다. 적다 보니 한 페이지 두 페이지… 점점 늘어났다. 데려다주는 20분이란 시간 동안 엄청나게 많은 말들을 쏟아냈던 딸들을 생각하니 정말 너무나도 억울했었구나 싶었다.

제일 지키지 않았던 것은 아침밥 약속이다. 자신들이 먹고 싶은 메뉴들을 말하면 나는 "해줄게"라고 해놓고 하기 편한 것 위주로 해줬다. 장난감 사주는 약속도 왜 그렇게 많이 했는지 사달라고 하면 "다음에"를 남발했다. 아이들은 돌아오지 않을 '다음에'라는 말을 믿고 있었나 보다. 내가 생각해도 참 거짓말 투성이 엄마였다. 약속을 다 지키지는 못하겠지만 그날부터 하나씩 해주기로 결심했다. 아침에 미역국이 먹고 싶다던 큰아이에게 내일은 미역국 해줄게라고 했던 기억에 약속을 지키기 위해 집에 가는 길에 소고기를 샀다. 저녁에 게임하게 해주겠으니 빨리 신발 신으라고 채근했기에 게임을 하게 해줬다. 그날만 해도 약속한 게 7개 정도는 됐다. 다 지키기 정말 힘들었지만 끝까지 지켰다.

다음 날 아침에 미역국을 끓여주고 그다음 날 아침은 누룽지를 해주고 그다음 날은 닭고기를 해주고 말하는 대로 해줬다. 축복이는 별로 바라는 게 없다. 감사하게도 식성이 좋아서 주는 대로 얼른 흡입하고 자기 노는 게 더 바쁘다. 고맙다 딸. 아침은 행복이가 원하는 식단에 맞춰줬다. 그렇게 하나씩 지켜나가니 나도 뿌듯하고 아이들도 점점 엄마가 변하는 게 느껴졌나 보다. 점차 서로 무리한 요구를 하지 않게 되었다.

아이들이 요구하는 것들 중에서 해줄 수 있는 것들은 해주겠노라 말했다. 오늘 못 하겠다 싶은 것들은 언제 해주겠다고 분명히 이야기해 주었다. 못 지킬 것들을 요구할 땐 단호하게 대처했다. 이제 아이들은 자신이 원하는 것들을 명확하게 이야기하고 엄마가 들어주지 않을 것 같은 것들은 한 번 더 생각해 보고 이야기한다. 그래도 안 되면 속상한 티는 온몸으로 표현하지만 더 이상 떼쓰지는 않는다. 처음부터 잘 지켰던 것은 아니다. 아이들은 용납이 안 됐을 것이다. 다음에라도 해주겠다고 했던 것들은 갑자기 단호하게 안 된다 그러고 안 지키던 것들은 알겠다고 하니 혼란이 왔었다. 그 과정을 견뎌내는 게 나도 아이들도 굉장히 힘들었다. 지금도 완벽하지 않다. 어르고 달래야 하는 경우도 있고 화를 내야 하는 경우도 생기지만 그래도 하나씩 맞춰가는 중이다. 덕분에 이제는 "약속했잖아요, 엄마는 왜 안 지켜요?"라는 말은 안 듣는다.

그러나 나도 사람인지라 못 지킬 때가 있다. 계곡에 갔다가 집에 가는 길에 마트에 들르기로 했는데 이미 녹다운되어서 갈 수 없다거나 그런 경우들이 한 번씩 있다. 약속을 지키기 너무나 힘들 때 진심으로 사과하고 이유를 말해 주며 다음 날이라도 꼭 지키려고 한다. 감사하게도 아이들은 명확하게 이유를 말해 주면 수긍한다. 그 대신 믿어주고 참고 기다린 것에 대해서는 무슨 일이 있어도 꼭 지켜야 한다.

지킬 수 없는 약속은 하지 마라는 말이 있다. 아이들에게는 더 묵직하게 적용해야 한다. 지킬 수 없는 약속은 절대 하지 마라. 표현은 안 해도 아이들은 세세하게 기억하고 있다. 어설픈 아이라고 생각하겠지만 분명히 기억하고 있다. 요즘은 약속을 하나씩 지켜나가면서 아이들과 내가 더 행복해지고 있음을 느낀다. 나부터 지키려고 노력하니 아이들도 약속에 대해서 신중해지는 것을 느낀다. 아이들은 부모의 행동을 모방하면서 자란다. 육아의 달인 책들을 보며 백날 아이들을 대해 봤자 진심 없는 행동은 아이들도 귀신같이 안다. 진심으로 내 행동 내 감정을 하나씩 지켜나가며 아이들에게 진심을 보여준다면 아이들도 나도 변하게 된다.

수많은 책 속의 노하우들을 내 것으로 만들고 아이들에게 다가가면서 노력하는 것을 아이들이 알아주고 함께 변하려는 '지금'이 나는 정말 행복하다. 앞으로 약속을 더 잘 지키는 엄마가 되어야지!

안녕하세요, 감사합니다

어딜 가나 인사 잘하는 인사 왕이 있다. 아파트 엘리베이터에서 타는 사람들마다 인사를 건넨다. 경비아저씨에겐 항상 씩씩하게 인사한다. 학교에서도 마주치는 선생님들께 그리고 선배와 후배에게 깍듯이 인사한다. 식당에서도 들어가면서 나올 때까지 인사를 입에 달고 산다. 마트를 가든 어디를 가든 인사가 일상이다. 그로 인해 자기가 받는 에너지가 어마어마한지 그 아이의 얼굴은 항상 보기 좋다. 분명 본인의 기분이 안 좋은 것 같은데도 불구하고 기분과 상관없이 그 아이가 풍기는 느낌은 사람을 참 기분 좋게 한다.

덕분에 그 아이의 엄마는 덤으로 항상 좋은 소리를 듣는다. 딸을 정말 잘 키웠다면서 엄마에게 인사하는 사람들이 늘어났다. 가만 보면 그 아이 엄마도 굉장히 인사를 잘한다. 그것도 아주 공손하게. 그런 모습을 항상 옆에서 봐와서 그런 걸 수도 있겠다. 그 아이는 다른 건 모르겠지만 정말 인사 하나는 끝내주게 잘한다. 물론 그런 인사성과 밝은 마음을 시샘하는 사람들도 있지만 굴하지 않고 꿋꿋하다. 시샘하는 이들보다 사랑하는 사람들이 더 많다는 것을 알고 있는 것일까? 웬만한 시샘에 끄떡없다는 듯이 행동하는 모습들을 본다. 멘탈도 아주 강한 사람들이라 시샘하는 이들이 나중에 지쳐버리는 경우도 많이 본다. 두 모녀는 서로가 서로에게 긍정적 에너지를 많이 준다. 볼 때마다 느끼는 내 느낌이다. 서로가 정말 사랑으로 대하는 게 느껴진다. 물론 트러블이 있을 때는 누구보다 강하게 부딪치지만 화해는 순식간이다.

이 이야기의 주인공은 내 막냇동생과 미자 여사다. 내 동생은 어릴 때부터 나와 다르게 인사성이 참 좋은 아이였다. 그렇다고 내가 인사가 부족한 사람은 아니다. 막냇동생은 차원이 다른 인사 왕이다. 항상 웃는 얼굴로 사람을 대하고 인사하는 게 몸에 배인 아이다. 같은 배에서 태어났는데 다른 점이 너무나 많다.

막냇동생은 우리 세 자매 중에서 엄마와 붙어 있는 시간이 가장 적었지만 엄마의 행동을 가장 많이 닮은 것 같다. 가장 사랑받아야 할 시기에 아버지가 갑자기 아파서 엄마가 아버지의 치료를 위해 약 1년 정도 지방 이곳저곳을 다녔다. 아버지가 돌아가시자 생계를 전적으로 책임져야 하는 엄마는 바쁘게 일했다. 막냇동생은 기숙사가 있는 곳으로 고등학교를 다녀서 일주일에 한 번 정도 엄마와 만날 수 있었다. 지금은 유학 중이라서 만날 수 있는 시간이 정말 없다. 그런데 둘은 이상하게도 항상 붙어 있던 것처럼 하나부터 열까지 닮았다.

둘의 모습 중 최고 보기 좋은 모습은 인사성이다. 친정엄마는 지금도 아파트의 모든 이들에게 인사한다. 물론 동생도 마찬가지다. 나도 어릴 적에는 동네 아줌마, 아저씨들, 모르는 사람 없이 여기저기 전부 인사했는데 점점 이웃들과 단절됨을 느끼면서 봐도 못 본 척 알아도 모르는 척 넘어가는 경우가 많다. 하지만 그 둘은 누가 되었든 간에 항상 웃으면서 인사를 건넨다. 둘 다 보면 인상 하나는 참 좋다. 아이를 낳아서 길러보니 그런 모습이 눈에 더 들어오는 걸까?

나도 요즘 인사를 하기 시작했다. 엄마의 교육 덕분에 '감사합니다'라는 말은 입에 항상 붙어 있었다. 문제는 '안녕하세요'가 참 안 됐다. 내가 건네는 인사는 참 힘들었다. 미용실에서는 "어서 오세요", "안녕하세요"가 참 잘됐는데 희안하게 미용실을 나와서는 그게 왜 그리 힘든지. 그래도 하나씩 해보기 시작했다. 특히, 아이들 앞에선 좀 더 신경 써서 했다. 내가 먼저 인사해야 우리 아이들도 할 거라는 생각에 쑥스러움을 무릅쓰고 했다. 그러다 보니 아이들에게도 변화가 찾아왔다. 기분에 따라 내가 시켜야 하는 경우도 있지만 웬만해서는 먼저 "안녕하세요"라고 인사한다. 덕분에 어른들이 참 좋아하신다.

인사하면서 느낀 게 나만 좋아지는 게 아니라 상대방도 기분 좋아지는 경우가 있다는 것을 알았다. 우리 아이들에게는 지금도 끊임없이 인사 훈련을 시킨다.

하루는 친정엄마 집에 아이들을 맡겨야 하는 상황이었다. 아이들을 맡기고 커피 한잔 마시고 나오려는데 엄마가 "행복이, 축복이, 엄마 가시는데 인사해야지"라면서 입구까지 따라 나오게 하였다. 친정엄마는 항상 이랬다. 나는 어릴 때부터 하루도 쉬지 않고 아버지에게 인사했다. 방학에 늦잠은 꿈도 못 꿨다. 뭉그적거리면 등짝을 때려가면서 인사를 시켰다. 뽀뽀는 덤으로 해야 하는 필수 코스였다. 친정엄마는 철저하게 예절이라는 교육을 시켜왔던 것 같다. 그에 비해 나는 아직도 멀었지만 오늘도 아이들에게 인사를 시킨다.

인사와 예의가 무슨 관계가 있나 싶은 사람도 있을 것이다. 구구절절 이야기하는 것보다 간단하게 소개하자면 어학사전에 '인사'라는 단어의 유의어는 '예의'라고 나온다. '예의'라는 말의 유의어는 '버릇'과 '격'이라고 나온다. 인사 하나로 우리 아이들에게 '예의'라는 좋은 버릇이 생기는 것이다. 사랑받는 아이로 자라기 위해서 인사는 필수 코스라고 생각한다. 인사는 예의다.

축복이는 평소에는 굉장히 씩씩하지만 은근히 쑥스러움을 많이 타는 아이이다. 한동안 인사를 잘하다가 어떤 이유에서인지 등원을 시켜주는 나에게 인사를 하지 않는가 하면 하원할 때 돌봄 선생님께조차 인사를 하지 않았다. 인사하라고 화를 낼까 하다가 인사를 안 좋은 기억으로 인식할까 봐 좋은 말로 타이르는 것을 선택했다. 집에 돌아가는 차 안에서 왜 돌봄 선생님께 인사하지 않았냐고 하니 쑥스러워서 그랬다고 한다. "쑥스러웠구나! 엄마가 모르고 계속 인사하라고 해서 미안해"라고 했더니 기분이 조금은 풀린 것 같았다. 기회를 놓칠세라 엄마는 축복이가 사람들에게 사랑받는 아이가 되면 정말 행복할 것 같다고 했더니 인사와 사랑받는 게 무슨 관계가 있냐는 듯이 눈을 동그랗게 뜨고 꿈벅꿈벅 나를 쳐다보기만 했다. 아이가 받아들이기에는 너무 무거운 주제인가 싶어서 전략을 바꾸기로 했다.

다음 날 아침 등원시간에도 선생님이 "엄마, 잘 다녀오시라고 인사해야지"라는 말을 몇 번이고 반복해도 몸을 배배 꼬을 뿐이었다. 하원하는 길에 돌봄 선생님께도 마찬가지였다. 잘하다가 갑자기 안 하려는 아이를 보니 어떻게 해야 될지 감이 안 잡혔다. 집에 가는 차 안에서 온종일 생각한 방법을 써보기로 했다. 심각한 표정으로 "축복아, 엄마가 너무 힘들어"라고 하니 아이는 왜 힘드냐며 또 '아빠 힘내세요'를 열창했다. 열창이 끝나고 축복이가 아침에 웃는 얼굴로 인사를 해주지 않으니 엄마가 일하는 동안 힘을 낼 수 없었다고 했더니 조용히 고민에 빠졌다.

다음 날 축복이는 나에게 쑥스럽게 손을 흔들며 "엄마, 다녀오세요"라고 해줬다. 하원시간에도 들릴까 말까 한 소리로 "안녕히 계세요. 감사합니다"라고 말하는 것을 나만 들었지만 축복이가 자기 나름 노력하고 있다는 것을 느낄 수 있었다. 차에 타기 전부터 나는 오버의 여왕이 되어 아이에게 너무 사랑스럽다며 안아주고 뽀뽀해 주었더니 완전 신이 나서는 얼굴에서 웃음이 떠나지 않았다. "축복이가 아침에 인사해 준 덕분에 엄마는 오늘 하루 힘이 나서 열심히 일했어. 다른 사람들에게도 이렇게 힘을 주는 축복이가 되면 좋겠어~"라고 말해 주었다.

다음 날부터 조금씩 노력하는 축복이의 모습에 온갖 칭찬을 다해 주었다. 나는 축복이 앞에서는 선생님들께 더 큰 목소리로 인사한다. '아이가 나를 보고 조금은 변화하는 계기가 되겠지'라는 생각으로 한 톤 더 높여서 밝게 인사한다. 지금은 자동 폴더 인사가 나올 정도로 인사를 잘하는 아이가 되어가고 있다. 여전히 자기 기분에 따라 등원 인사는 했다 말았다 하지만 언젠가는 잘해 주리라 믿고 기다리는 중이다.

예의 있는 아이로 양육하고 싶다면 인사는 기본이 되어야 한다. 타인에게 감사를 표현할 수 있고 안부를 표현할 수 있는 아이들이야말로 사랑받아 마땅하다. 가정에서는 식사에서부터 시작하면 된다. 그리고 출퇴근 때 부모님에게 인사하는 방법 그리고 주변 이웃들에게 엄마 아빠가 모범이 되어서 인사하는 모습을 보여주면 된다. 부모는 자식의 거울이라고 한다. 아이들은 엄마 아빠의 모습을 관찰하고 그게 좋아 보이든 나빠 보이든 상관없이 따라한다. 이때 칭찬은 덤이다. 그럼 조금 더 적극적으로 인사하는 아이가 될 수 있다.

꼭 해야 하는 것은 감사의 표현이다. 조그마한 것부터 감사할 줄 아는 아이로 양육하자. 나는 '감사합니다'라는 말을 참 많이 하는 편이다. 일부러라도 열심히 한다. 감사함을 계속 입 밖으로 내면 정말 감사할 일들이 점점 많아지는 것을 느낀다. 긍정의 힘이라도 되는 것인지 좋은 일들이 자꾸만 생겨나는 중이다. 감사할 줄 아는 아이는 어딜 가나 사랑받을 것이다. 우리 아이들을 인사 잘하는 아이, 감사할 줄 아는 아이로 자라게 해주자.

혼자서도 잘해요

워킹 맘의 아이들은 다른 아이들에 비해 혼자 있는 시간이 많다. 어린이집에서 아이들이 대부분 떠나는 시간인 4시를 넘기면 6시까지 남아 있는 아이들 몇 명과 논다. 6시에 그 아이들마저 집에 가버리면 우리 아이들같이 시간연장형 혜택을 받는 아이들 3~5명이 논다. 부모님들의 퇴근 시간이 다 다르기 때문에 어떨 때는 우리 아이들만 남아 있는 경우도 생긴다. 데리러 갔을 때 졸린 눈을 비비면서 나오면 안쓰러웠다.

학교에 다니면 더할 것이다. 아침에 나보다 일찍 나가서 학교 정규수업이 끝나면 점심시간인데 그때부터 아이들을 학원으로 빵빵이 돌려야 되나 별별 생각들이 다 든다. 사교육을 줄이라는 말은 워킹 맘들에게 씨알도 안 먹힐 이야기다. 아이가 학교에서 나오는 시간이 늦어도 1시 정도인데 그때부터 아이들은 집에 혼자 있어야 된다. 친구랑 노는 것도 한계가 있다. 방과후수업을 한다 하더라도 오후 3~4시를 넘기지 않는다. 결론은 학원밖에 답이 없다는 말이 맞다. 나는 그 말에 적극 찬성을 할 수밖에 없는 '엄마'이자 '워킹 맘'이다.

그래서 요즘 아이들에게 무엇이 하고 싶은지 끊임없이 물어본다. 엄마가 없는 시간 동안 그래도 자신들이 좋아하는 것을 하면서 있기를 바라는 마음에 피아노가 좋니 발레가 좋니 미술이 좋니 태권도가 좋니… 아마 학교 입학하기 전까지 계속 물어볼 것 같다. 워킹 맘 아이들은 혼자서도 할 줄 아는 게 많아야 된다. 어린이집에서는 엄마들의 출근 시간부터 퇴근 시간까지 보육해 주지만 학교는 체계가 아예 딴판이다.

우리 아이들은 지금도 혼자 하기 연습을 한다. 아이들은 이제 집에 들어오면 옷 벗고 손, 발 씻기는 완벽하게 해나가는 중이다. 옷도 척척 빨래 통에 가져다 넣는다. 처음에는 욕실에 들어가서 넘어지지 않을까 노심초사했는데 내가 씻기는 것보다 더 깨끗하게 잘 씻는다. 스스로 했다는 성취감을 만끽하도록 칭찬을 쉴 틈 없이 해준다. 칭찬을 좀 과하게 받은 날은 아이가 욕실에서 나올 생각을 안 해서 아빠가 들고 나와야 끝이 난다.

식사하고 나면 식기 가져다 놓는 것은 스스로 밥을 먹을 수 있는 2~3살부터 시켰다. 다른 집에 가서 우리 아이들이 "잘먹었습니다"라고 외치고 식기를 가져다 놓는 모습에 내 어깨가 으쓱해진다. 하나 같이 "아이들이 벌써 저렇게 해요?"라고 물을 때 처음에는 당황했다. 언제나 당연하다고 생각했는데 아니었나 보다. 그렇게 습관 들인 우리 아이들 때문에 내 기가 산다. 아이들이 스스로 할 수 있는 리스트를 하나씩 늘려나갈 예정이다.

아이들의 홀로서기를 도와주면서 느끼는 게 많다. 나만의 주관으로 철저하게 준비된 엄마만이 아이들이 홀로 설 수 있게끔 도와줄 수 있다. 엄마가 준비되어 있어야 아이들이 시작할 수 있다는 생각을 항상 한다.

주변에서 너무 이른 거 아니냐고 면박을 주기도 한다. 아니다. 내 생각은 확고하다. 준비가 되어 있지 않은 상태에서 들이닥치는 세상은 아이들에게도 굉장히 힘든 문제가 된다. 워킹 맘의 아이라면 조금이라도 더 빨리 혼자 서는 준비를 해야 한다. 넋 놓고 있다가 갑자기 학교를 가야 되고 방학이라는 게 닥쳐올 때 준비되지 않은 워킹 맘들이 퇴사하는 경우를 가장 많이 봐왔다.

내 직업의 좋은 점이 별별 사람들을 다 만날 수 있다는 것이다. 다양한 직군의 사람, 유아부터 고령노인들까지 그들의 이야기를 하나씩 하나씩 듣다 보면 워킹 맘의 시련은 굉장하다. 우리 아이들에게도 철저하게 준비시키고 스스로 이겨내는 힘을 기르지 않으면 워킹 맘이나 아이나 불행해질 수밖에 없다. 지금 늦었다고 생각하기에 이르다. 지금부터 홀로서기 준비를 하나씩 해나가면 된다.

내가 5살 정도였던 것 같다. 갑자기 엄마가 이제부터 혼자 자야 된다고 선언했을 때 어린 나이에 큰 충격이었다. 그때의 기억이 너무나도 생생하다. 얼마나 굉장한 충격이었는지 귀가 아프기 시작했다. 5살 인생에서 평생 겪어보지 못한 고통이었다. 진짜 아픈 것과 엄마가 와주기 바라는 것까지 합쳐져서 너무나도 아팠던 기억이다. 새벽까지 울었던 기억이 아직도 선명하다. 2번 정도는 엄마가 들어와서 나를 들여다보고 울면 더 아프다면서 혼냈다. 나는 그렇게라도 엄마가 다시 나랑 같이 잤으면 했다.

미자 여사는 정말 단호박 같은 사람이다. 그 어린아이에게 안 되는 건 절대 안 된다는 것을 이전부터 교육시켰지만 그 경험은 나에게 차원이 다른 고통이었다. 훌쩍훌쩍 울어도 보고 큰 소리로 울어도 봤지만 2번을 끝으로 엄마는 절대 나타나지 않았다. 어쩌다 보니 잠이 들었다. 분명 울다 지쳐서 잤다.

당시 엄마는 항상 새벽기도를 갔었다. 동이 틀락 말락 한 때였으니 새벽기도 마치고 집에 왔을 때였던 것 같다. 딸래미가 귀가 아프다면서 울 때는 코빼기도 안 보이더니 슬며시 들어와서 귀에 손을 얹고 기도해 주는 소리를 잠결에 가만히 듣고 있었다. 나는 같이 자지 않아도 엄마는 항상 내 옆에 있다는 것을 그때 느꼈던 것 같다. 그다음부터 혼자 잠자는 것에 대한 힘든 기억은 단 한 번도 없으니 말이다.

정말 행복했던 기억보다 스스로 위기를 이겨낸 기억이 강렬하다는 것을 이 글을 쓰면서 느낀다. 나에게 그 기억은 엄청난 위기였지만 혼자서 자기를 이겨낸 경험이기에 이렇게 뚜렷이 기억 속에 남은 것 같다. 이 기억을 되돌려 보면 엄마의 단호함이 나를 성장시켰다고 생각한다.

스스로 할 수 있는 것을 점점 늘려가는 과정에서 분명 위기는 몇 번 찾아오기 마련이다. 아이가 혼자 못할 것 같은 것을 바란다면 그것은 잘못이지만 충분히 해낼 수 있는 것이라면 서서히 혼자 설 수 있도록 도와주는 게 부모의 의무라고 생각한다. 언제까지 자신들의 밥을 내가 떠먹여줄 수는 없다.

특히 워킹 맘은 조금 더 철저히 준비된 자세로 아이들에게 홀로서기를 알려주어야 한다. 시간은 빠르다. 지금도 계속 흐르고 있다. 우리 아이들의 시간은 더 빠르다. 아이들과 함께 있고 싶고 아이가 성장하는 것을 보며 추억을 쌓고 싶다면 직장을 그만둘 준비를 하고 사직서를 내미는 것은 바람직하다. 하지만 준비 한 번 해보지 않고 혼자 있어야 하는 아이들 걱정에 열심히 달려온 워킹 맘의 과정을 다 버리고 그만둔다면 그만큼 바보 같은 행동은 없다. 나도 내 처지를 비관하면서 그만둘까 고민했던 때가 있다. 하지만 지금은 내가 선택한 워킹 맘의 여정을 포기할 생각이 없다. 더 철저하게 준비해서 헤쳐나갈 생각만으로도 벅차다.

지금도 늦지 않았다. 우리 아이들의 홀로서기를 도와주는 워킹 맘이 돼야 할 때이다. 할 수 있다. 아이들은 생각보다 더 단단하기에 홀로서기 정도는 충분히 잘해 낼 것이다. 겁부터 먹고 엄마가 먼저 포기하는 일은 없길 바란다.

교수님의 가르침

대학시절 나는 정말 막나가는 학생이었던 것 같다. 꿈이 없는 사람이 맞았다. 항상 하던 일을 학교라는 곳에서 또다시 배운다는 게 귀찮았다. 정말 어리석은 생각 속에서 살았다. 그냥 이력서에 쓸거리 하나 채운다는 마음으로 졸업하기 위해 다녔다. 그래서 학점을 채워야 되는 수업 스케줄에 맞춰서 강의를 들었다. 필수과목을 굳이 안 들어도 졸업할 수 있는 학점이 다 채워지면 학교를 안 가는 일이 허다했다. 어차피 안 가도 졸업할 수 있으니 그 시간에 잠을 선택했다. 4번 빠지면 F학점이라는 말에 기막히게 3번까지 빠졌다. 공부할 수 있는 시간이 많은 그때 한 번이라도 더 강의를 들었어야 했는데 지나고 보니 후회가 된다. 회장은 나한테 전화하기 바빴는데 나는 무음으로 해두고 자기 바빴다.

하루는 지도교수님과 마주쳐서 인사했는데 "네가 다희니?"라고 아주 상냥하게 물어보셔서 "네"라는 대답과 함께 헤어나올 수 없는 지옥 속으로 빠졌다. 학점과 관련 없다고 지도교수 수업을 아예 한 번도 나가지 않았다. 피해 다녀도 모자랄 판에 무슨 정신에 인사까지 하고 내가 정다희라고 알렸을까? 바보도 그런 바보가 없었다.

잠깐 교수실에 가자는 말에 아무 생각 없이 따라갔다. 내 근황과 사적인 이야기 그리고 가족 이야기 등 이런저런 이야기를 물어보셨다. 이야기가 끝난 줄 알고 나서려는 순간 교수님은 무서운 맹수로 돌변했다. 단지 자신의 수업을 빼먹는 것에 대한 화가 아니었다. 필수든 필수가 아니든 네가 해야 할 게 있는 시점에 이렇게 무책임하게 행동하느냐며 1시간 정도 설교를 들었다. '어떤 교수님도 나의 출결에 대해서 별말을 안 했는데 지도교수님이라 다른가?'라고 생각했다. 정답은 NO였다. 나 말고 뺀질이 내 친구도 잡혀가서 한 소리 들었단다. 지금은 둘 다 애 엄마가 돼서 그때 이야기를 하면 웃음밖에 안 나온다. "엄마인 우리도 그런 시절이 있었으니 나중에 자식들이 속 좀 썩여도 참아야지"라면서 그저 웃는다.

내가 처한 모든 사정을 물어보셨던 교수님은 나의 인생까지 연결시켜서 아주 호되게 혼을 내셨다. 웬만해서 울지 않던 내가 눈물을 쏙 빼고 나왔으니 할 말 다했지. 그러고는 앞으로 무슨 일이 있어도 반드시 수업은 참여하라고 못을 박아뒀다. 원래의 나였으면 그러거나 말거나 들은 체도 안 했을 것이다. 교수실을 나오면서 내 잘못에 대해서, 내가 했던 행동들에 대해서 다시 생각하는 계기가 됐다. 정말 지독히도 열심히 안 하려는 나의 모습에 나조차 한숨이 나왔다. 수업은 단 4번만 남아서 어차피 F는 따놓은 학점이었다.

그런데 나는 홀린 듯 그 수업에 다음 주부터 들어갔다. 교수님께 혼날 각오 단단히 하고 들어갔는데 웬걸? 엄청난 관심으로 수업을 가르쳐주셨다. 수업에 들어갈 때마다 내가 버벅거리는 부분은 바로잡아주고 방법도 알려주고 죄송해서 몸 둘 바를 모를 정도로 자상하게 대해 주셨다. 마지막 실기시험 때 나는 나갈 필요가 없었다. 시험을 보나 마나 학점은 어차피 F일 테니까. 그래도 교수님과의 약속을 지키기 위해서 실기시험에 참석했다.

마지막 학년, 마지막 학기 성적표를 받고 교수실로 갔다. 교수님은 조용히 나를 안아주시고 수고했다며 등을 토닥여주셨다. 자신과의 약속을 지켜주어서 고맙다며 웃어주시던 그 만남을 마지막으로 나는 교수님을 한 번도 만나지 못했다(내 인생의 또 다른 터닝 포인트를 만들어주신 곽형심 교수님, 감사합니다. 교수님 이야기는 이 책이 끝나기 전에 한 번 더 할 예정이나). 요즘 문득 교수님 생각이 한 번씩 난다. 교수님이 나에게 취했던 방법이 나를 한 번 더 성장시켰다고 생각해도 무방하다.

처음부터 떼를 쓰고 말을 듣지 않는 아이는 없다고 생각한다. 어떠한 계기로 점차 꾀를 부리고 자기만의 고집이 생기면서부터 말을 듣지 않는 행동으로 자신의 감정을 표현한다. 처음부터 강압적인 방법으로 아이를 잡으려고 하면 아이들은 쉽게 변하지 않는다. 고분고분 말을 잘 듣는 아이는 드물다. 정상적인 아이가 아니다. 주변에 말 안 듣는 아이들은 흔하디 흔하다. 다만 잘못된 부분을 어떻게 바로잡아야 할지는 부모들의 영원한 숙제라고 볼 수 있다.

교수님께서 나에게 사용한 방법은 우리 아이들에게도 적용하기 좋은 방법이라고 생각했다. 아이가 잘못했을 경우 즉각적으로 반응하기보다는 먼저 타이르고 지켜봐 주는 과정이 필요하다. 아이의 목소리에 귀 기울여주고 나부터 마음의 여유를 갖고 훈육해야 한다.

알면서도 실천하기 힘든 방법이지만 단단한 아이의 마음을 지켜주기 위해 엄마는 고민하고 또 고민해야 한다. 아이가 잘못했을 경우 먼저 아이가 그때 처한 상황을 알아봐 주어야 한다. 대뜸 혼부터 내면 엄마가 무엇에 화가 나는지, 어떤 행동을 할 때 혼을 내는지 아이들은 알 수 없다. 적어도 아이들이 혼날 만한 행동을 하기 전 왜 그런 행동을 했는지에 대한 이유는 분명히 있다. 단지 "장난치고 싶어서요"라고 해도 그 또한 이유다. 그럼 왜 장난을 그렇게 치면 안 되는지부터 차근차근 알려주어야 한다.

몇 번이고 알려주었음에도 불구하고 계속 똑같은 상황이 반복된다면 그때는 단호하게 훈육해야 한다. 같은 행동을 했을 때 한 번은 엄마가 고함지르고 한 번은 맴매하고 한 번은 타이르고 이렇게 두서없는 엄마의 행동은 오히려 아이들의 생각을 헷갈리게 만든다. 나만의 규칙을 만들자. 나는 같은 행동 3번까지는 그 행동이 왜 잘못되었는지 침착하게 말해 준다. 3번 이후에는 아이들이 가장 싫어하는 못된 마녀 엄마가 된다.

나도 사람인지라 아이들이 잘못하면 목소리부터 커지고 맴매를 하겠다는 소리가 절로 나온다. 내 마음에 여유를 두기란 쉽지 않은 일이다. 엄청난 노력이 필요했던 부분인 것 같다. 지금도 무던히 노력하지만 쉽지 않다. 처음부터 잘하는 사람이 어디 있나? 분명한 것은 아이가 잘못한 부분에 대해서 여러 번 단호하게 일러주어도 안 될 시에는 엄격한 훈육이 필요하다. 눈물 콧물 쏙 빼도 어쩔 수 없다. 몇 번의 기회가 있었음에 불구하고 지켜지지 않은 것에 대한 조치를 취할 수 있음을 분명히 알려주어야 한다. 단, 그렇게 혼나고 난 후 개선되는 모습이 보이면 이전의 잘못들을 들출 필요는 없다.

한동안 행복이, 축복이가 펭귄게임에 푹 빠져서 아침에 눈뜨자마자 스마트폰을 찾아서 게임을 했었다. 분명하게 아이들에게 아침 시간에는 게임하면 안 된다고 몇 번이고 일러두었다. 하지만 아이들의 대답은 그때뿐이었다. 4일이 지나고 5일째 되는 날 눈을 뜨자마자 또 스마트폰을 찾으며 아침밥을 거부하는 일이 생겼다. 평소 같았으면 고함을 지르고 구두주걱을 들고 소리쳤을 것이다.

엄마는 마음이 여유로워야 된다는 구절을 몇 번이고 되뇌며 아이들에게 "4일 동안 아침에 눈뜨자마자 게임하고 엄마가 분명히 하지 말라고 했지. 기회를 충분히 줬다고 생각해. 오늘부터는 3일 동안 핸드폰을 주지 않을 거야"라고 알려주었다. 처음에는 잘못했다며 안 그러겠다며 울고불고 난리가 났다. 내 눈에는 다 보였다. 이래 놓고 저녁에 집에 돌아와서 살랑살랑 애교를 부리면서 달라고 하겠지. 나한테 안 먹히면 아빠한테 달려갈 게 뻔했다.

조금 더 단호하게 지금부터 핸드폰은 엄마 서랍장 위에 두라고 지시했더니 아이들은 다행히도 곧이곧대로 해주었다. 약속을 지키기로 한 것을 기억했는지 아이들은 정확히 3일을 기다려주었다. 그다음부터는 아침에 게임을 하지 않는다. 이렇게 일단락된 이후 나는 아이들에게 그 일에 대해 이렇다 저렇다 절대 이야기하지 않았다. 이미 아이들에게는 처벌이 내려졌고 아이들은 잘 지켜주었다. 그저 약속을 지켜준 아이들에게 하고 싶었을 텐데 잘 참아주었다고 안아주는 게 최선의 방법이라고 생각했다.

잘못은 정확하게 짚어주고 훈육하되 그 이후에는 사랑으로 안아주는 것이 필요하다. 벌을 받은 후에도 엄마의 훈육이 또 들어가게 되면 아이들은 의기소침해질뿐더러 짜증이 날 것이다. 충분히 훈육했다면 그다음에는 사랑으로 안아주는 게 맞다. 아이들은 의외로 영악해서 이렇게 혼나서 내가 불이익을 받아도 엄마는 나를 사랑해 주고 안아준다는 것을 분명 알고 있다. 벌을 받는 게 무조건 나쁜 것은 아니라는 인식이 생기고 잘못했을 때 고치려는 노력을 할 것이다.

나도 한때는 내 감정에 의존해서 아이들 발바닥이며 엉덩이며 정말 무차별적으로 맴매를 했었다. 처음부터 조곤조곤 잘못을 짚어주는 건 꿈도 못 꿀 일이었다. 오죽하면 내가 화를 내기 시작하는 순간 복이 아빠가 애들을 들고 방으로 도망갈 정도였다. 나는 아이들을 사랑한다는 가면을 장착한 못된 엄마였다. 그저 내 감정대로 같은 잘못을 두고 하루는 기분이 좋아서 넘어가고 하루는 기분이 나빠서 혼냈다. 훈육이 아닌 화를 내고 있었던 것이다.

아이들과 단단한 가정을 만들고 싶어서 제대로 살아보기로 결심했다. 요즘에는 한 번 더 상대방을 생각하려는 힘이 점점 커지기 시작했고 그 영향으로 아이들을 새로운 시각으로 바라보고 있다. 나 같은 엄마도 해낸다. 처음엔 힘들겠지만 하나씩 하다 보면 내 감정을 컨트롤하는 방법은 분명히 있다. 내 감정에 의존하지 말고 아이 편에 서서 아이를 진심으로 사랑하는 마음으로 훈육한다면 아이들은 자신의 잘못을 깨우쳐 나갈 것이다. 내가 변하니 아이들은 저절로 변하고 있다.

어른은 쉽게 변하지 않는다고 한다. 나라는 인격 자체가 몇십 년에 의해 형성된 것이기에 그렇다. 아이들 또한 쉽게 변하지 않는다. 오히려 즉흥적인 감정에 휩쓸려 본능 표출에 최적화되어 있다. 경험해 보니 어른들이 바뀌는 게 훨씬 쉬울 정도이다. 백지 상태인 아이들에게 어른의 훈육은 아이를 미워하는 것이 아닌 사랑이라는 것을 항상 심어줘야 한다. 나는 이 과정이 너무나도 힘들었다. 지금도 완벽하지는 않지만 열심히 노력한 대가는 있다. 왜 그 행동을 하면 안 되는지 정도는 한두 번 타이르면 알아준다. 아이가 잘못했을 때는 올바로 훈육하고 깨달을 수 있게끔 끊임없는 사랑을 주어야 한다. 사랑으로 훈육한다면 아이들은 분명히 바뀐다. 이렇게 아이들과 한 번 더 단단해진다.

미안함과 칭찬 사이

'사랑과 우정 사이'라는 노래가 있다.

사랑보다 먼 우정보다는 가까운 날 보는 너의 그 마음을 이젠 떠나리
자신보다 이 세상 그 누구보다 널 아끼던 내가 미워지네
연인도 아닌 그렇게 친구도 아닌 어색한 사이가 싫어져 나는 떠나리
우연보다도 짧았던 우리의 인연 그 안에서 나는 널 떠나네

사랑과 우정 사이에서 결국은 두 가지 모두 떠난다는 것이다. 이 말은 두 가지 모두 잃었다고 볼 수 있다. 이 노래를 들을 때마다 안타까움을 느낀다. 차라리 맹목적으로 사랑했다면 어땠을까? 감정을 끝까지 숨기고 친구로 남았다면 어땠을까? 사람마다 관점은 다르겠지만 이 노래는 이렇게 끝나는 게 듣는 이에게 더 진한 여운을 남긴다.

육아와 워킹 맘 이야기를 하다가 뜬금없는 노래 이야기로 흘러간 것 같다. 운전하며 라디오에서 흘러나오는 노래를 듣다가 나도 모르게 내

상황을 대입해 보게 되었다. 남녀 간의 사랑이 아닌 부모자식 간 사랑을 대입했던 것이 문제라면 문제다. 아침에 아이들을 혼내고 난 뒤 어린이집에 보내면 하루 종일 마음이 뒤숭숭하다. 하루를 시작하는 아침에 그것도 출근하는 차 안에서 꼭 그랬어야 했나? 자책하기도 한다.

그렇게 퇴근해서 아이들을 보면 아침의 내 모습 때문인지 아이들에게 한없이 부드러워지는 나를 발견한다. 괜히 미안해서 그렇다. 좋게 넘어갈 수 있는 문제를 1분 1초가 다급해서 꼭 한 번씩 성질을 낸다. '다음부터는 내가 좀 서둘러야지', '아침부터 그러지 말아야지'라는 마음은 그때뿐이다. 아이들을 그렇게 보내고 저녁에 마주하면 정말 보잘것없는 것에 성질 부렸던 것이 미안해 갑자기 착한 엄마 콤플렉스에 걸린 사람처럼 행동한다.

평소보다 잘한 것도 없는 아이를 있는 대로 추켜세운다. 평소 칭찬 강도가 1이었다면 그런 날은 10을 오버해서 칭찬하기도 하고 안아주고 뽀뽀하고 별별 쇼를 다 한다. 그런 행동을 나름대로 사랑이라고 해석했던 것 같다. 평소 같으면 버럭 화를 냈을 법한 행동에도 "에이~ 다음부터 그러지 말았으면 좋겠어"라고 유하게 넘어간다. 이 정도면 감정 조절 빵점 엄마임에 틀림없다. 정말 '자기 하고 싶은 대로 하는 사람'이었다.

아이를 혼낸 미안함 때문에 이유 없이 아이들을 칭찬하고 사랑을 주는 사람으로 자신을 만들어갔다. 아이들의 시선에 엄마는 그냥 미안하면 더 칭찬하고 사랑해 주는 사람이었다. 그러다 보니 아이들은 내가 무엇을 해야 칭찬을 받는지 무엇을 해야 혼이 나는지 헷갈려 하는 것 같았다. 분명 나는 아이들을 사랑한다. 아이들을 혼냈다고 해서 사랑을 빙자한 관대함은 정말 못 봐줄 행동이었다.

우리 아이들은 칭찬 스티커와 동전 모으기로 원하는 것을 살 수 있다. 동전은 웬만하면 생기는 족족 아이들에게 주는 편이다. 저금통에 저금하는 것도 교육이라면 교육이다. 칭찬 스티커는 칭찬받을 만한 행동을 했을 때 하나씩 준다. 자신들이 생각했을 때 이 정도는 받을 만해라고 생각하면 스티커를 달라고 한다. 아이들이 커갈수록 영악해진다는 말을 이런 부분에서도 느낄 수 있었다.

아침에 혼을 낸 날이면 아이들은 저녁에 어떤 것이든 했다 하면 나에게 달려와 칭찬 스티커나 동전을 요구한다. 처음에는 미안함에 "그래, 잘했네"라면서 한두 개씩 더 주었다. 내가 아이들에게 성질을 부린 날들이 많았음을 스티커 판은 숨김없이 보여주었다. 나중에는 혼자 쉬하고 왔으니 스티커를 달라는 행복이의 말과 자신이 먹었던 그릇을 가져다 놓았으니 스티커를 요구하는 축복이를 보면서 생각을 고쳐먹기로 했다. 미안함에 눈이 멀어 했던 나의 행동 때문에 아이들이 칭찬의 진정한 의미를 혼동하고 있었다.

물론 스스로 한 행동에 대해서는 칭찬을 해주어 마땅하다. 하지만 자신이 당연히 해야 할 행동까지 칭찬을 요구하는 아이들을 보면서 이건 무언가 잘못되었다고 생각했다. 칭찬 스티커 판의 스티커가 늘어날수록 장난감을 살 수 있는 날이 빨리 다가온다는 것을 이미 알아버린 아이들에게는 진정한 칭찬받을 행동이 필요한 게 아니었다. 어떤 행동이 되었든 칭찬 스티커를 받을 수 있는 행동만 하면 되었다.

스티커 판을 만든 의도는 이런 것이 아니었다. 워킹 맘이 가지는 미안함을 해결하기 위해 장난감을 사주던 습관을 고치기로 한 후 스티커 판을 만들었다. 결과적으로는 장난감을 사주던 습관을 조금 더 그럴싸하게 업그레이드시켰을 뿐 본질은 그대로였던 것이다. 칭찬 스티커 판이 아닌 엄마의 잘못 스티커 판이었다.

우선 사소한 일에 '욱'하는 성질부터 뜯어고쳐야 했다. 화를 무조건적으로 참기보다는 한 발 뒤로 물러서서 생각하는 법을 시작했다. 깊게 심호흡하면서 긍정적인 쪽으로 생각했다. 아이들이 늦장을 부리면 다음 날은 10분 더 일찍 깨워서 시간을 확보했다. 짧은 다리로 내 걸음을 따라오지 못할 텐데 '얼른'이란 말로 다그쳤던 것도 줄이기 시작했다. 하나씩 하다 보니 화낼 일도 아닌 것으로 너무 감정을 소모하고 있었다. 지금은 되도록 고함치는 상황까지 가지 않도록 미리 조치를 취한다. 덕분에 아침이 평화롭다.

서양 격언 중에 "반복은 학문의 어머니"라는 말이 있다. 반복 속에서 자신의 지식과 학문이 점점 깊어진다는 뜻이다. 나는 반복되는 육아 속에서 나만의 육아 스킬이 점점 늘어나갈 것이라고 생각하며 반복은 육아의 어머니라고 생각했었다. 하지만 이 일을 계기로 새로운 생각을 가지게 됐다. '잘못된 칭찬의 반복은 못된 육아의 어머니'라고 생각하여 마음을 고쳐먹기로 또다시 다짐했다. 미안함을 대표해 잘못된 칭찬을 남발했더니 안 하는 것보다 못한 게 되어버렸다.

끊임없이 칭찬해서 아이의 자존감을 높이는 것도 중요하지만 아이가 칭찬받아 마땅한 행동을 했는가도 중요하다. 잘못했으면 잘못을 제대로 알려주어야 한다. 칭찬받을 행동을 했으면 '진심'이 진하게 묻어나는 사랑으로 칭찬해 보자. 의미 없는 무조건적인 사랑과 무조건적인 칭찬은 아이를 망치는 지름길이다.

항상 미안함이 가득할 수밖에 없는 워킹 맘으로서 했던 행동들이 아이들의 생각을 병들게 하고 있었다. 나는 중간이 없었던 것이 문제였다. 결국 스티커 판은 무용지물이 되어 구석으로 처박혔다. 그 후로 의미 없는 칭찬과 미안함을 빙자한 칭찬은 하지 않으려 노력하고 있다. 처음부터 쉽지는 않았다. 지금도 쉽지 않다. 하지만 미안함과 칭찬은 별개라는 것은 꼭 머릿속에 넣고 아이들을 대하고 있다. 애초에 미안할 짓을 하지 말라는 사람들도 있다. 솔직히 말하자면 워킹 맘이 처음인 내게 미안할 짓을 안 할 거라는 확신은 없다. 미안할 짓을 안 할 수도 없다. 스스로 노력하고 완벽하다고 생각할지라도 아이들에게는 부족한 모습일 수 있다. 엄마가 처음인 나를 언젠가 아이들이 이해해 주리라 믿는다.

미안함을 대신할 무언가를 찾지 말자. 미안하면 진심 어린 사과 한마디면 충분하다. 나는 "아침에 엄마가 화내서 너무 미안해"라는 말을 고이고이 아껴두고 의미 없는 칭찬 남발이라는 못된 행동을 아이들에게 선사했다. 이보다 더 큰 잘못이 어디 있을까? 오늘은 아이들에게 "엄마가 칭찬을 남발해서 미안해"라고 말해 줘야겠다. 뭐든 적당히 그리고 바르게 하는 게 맞다. 부디, 당신은 미안함과 칭찬의 기로에서 길을 잃지 않길 바란다.

04

마음의 단열재는 두껍게

너 때문에? 나 때문에

우리나라 드라마에 나오는 단골 멘트가 있다.

“내가 지금까지 누구 때문에 이렇게 고생했는데?!”

악녀 혹은 가난한 집에 아들 장가보내기 싫은 시부모들이 하는 대사이다. 이 대사는 워킹 맘들의 단골 멘트이기도 하다. “내가 누구 때문에 이 고생을 하는데?”, “내가 무슨 덕을 보자고 이러고 있는데?” 등등.

진심으로 진지하게 그런 말들을 내뱉는 것인지 다시 한 번 생각해 보길 바란다. 집안 형편이 너무 좋지 않아서 워킹 맘의 길로 들어선 엄마라면 ‘돈’ 때문일 것이다. 커리어를 포기하지 못해서 워킹 맘의 길로 들어선 엄마라면 ‘내 경력’, ‘내 직위’ 때문일 것이다. 남편을 위해서 일하는가? 자식을 위해서 일하는가? 결국은 ‘나’ 때문에 일한다. 나를 위한 핑계에 불과한 이유를 타당하다고 생각하지 말자.

사람들은 별것도 아닌 남의 일에 지나치게 관심이 많다. 『말의 온도』라는 책을 보면 나쁜 소문은 몇 배가 되어서 퍼지고 좋은 소문은 반으로 줄어들어서 잊힌다고 한다. 다른 사람을 흉보고 욕하고 시기와 질투에 조롱하거나 비아냥거리는 일이 다른 사람을 인정하고 칭찬하며 추켜세우는 일보다 몇백 배 더 재미있고 몇천 배 더 흥미롭기 때문이라고 한다.

“일이 좋아서 일한다” 또는 “내 행복을 위해서 일한다”라고 말하면 주변에서는 이기적인 엄마라고 손가락질한다. 내가 행복해야 아이가 행복할 것이라는 논리에 왜 손가락질하는지 이해할 수 없다. 요즘은 조금 덜하지만 양가 부모님들조차 응원하는 지지자가 되어주기는커녕 집에서 “애나 봐라” 이런 식으로 말씀하시는 분들이 꽤 있다. 어느 누구든 이런 이야기를 듣다 보면 마치 죄인이 된 것처럼 자존감이 밑바닥으로 꺼진다. 돈 얼마나 벌려고 애를 고생시키냐는 둥 별별 간섭을 다 한다. 물론 누구나 이런 상황이 아니라는 것은 알지만 이런 이야기들을 주변에서 들으면 씁쓸함을 감출 수 없다.

한때 온라인상에서 ‘내 행복을 위해 일한다’던 어떤 엄마는 별별 소리를 다 들어야 했다. 말이 좋아 별별 소리지 욕설도 꽤나 있었다고 한다. 나 또한 고객들과 아이들에 관한 이야기를 많이 할 수밖에 없다. 아이를 어린이집에 언제 맡겼는지 이야기하면 별별 이야기가 다 나온다. 그 어린것을 맡기고 일하러 왔냐부터 시작한다. 애가 불쌍하다 어쩐다 그런 소리를 들을 때면 속으로는 열이 펄펄 끓는다. 그 어린것을 맡기고 일하는 나한테 왜 당신 머리를 맡기냐고 한 소리 하고 싶을 때가 한두 번이 아니다. 그들의 생각이 틀렸다는 것은 아니다. 단지 내 선택에 대해서 그들이 왈가왈부할 수 있는 문제가 아니라는 생각을 분명히 전해 주고 싶다.

나는 나를 위해 일하는 게 맞다고 생각한다. 내가 행복해야 아이가 행복하다고 당당히 말한 그분에게 박수를 쳐주고 싶다. 내가 일하는 이유는 어느 누구 때문이 아닌 내 행복을 위한 것이다. 제발 집에 들어가서 남편에게 "내가 누구 때문에 지금 이러고 있는데?"라든지 아이들을 향해 "엄마가 너네들 때문에 얼마나 힘든지 알아?"라는 말을 하지 말자. 그런 말이 입에서 튀어나온다면 지금 당장 일을 그만두고 아이와 시간을 함께 보내는 게 맞다. 어떤 이유에서든 워킹 맘의 길은 내가 선택한 길이다. 탓만 하려거든 이 길에서 물러나야 한다.

내 자존감을, 일하기 위해 내가 노력했던 것들을 남의 시선과 남의 말로 인해서 무너뜨릴 이유는 없다. 워킹 맘은 워킹 맘 나름대로 최선을 다해서 아이들을 양육하고 있다. 혹여 다른 아이들에 비해 사랑이 부족하지 않을까 노심초사하며 시간 날 때마다 한 번 더 안아주고 사랑한다고 수만 번 표현한다.

쉬는 날이면 재미있는 시간을 보내려 노력한다. 직장에서의 내 자리와 가정에서의 내 자리를 지키려고 무던히 노력한다. 혹여 "애 엄마가 그렇지"라며 욕먹을까 봐 직장에서는 눈치를 보고 "워킹 맘이 그렇지"라며 욕먹을까 봐 전업주부반이라도 따라가려 얼마나 노력하는지 모르면서 아무 생각 없이 말하는 사람들의 이야기는 가뿐히 넘겨버리자. 그렇게 말하는 이들은 나를 질투하고 시기하는 이들이라 생각하고 보란 듯이 잘 사는 모습을 보여주자.

경제적인 이유라면 그 또한 나 때문이다. 내 경력을 위해서라면 그 또한 나 때문이다. 아이들에게 더 좋은 환경을 만들어주기 위해서라면 그 또한 나 때문이다. 세상 사람들이 생각하는 이기심과는 거리가 멀다. 당신들은 어떻게 생각하는지 모르겠지만 내 자신을 위해서 내 가정을 위해서 일한다고 당당히 말할 수 있어야 한다. 나는 요즘 "아이들 언제부터 어린이집에 보냈어요?"라고 묻는 사람들에게 당당히 이야기한다. 아주 어릴 때부터 보냈노라고. 그럼 이런저런 소리가 나온다. 나는 두 번 다시 그런 소리 듣지 않기 위해 아예 철저하게 못 박아버린다. "저는 제가 하는 일이 좋아요. 저는 일해야 살 수 있는 사람이에요"라고.

이 정도 강단은 있어야 한다. 타인이 봤을 때 내 선택이 옳든 틀리든 내가 가는 길이 옳은 길이라 생각하면 그대로 직진하면 된다. 우리 아이들은 우리가 일한다고 해서 불쌍하거나 외롭지 않다. 그렇게 바라보는 시선이 이상하다.

육아에 타고났다 해도 이 세상에 100점짜리 엄마는 없다. 아이들이 엄마랑 하루 종일 집에 있기에 행복하다는 근거가 있다면 반대로 어린이집에서 생활하는 아이들과 베이비시터들과 함께하는 아이들이 행복하다는 근거도 있을 것이다. 내 아이들은 어린이집에 있을 때 행복해한다. 또 이런 이야기를 하면 한 공간에서 아이들이 그렇게 오래 있으면 이러쿵저러쿵 설교 한바탕 늘어놓는 사람들이 주변에 꼭 있다. 그때는 그 사람과의 관계가 정리된다고 하더라고 단호하게 "우리 애들 충분히 행복합니다"라고 못 박아버린다.

우리 아이는 내가 더 잘 안다. 우리 아이는 내 아이다. 당신의 생각이 맞을 수도 있겠지만 우리 아이들은 지금 이렇게 잘 자라고 있다고 명확히 이야기해 주자. 두고 보라지. 우리 아이들이 얼마나 예쁘게 성장할지. 나는 그들 눈에 보이는 그대로 이기적인 엄마가 되기로 했다. 엄마가 타인의 말에 흔들리는 것을 보면 아이들 또한 흔들릴 수밖에 없다.

엄마의 중심은 항상 한결 같아야 한다.

10년을 알아온 직장 동료였고 상사였던 미진 언니네 첫째는 우리 막둥이와 생일이 9일밖에 차이가 나지 않아서 생일파티도 해줄 겸 만나기로 했다. 그날따라 일이 일찍 끝나서 아이들을 데리러 갔다. 그래 봐야 6시를 좀 넘긴 상황이었다. '엄마가 일찍 와서 신나겠지?'라는 들뜬 마음으로 벨을 눌렀다. 평소 8시가 지난 시간에 데리러 가면 "우리 엄마다~"라고 신나서 뛰어나오던 딸들이 나오지 않았다. 이상해서 한 번 더 벨을 눌렀다. 애들은 기분이 완전 다운돼서 터덜터덜 걸어 나왔다. 무슨 일이 있었나? 걱정이 되던 찰나 막내가 울먹거리면서 "엄마가 일찍 와서 밥도 못 먹잖아요"라고 말하면서 나를 원망스럽게 쳐다봤다. 엄청 당황스러움에 돌봄 선생님을 쳐다보니 선생님도 이런 우리 아이들의 반응에 "어머니, 일찍 오신다면 말씀해 주세요. 아이들 밥을 미리 먹일게요"라고 말하며 축복이를 안아주었다.

희지랑 생일파티하러 간다는 말에도 아이들은 기분이 풀리지 않았다. 행복이는 "엄마, 내일부터는 늦게 오세요. 우리 밥 먹을 거예요"라고 말하면서 어린이집 친구들과 언니 오빠들이랑 먹는 밥이 맛있다는 둥 어쩌다는 둥 일장 연설을 시작했다. 나는 속으로 '도대체 일찍 데리러 간 게 무슨 잘못이라고 이런 소리까지 들어야 하지?'라는 생각과 동시에 기분이 좋아졌다.

봐라. 우리 아이들은 당신들이 생각하는 것만큼 불쌍하게 어린이집에 갇혀 있는 게 아니라는 것을 당당하게 말할 수 있을 만큼 아주 잘 성장하고 있다. 우울해진 축복이에게 "엄마가 내일은 꼭 밥 먹는 시간 지나서 갈게"라고 하니"클레이도 하고 나면 데리러 오세요"라고 한다. 그러겠노라 약속하고 나서야 기분이 풀린 복이들은 신나게 생일파티를 마쳤다.

사람들이 워킹 맘을 보는 시선이 곱지만은 않다는 것을 숱하게 경험했을뿐더러 뼈저리게 느꼈다. 하지만 워킹 맘의 아이들은 생각하는 것보다 약한 존재들이 아니다. 오히려 더 강하고 아름답게 자신들을 성장시키는 데 도가 튼 아이들이다. 우리 딸들은 일찍 데리러 가는 나에게 한 소리 할 정도로 어린이집에 있는 시간을 자신들만의 시간으로 잘 즐긴다. 워킹 맘의 집안 형편, 집안 분위기 그 어느 것 하나도 알지 못하면서 본인들의 생각만 주장하는 이들의 말들은 신경 쓰지 않아도 된다. 내가 행복하고 즐거워야 분명히 우리 가족도 행복하고 즐거워진다. 비난 조금 받으면 어떤가. 내가 선택한 것에 대해서 충분히 행복하다는 확신만 있으면 된다. 내가 워킹 맘의 길을 택한 이유는 어느 누구도 아닌 소중한 '나' 때문이다.

2018년 가을이 찾아온 어느날, 갑자기 추워진 날씨에 일이 일찍 마무리가 됐다. 오랜만에 아이들을 일찍 보려는 마음으로 신나게 운전해서 어린이집 도착!

"엄마가 일찍 와서 가은이 언니랑 못 놀았잖아요!"

"미안해 내일은 엄마 일 많이 하고 올게!"

2018년 겨울이 다가오는지 거리의 나무들도 옷을 입기 시작했다. 날씨 덕에 오늘도 일찍 끝났지만 어린이집 앞에서 망설이다 벨을 눌렀다. 일찍 데리러 가도 눈치를 봐야 하는 상황은 도대체 뭔지….

"오늘 돈까스랑 볶음밥인데 엄마 미워!"

돌봄 선생님께서 볶음밥을 5인분 정도 챙겨주셨다. 집에서 복이 아빠와 함께 먹으면서 깊이 깨달음! 우리 아이들 어린이집 밥은 정말 맛있다. 앞으로 저녁 시간은 피해서 가야겠다. 엄마가 미안했다!

성장통 견뎌내기

겨울에서 봄으로 넘어가는 때, 여름에서 가을로 넘어가는 때, 우리 아이들은 환절기와 마주하면서 한 번씩 꼭 아프기 시작한다. 연년생이라 끊임없는 도돌이표로 이어진다. 코감기로 시작되는 감기는 중이염을 동반하고 편도를 공격한다. 그러면 당연히 열이 난다. 이제는 아이들의 증상을 줄줄 외울 정도로 도가 텄다. 하지만 그때그때 유행하는 바이러스가 다르니 아이들이 느끼는 아픔의 강도는 매번 다른 것 같다. 어떨 때는 약을 두어 번 먹는 것으로 끝나는데 어떤 경우는 일주일 내내 먹어도 누런 콧물을 달고 다니는 경우가 생긴다. 중이염은 더 오래가면 오래 갔지 한 번에 잡히지도 않는다.

행복이는 열이 자주 나지는 않지만 한 번 걸리면 호되게 아픈 편이고 축복이는 열은 자주 나지만 처진다거나 그러지 않는다. 둘 다 동시에 아프면 정말 멘붕의 연속이다. 번갈아가면서 아파도 괜찮으니 제발 동시에 아프지 말라는 간절한 마음으로 기도한다. 그런데 세상사 내 마음대로 되면 그게 인생인가? 꼭 동시에 아플 때가 있다. 밤새도록 아이들 열

체크해 가며 해열제 먹이고 수건 계속 갈아주고 열패치 붙여주고 그러다 보면 정말 한숨도 잘 수 없다. 다음 날 일해야 하는 상황이면 열이 나는 아이들을 데리고 아침 일찍 병원부터 간다. 어린이집 활동을 할 수 없을 정도인지 물어보는 게 최우선일 수밖에 없다. 목이 부어서 또는 중이염이어서 열이 나는 경우는 해열제를 먹이면 어느 정도 진통 효과가 있어서 괜찮아지는 것쯤은 이제 알게 되었다.

의사 선생님의 처방을 받고 아이들을 어린이집에 등원시키면서 죄책감이 안 든다면 거짓말이다. 선생님들께 간곡히 부탁한다. 평소보다 조금 더 신경 써주시라고 고개를 몇 번이고 조아린다. 아이들이 처지거나 힘들어하면 그냥 푹 재워달라고 부탁하고는 무거운 발걸음을 옮긴다. 너무 아파하는 아이를 보내면서 속은 타들어간다. 차라리 전염되는 것이었다면 얼굴에 철판이라도 깔고 월차, 연차 끌어다 써서 집에서 데리고 있을 수라도 있을 텐데라는 생각을 잠깐 할 때도 있다. 얼른 정신을 차리고 '감기여서 감사합니다. 빨리 낫게 도와주세요'라고 간절히 기도한다. 단순한 감기증상으로 휴무를 당겨서 쓰기에는 너무 눈치가 보인다. 평소에는 거들떠보지도 않던 전화기를 손에 꼭 쥐고 힘을 내서 일하러 간다.

아픈 아이를 보육교사에게 맡기고 나오는 길은 참 힘들다. 발걸음이 떨어지지 않는다는 말을 절감할 수 있다. 가끔은 정말 나는 이기적이고 못된 엄마라는 자책에 시달린다. 아이들이 저렇게 열이 나는데도 보낼 수밖에 없는 내 처지를 비관하기도 한다. 아이의 고열은 '유죄'다. 내가 조금 더 신경을 쓰고 밤에 잘 때 추울까 이불 한 번 더 신경 썼다면 열이 오를 일이 없었을 수도 있다. 옷을 조금 더 신경 써서 입혀 보냈더라면 아이들이 감기에 안 걸렸을 수도 있다. 다 내 잘못이다. 그런 아이들을 집에서 편하게 간호해 줄 수 없는 상황이라 어린이집에 등원을 시키고 일하러 가야 한다. 출근해서는 전화기에 모든 관심이 집중되어 있다. 일하는 건지 마는 건지 알 수 없다. 전화가 오면 손이 먼저 반응한다. 해열제를 또 한 번 투약해도 될지 물어보는 선생님의 목소리는 평온하게 들리는데 내 마음은 성난 파도처럼 휘몰아친다. 정말 감사하다고 몇 번이고 말한 뒤 전화를 끊어도 마음이 놓이지 않는다. 나중에는 아이 잘못이 아님에도 불구하고 차라리 주말에 아프지 그랬냐는 생각이 치밀어 오른다. 나도 사람인지라 견뎌낼 수 없을 것 같은 한계가 다가온다.

아이는 아프면서 자란다지만 막상 아픈 아이를 감당해야 하는 워킹맘은 모든 정신이 탈탈 털리게 된다. 당장 달려가서 손 한번 잡아주고 싶고 안아주고 싶어도 그럴 수 없음에 마음이 타들어간다. 주변에서는 그렇게 걱정하면서 악착같이 일하려고 달려드는 내 모습을 보고 혀를 끌끌 찬다. 그런 시선을 받으면서까지 이러고 있는 나 스스로도 얼마나 지치고 힘든지 모든 걸 다 놓아버리고 싶을 때가 한두 번이 아니다.

"인생사 새옹지마"라는 말이 있다. 중국의 변방에 어느 노인이 아끼던 말이 오랑캐 땅으로 달아나버렸다. 마을사람들은 노인을 위로했지만 노인은 앞일은 아무도 알 수 없다며 앞날에 복이 들어올 수 있는 것이라며 태연히 말했다. 몇 달이 지나 노인의 말은 오랑캐의 멋진 말과 함께 돌아온다. 마을사람들은 원래 말도 찾고 더 좋은 말이 더 생겨서 축하한다고 하자 노인은 도리어 이 일이 화가 될 수 있다고 말한다. 노인의 아들이 새로운 말을 타다가 다리가 부러지는 중상을 입고 만다. 마을사람들은 아들의 부상을 위로한다. 하지만 노인은 걱정하지 않는다고 한다.

복이 올 것이라고 태연히 말한다. 얼마 후 오랑캐가 쳐들어와 전쟁이 일어난다. 몸이 건강한 젊은이들은 전쟁터에 나가 목숨을 잃었지만 말로 인해 다리가 다친 아들은 전쟁에 나가지 않아 목숨을 구한다.

사람의 일은 나쁜 일이 있으면 좋은 일이 찾아오고 좋은 일이 생기면 나쁜 일도 함께 생길 수 있다는 것이다. 지금 당장 힘들고 안 좋은 일들이 가득하다 한들 분명 좋은 일들이 나에게도 찾아올 수 있다. 아이가 지금 당장 아프다고 해서 세상을 다 잃은 듯한 표정으로 내 일에 지장을 주지 말아야 한다. 우리 아이는 얼른 털고 일어날 수 있다는 믿음으로, 더 건강해질 것이라는 믿음으로 견뎌내야 한다.

아이들이 쉽게 넘어가는 감기가 걸렸든 보기에 안쓰러운 고열에 시달리든 그 또한 아이들이 자라면서 겪는 성장통 중 하나다. 그러나 엄마인 내가 걱정이 안 될 수는 없다. 약 먹고 조금 쉬면 괜찮다는 의사 선생님의 말씀을 들어도 아이들을 간호할 수 없어 어린이집에 보내면서 마음이 몇 번이고 무너진다. 그래도 다시 한 번 마음을 다잡는다. 약 잘 먹고 조금 자고 일어나면 우리 아이는 괜찮을 거라고 미안한 마음을 애써 털어내려 한다. 힘없이 하원하는 아이들을 그저 꼭 안아주는 방법 말고는 할 줄 아는게… 아니, 할 수 있는 게 없는 워킹 맘이다. 밤새 잠 한숨 못 자고 간호하며 퀭한 얼굴로 몇 날 며칠을 출근해야 된다.

아이들은 아이들 나름 열과 싸워내고 엄마는 자신과 싸운다. 입원해야 하는 심각한 상황이 아니면 열은 3일 이내로 내린다. 그제야 내 죄는 조금 가벼워진다. 일주일이 지난 후 아이들은 언제 아팠냐는 듯이 뛰어논다. 그때가 돼서야 '무죄' 판정을 받은 양 마음이 편해진다. 선생님들께 신경 써주셔서 감사하다는 인사를 끝으로 자신에게 말한다. "이번에도 잘했다"고, "잘해 냈다"고, "수고했다"고. 또다시 워킹 맘의 일상으로 돌아간다. 주변에서 이제 아이 괜찮냐는 말에 일주일 전과 다르게 웃음 띤 얼굴로 말할 수 있다.

"이제 열 다 내렸어요."

아이는 아프고 나면 한 뼘 더 자라 있다. 하루가 다르게 크는 아이라지만 아프고 난 후의 아이의 모습은 정말 쑥 커 있다. 자라기 위한 성장통이다. 아이의 성장통을 바라봐야 하는 엄마 또한 그 순간 엄마의 성장통을 겪고 있는 것이다. 아이들은 고열을 이겨내고 한 번 더 힘을 내서 멋진 성장을 해내고 만다. 엄마의 성장통 또한 아주 힘들고 괴로운 과정임이 틀림없다. 하지만 이겨낸 후에는 엄마 또한 한 뼘 더 자라 있다.

일찍 데리러 와요

현장학습이 있는 날이다. 아침부터 분주하다. 피자를 만들 것이라면서 노래를 부르고 엉덩이를 흔들고 아주 신이 났다. 어린이집 생활복을 입고 평소보다 30분 일찍 출발한다. 차에서부터 아이들은 들썩들썩 난리가 났다. 그렇게 신나 있더니 뜬금없이 축복이가 "엄마, 오늘은 일찍 데리러 와요"라고 한다. 평소에 그런 말을 하지 않던 아이라 신경이 쓰였다. 왜인지 자꾸 물어봐도 그냥 일찍 데리러 오라고만 한다. 지킬 수 없는 약속은 하지 않기로 했으므로 솔직하게 말했다. "엄마가 일하다 보면 축복이가 원하는 시간에 갈 수 없을지도 몰라. 하지만 엄마가 최대한 일찍 가볼게 괜찮아?"라고 하니 아이는 알겠다고 하면서 시무룩해졌다. 시무룩해진 얼굴을 보니 내 마음 또한 편하지 않았다. 아이가 일찍 데리러 오라고 했다고 해서 일하다 말고 중간에 나갈 수도 없는 노릇이라 난감했다.

하나님이 도와주신 것인지 오전에는 내내 바쁘다 오후에는 한산했다. 저녁 먹을 시간 전에는 갈 수 있을 것 같았다. 그런 말을 잘 하지 않던 아이라 마음이 급하기만 했다. 무슨 일이 있는 것도 아닌데 하염없이 출입문만 바라봤다. 퇴근 시간 땡! 하자마자 선속력으로 날려갔다.

오랜만에 일찍 끝났으니 친목 도모를 위해 친한 언니네 가족과 약속을 잡고 아이들을 데리러 갔다. 아이들 또래가 비슷해서 거의 매일 보다시피 한다. 둘 다 워킹 맘이라 마음도 잘 통하는 구석이 있다. 어쨌든, 어린이집에 평소보다 훨씬 일찍 도착했다. 좋아하겠지? 기뻐하겠지? 별별 생각을 다 하면서 벨을 눌렀다. 행복이와 축복이는 자기 몸만 한 피자판을 들고 뒤뚱뒤뚱 걸어 나왔다. 여전히 얼굴은 뚱했다. 도대체 이유를 알 수 없었다. 피자를 받아들고 "우리 딸들이 만든 거야?"라고 한껏 목소리를 높였다. 행복이는 신나서 조잘조잘 이야기하는데 축복이는 역시나 뚱한 얼굴이다.

친목 도모 장소에 가는 내내 뚱했다. 잘 아는 사장님네로 자리를 마련해서 갔기에 아이들이 만든 피자를 다 함께 먹기 위해 가져갔다. 행복이 축복이가 만든 피자를 보면서 어른들이 엄청난 리액션을 취해 주었다. 그제야 축복이는 얼굴이 풀어졌다. 축복이는 어린이집에 친구들이 많이 있고 엄마들이 많이 데리러 오는 시간에 나에게 자랑하고 싶었던 것이었을까? 사람들의 오버액션과 맛있게 먹는 모습을 보고 기분이 풀어진 축복이를 보면서 별별 생각이 다 들었다.

다음 날 축복이에게 조심스럽게 물어봤다."엄마가 일찍 데리러 갔는데 왜 기분이 안 좋았어?" 축복이는 긴 시간을 머뭇거리더니 "친구들한테 엄마 보여주고 싶었어요"라고 했다.

이 말을 듣고 나니 기분이 좋지 않았다. 분명 등원할 때 아이들을 직접 어린이집 입구까지 데려다주고 신발까지 벗겨준다. 그리고 잘 놀고 있으라고 안아준다. 여러 친구들을 만난다. 그런데 왜 축복이는 나를 친구들에게 보여주고 싶다는 걸까? 친구들은 이미 축복이 엄마가 누군지 알 텐데 말이다.

아마 축복이는 오전반 친구들이 정신없이 하원할 때의 모습을 뒤에서 보고 부러워했던 것 같다. 현장학습을 하고 온 날은 꼭 뭐 하나씩은 들고 온다. 북적북적한 공간에서 아이들이 자랑스럽게 말하고 엄마들이 멋진 리액션을 해주면 기세 등등! 으쓱! 거리는 친구들의 모습이 부러운 게 아니었을까. 그래서 현장학습 당일 아침 나에게 그런 요구를 했던 것 같다. 일찍 오라는 말이 그런 의미였을 거라고 생각하니 미안함이 커져만 갔다. 그나마 저녁에 그 피자를 집으로 들고 가지 않은 게 다행이라면 다행이었다. 우리 아이 기 살려주기 프로젝트를 실행해야 할 때인가 싶어 마음이 무거웠다.

지금 다니는 어린이집은 토요일에 활동하는 수업들이 없다. 이전 어린이집은 보통 토요일이나 공휴일에 행사가 많았다. 운동회라든지 부모 참여 수업 등등 많은 행사를 꼭 토요일이나 공휴일에 했다. 나 같은 경우는 토요일은 무조건 근무해야 한다. 공휴일 또한 휴무가 겹치지 않는 이상 근무해야 했기에 아예 참여하지 못했었다.

언제 한번 아빠랑 같이하는 수업은 가봤는데 그때는 행복이와 축복이가 너무 어렸기 때문인지 기억을 잘 못한다. 딱 한 번 휴무가 겹쳐서 참여할 수 있었는데 그마저도 참여자 수가 적어서 무산됐다. 우리 아이들이 알고 있는 것은 가족과 아이들이 함께하는 수업에 단 한 번도 참여하지 못했다는 것이다. 재롱잔치도 겨우겨우 시간에 맞춰서 세이브했을 정도니 말 다했지. 그러니 축복이 마음이 이해가 됐다. 아마 친구들이 지금까지 주말 행사에서 엄마 아빠랑 뭘 했는지 이런저런 이야기하는 것을 보면서 많이 부러웠을 수도 있다.

이뿐 아니라 다른 모든 것에 복합적으로 아이가 느꼈을 감정이 내 안에서 휘몰아쳤다. 울컥 눈물이 났다. 참 미안할 일도 많다 나는. 이런저런 생각으로 머릿속이 복잡해졌다. 마음의 성난 파도를 잠재우지 못한 채 몇 날 며칠을 보냈다. 얼마 지나지 않아서 어린이집 공지사항에 부모 참여 수업을 한다고 올라왔다. 그것도 평일에! 마침 특별휴가 2일을 쓸 수 있었다.

부모 참여 수업은 연년생 엄마인 나에게 너무 많은 것을 요구했다. 다른 엄마들은 하루면 가능할 것을 한 아이당 하루씩 2일을 가야 했다. 부모 참여 수업하기 며칠 전부터 아이들에게 엄마가 함께 수업하는 날이라서 엄마가 처음부터 끝까지 아이들 옆에 있을 거라고 말해 주니 벌써부터 신났다. 게다가 일찍 끝나면 데이트도 하기로 했으니 아이들은 입이 귀에 걸렸다.

드디어 기다리던 첫째 날이었다. 행복이의 부모 참여 수업이었다. 내 눈에는 내 새끼만 보인다고 하더니 무슨 활동을 하든지 우리 아이만 내 눈에 오롯이 담겼다. 처음으로 엄마와 함께하는 시간들에 아이는 마냥 신났다. 함께 점심을 먹는 시간에도 채소라곤 입에 대지 않던 아이가 신이 나서 비빔밥을 와구와구 먹었다. 우리 둘의 시간은 정말 최고였다. 사진도 엄청 찍었다. 부모 참여 수업이 끝나고 아이들이 각자 반으로 돌아갈 때 행복이는 자꾸 뒤를 돌아보며 인사를 했다. 엄마가 또다시 저녁쯤에나 오겠지라는 생각을 했나 보다. 커피 한 잔을 마시며 오랜만에 나만의 여유를 보내고 아이들이 가장 많이 하원하는 시간에 아이들을 데리러 갔다. 아이들은 세상 행복한 표정으로 나를 반겨주었다.

둘째 날 축복이의 부모 참여 수업 동안 축복이는 한시도 내 곁을 떠나려 하지 않았다. 완전한 아기가 되어서 나와 꼭 붙어 있었다. "우리 엄마", "우리 엄마"를 몇 번을 말하던지 엄마라는 말이 닳아 없어질 때까지 할 심산 같았다. 축복이 역시 친구들 앞에서 엄마와 함께 먹는 밥이 좋았는지 비빔밥을 한 그릇 뚝딱 했다. 축복이에게 미안한 감정이 있었던 나는 어린이집 선생님께 오늘은 축복이를 바로 데려가겠다고 이야기하고 나왔다.

축복이 반에 또 다른 워킹 맘이 있었는데 오전에 잠깐 계시더니 할머니에게 아이를 맡기고 엄마는 출근을 했다. 할머니가 축복이 친구를 데리고 땡볕을 걸어가고 있었다. 차에 타시라고 한 후 집 앞까지 모셔다 드렸다. 2018년의 여름은 정말 최악이었다. 동병상련의 느낌이랄까… 부모 참여 수업 도중에 아이를 친정엄마 손에 넘기고 출근하는 그 엄마의 마음은 어땠을까… 그 아이 집에 가는 동안 축복이는 철없이 친구에게 우리 엄마라고 몇 번이고 자랑을 했다. 축복이는 그 잠깐마저도 너무 신났나 보다. 엄마가 최고라며 나를 얼마나 추켜세워 주던지 덩달아 내 어깨가 으쓱거렸다. 다음 코스는 둘만의 데이트를 즐겼다. 원 없이 엄마와의 시간을 만끽하고 신난 아이를 보니 짠했다. 맞아. 우리 축복이는 막내라서 엄마랑 단둘이 데이트를 해본 적이 정말 단 한 번도 없었구나. 미안해 딸. 이제야 알아서.

다시 북적거리는 시간에 행복이를 데리러 축복이와 함께 갔다. 이번 부모 참여 수업은 우리 아이들에게 잊을 수 없는 기억이 될 것이다.

부모 참여 수업이 있은 후로는 일찍 데리러 오라는 소리를 하지 않는다. 엄마를 친구들에게 충분히 보여줬다 이건가? 그건 아닐 것이다. 아마 아이들도 알고 있을 것이다. 우리 엄마는 다른 엄마들처럼 일찍 오지 못한다는 것쯤은, 그냥 투정 한번 부려본 것일 것이다. 잘 참아주고 있어서 얼마나 고마운지 모른다. 부모 참여 수업을 계기로 나는 무슨 일이 있어도 앞으로 아이들과 함께해야 할 활동이 있으면 참여하려고 노력하는 중이다. 월차를 무리하게 써서라도 참여하려고 한다. 눈치가 왜 안 보이겠는가. 그래도 이런 부분은 이제 뻔뻔해지기로 했다. 1년에 한두 번 있는 참여 수업에 우리 아이들 기 한번 쫙 펴주고 오는 게 더 중요하다고 생각한다. 아마 그 시간이 우리 아이들을 한 학기 동안 참고 버틸 수 있는 힘이 되어주진 않을까 생각한다. 잘 참고 견뎌주어서 너무 고맙고 사랑해 우리 딸들.

2018년 선선한 가을 '가을운동회'를 했다. 운 좋게 참석 가능! 저질 체력 엄마와 행복이는 결국 녹다운! 2시간 간신히 버티고 몸보신하러 고깃집에 갔다. 아이들에게 아이스크림을 무한 제공하는 음식점으로 갔다. 이게 천국이지. 어린이집 행사에 다 참석하기 정말 힘들다. 체력단련을 시작해야겠다.

지도 워킹 맘이면서

어느 모임에 가나 꼭 한두 명씩 워킹 맘은 있기 마련이다. 마음이 맞는 사람들끼리 모인 모임은 대부분 연령이 비슷하다. 직장에서도 마찬가지다. 선배 워킹 맘 후배 워킹 맘은 꼭 있다. 상사가 워킹 맘인 경우에는 엄청난 트러블이 예상된다. 나 같은 경우도 어느 직장을 가나 꼭 워킹 맘 한 명씩은 마주친다. 직급과 상관없이 워킹 맘 대 워킹 맘으로 만나면 전우애가 그렇게 불타오른다. 그러나 상하 관계일 때는 원수 중에 최악의 원수가 된다. 우리 아이가 아프거나 다쳤을 경우 자기 아이일인 양 같이 아파해 주는 사람이라 해도 직장 내 상하 관계에서는 씨알도 안 먹힌다. 어제의 동지가 오늘의 적이라는 말이 딱 들어맞을 것이다.

한번은 아이들이 둘 다 열이 너무 심하게 나서 어린이집에서 쉴 새 없이 전화가 왔다. 평소와 다르게 정말 심하게 아팠다. 얼른 끝날 시간만 기다리고, 남편한테 전화해서 혹시 먼저 찾아줄 수 있으면 부탁한다며 서로 시간이 맞기만을 기다렸다. 내가 안절부절못하고 있자 직원들은 와서 이런저런 걱정을 해주기 바빴다. 솔직히 말하면 그들이 뭐라고 했는지 하나도 기억이 나지 않는다. 그냥 의미 없이 고맙다는 말만 할 뿐이었다. 속은 이미 새카맣게 타들어가고 있었고 그날따라 시간은 디럽게 안 갔다. '요이땅' 하면 나가려고 가방도 이미 다 준비해 뒀다. 3시간에 한 번씩 "어머니, 아이들 열이 안 떨어지네요"라는 전화를 받을 때마다 심장은 저 밑바닥까지 떨어졌다. 무슨 정신에 전화를 받고 일을 했는지 모르겠다. 지금은 아이들이 열이 난다고 해도 재워달라고 하고 마는데 그때는 아이들이 너무나 어렸을 때라서 나에게 여유라는 것이 단 하나도 없을 때였다.

드디어 퇴근 시간이 다가왔다. 분명 나는 오늘 조금 일찍 들어가겠노라 이야기를 해놓은 상태였고 관리자도 그러라고 분명히 이야기했었다. 그런데 나가려고 하니 동료가 "오늘 일찍 가네? 예약 없나 봐?"라는 말을 슬쩍 흘린다. 순간 피가 거꾸로 솟구치는 느낌이 어떤 건지 새삼 느꼈다. 그런 말을 듣고 열 안 받는 엄마가 어디 있겠나. 그때 다행히 남편에게 본인이 먼저 도착할 것 같다는 연락이 왔다. 나는 꿋꿋이 퇴근 시간까지 앉아 있다가 조용히 가방을 들고 나왔다. 그때 내가 어떤 생각으로 이를 꽉 물었는지 평생 어느 누구한테도 이야기하지 않을 것이다.

얼마 후 나에게 일어났던 일이 그녀에게도 일어난 듯했다. 나도 심보가 못됐는지 정말 그 아이 걱정이 하나도 안 되었다. 혼자 직원실을 드나들면서 전화받기 바쁜 그녀를 보자니 안쓰럽긴 했으나 전에 내가 겪은 그 참담함에 눈길 한 번 주지 않았다. 태연히 책만 읽었다. 평소 육아 정보 공유하면서 살갑던 사이가 그 사건 하나로 서먹해지기 시작하면서 인사를 하는 둥 마는 둥 하는 사이까지 되어간 시점에 굳이 그녀의 사적인 가정사에 신경 쓰고 싶지 않았다. 무슨 부귀영화를 누리겠다고 그 사람을 위로해 주겠나. 그런 소리를 들어가면서까지.

4시 정도가 되니 아이가 열이 너무 심하게 나는지 몇 번이고 연달아서 전화가 오는데 그녀도 주위에 친정엄마며 시엄마며 찾아줄 사람이 없었나 보다. 발만 동동 구르고 있었다. 그런데 내 마음속에 쓸데없이 엄마가 잘못했지 애가 잘못했냐며 스멀스멀 정의의 도사가 깨어나고 있었다. 남편은 연락도 안 되는 상황이었단다. '에효 선배 워킹 맘이 한 발 물러나야지 뭐'라고 분명히 속으로만 생각했다.

그런데 총대 메고 사장님께 이야기하고 있는 나는 뭔지. 내가 그날 추가 근무를 하고 다음번에 그녀의 반차를 내가 쓰게 해주시면 안 되겠냐고 이야기하고 있는 나 자신에게 나도 어이가 없었다. 그렇게 그녀는 아이와 함께 응급실에 가서 수액을 맞고 집에 귀가했다며 나에게 고맙다는 문자 하나를 보냈다. 그렇게 미워 죽겠던 사람인데도 아이 앞에서 한없이 작아지는 모습을 보니 뭔가 씁쓸했다. 그날 내 일기장에는 딱 '지도 워킹 맘이면서'라는 말만 적혀 있다.

한 치 앞도 모르는 게 인생이라고 한다. 어떤 일이 언제 어떤 식으로 일어날지 아무도 모른다. 본인인 나조차도 모른다. 이래서 어른들이 죄짓고 살면 안 된다고 하나 보다. 워킹 맘으로 직장에서 일을 해내는 게 얼마나 힘든지 너무나도 잘 알고 있는 상황인지라 주변에 워킹 맘 동료들을 보면 자꾸 마음이 쓰인다. 아침에 아이들이 아파서 병원에 들렀다 오는 직원을 보면 아이는 괜찮냐는 말을 하며 등을 토닥여줄 수밖에 없음에 미안하다. 갑자기 전화가 와서 아이가 아프다며 안절부절못하는 동료가 있으면 내가 마무리하고 갈 테니 먼저 가라는 소리가 절로 나온다. 이렇게라도 보듬어주고 싶다. 내가 해줄 수 있는 선에서밖에 그들을 위로해 주지 못하는 게 안타까울 뿐이다.

반면 미운 짓만 골라서 하는 사람들도 있다. 그렇게 위해 주는 게 권리인 줄 아는 사람들이 있다. 그들에게는 가차 없이 대한다. 어딜 가나 서로 주는 게 있으면 받는 게 있어야 조화롭게 굴러간다. 한때는 나에게 불이익이 와도 그저 타인을 생각했었다. 그런데 경험해 보니 '아낌없이 주라'는 말은 모든 배려를 당연시하는 사람들에게는 잠시 접어두어야 할 듯하다. 주는 사람은 매번 퍼주기만 하고 받는 사람은 받기만을 원하면 분명 둘 중 하나는 바보 소리 듣는다. 워킹 맘은 내 아이 챙기기도 바쁘다. 굳이 사사건건 나에게 나쁜 영향력을 행사하는 사람들까지 신경 쓰지 말자.

일하다 보면 날이 서 있을 수밖에 없다. 워킹 맘이 아니면 내 상황을 모르니 그런다고 해도 함께 일하면서 아이를 양육하는 경우에 있다면 서로 말 한마디를 내뱉더라도 조심해야 한다. 혹여 내가 던진 말이 그 사람에게 큰 상처가 될 수도 있다. 아이를 양육하면서 일을 해야 하는 상황에 같이 놓여 있다면 상대 워킹 맘을 나와 같은 시선으로 바라보고 대해 주어야 한다.

아는 언니가 저녁에 술 한 잔 사달라며 전화가 왔다. 또 무슨 일인가 싶어서 나와 한 몸인 아이들을 주렁주렁 매달고 갔다. 앉자마자 뭐 그리 억울한 게 많았는지 눈물을 쉴 새 없이 흘렸다. 당황한 아이들에게 "전부 놀이방에서 놀고 있어!"라면서 놀이방에 밀어넣고 언니의 이야기를 들어주었다. 언니가 지금 근무하는 곳의 사장에게 언니와 비슷한 또래의 아이가 둘 있다고 한다. 얼마 전 언니의 아이가 장염으로 아파서 입원을 하네 마네 하는 상황에서도 눈치를 보며 일을 하다 3일 정도 일을 쉬었으면 한다고 했더니 그런 게 어디 있냐면서 노발대발했단다. 아이를 케어하면서 직장을 다니기에 좋은 조건이라 울며 겨자 먹기로 꾹 참고 죄송하다는 말을 하고 어쩔 수 없이 참고 있었단다.

오늘 일이 터졌다. 사장이 아이들이 아프다면서 중간에 잘 부탁한다며 들어가더란다. 그러면서 내 일도 잘 부탁해~라는 말을 남겼단다. 평소에도 일이 생기면 근무 중간에 나가고 나갔다가 손님이 있는지 없는지 CCTV로 확인하고 손님이 없으면 안 들어온다고 언니의 푸념 아닌 푸념을 몇 번 듣긴 했지만 이 정도일 줄은 꿈에도 몰랐다. 몇 번 가게 놀러 가서 얼굴 본 게 다인데 나도 모르게 쌍욕이 흘러나왔다. 사장이면 그래도 되는 건가? 같이 욕 한 사발을 해주고 나니 나까지 스트레스가 풀렸고 언니도 그제야 웃기 시작했다.

자연스럽게 이야기 주제는 넘어갔다. 각자 집으로 헤어질 때 "내가 나중에 돈 많이 벌어서 다시 숍 차리면 언니 고용할게! 나는 그런 몰상식한 사장은 안 될 자신 있어"라고 말하며 서로를 다독였다. 이날도 내 일기장에는 딱 한마디만 적었다. '지도 워킹 맘이면서.'

자신이 지킬 것은 지켜가면서 멋지게 일을 해내는 워킹 맘이 나에게 그런 대우를 한다면 아무 소리도 못 하고 가만히 있는 게 맞다. 그 사람도 아픈 마음 붙잡고 그 자리에 있기 위해 무던히도 노력하는 중일 테니까. 하지만 본인이 해야 할 일을 남에게 떠맡겨가면서 자기 아이만 소중하듯이 행동하는 상사의 행동은 이해할 수 없다. 더럽고 치사해도 상사보다 밑인 나는 꾹 참아야겠지만. 처음에는 그런 사람들의 행동에 화가 났다. 참을 수 없었다. 자기도 같은 상황인데 어떻게 그럴 수 있을까? 별생각을 다 했다. 하지만 그건 별로 좋지 못한 방법이었다. 그저 '그 사람의 마음이 예뻐지게 해주세요'라고 기도하는 게 내 정신 건강에 더 좋은 최고의 방법이다.

어딜 가나 견디기 힘든 일은 있기 마련이다. 꿋꿋히 견뎌내는 건 결국 나여야만 한다. 주변에 털어놓고 말할 곳이 있으면 좋겠지만 없으면 일기를 써보는 것도 방법이다. 나만 볼 수 있는 공간이기에 할 말이 무수히 쏟아져 나온다. 내가 겪었던 일이든 아는 언니가 겪었던 일이든 내가 느낀 억울한 감정을 온전히 받아내 줄 곳이 필요하다. 사회적 위치로 볼 때 분명 내가 그 사람들보다 약자여서 힘이 없어서 직위가 낮아서 그럴 수 있다. 하지만 그렇게 나를 대하는 상대방이 더 나쁘다고 말하고 싶다. 같은 워킹 맘끼리 조금의 배려 없이 자기만 생각하는 사람들이 문제다.

상처는 되로 주고 말로 받는다. 못된 짓을 하면 천벌을 받는다. 옛말 틀린 것 하나 없다. 심보를 곱게 써야 한다. 나는 그런 대우와 상관없이 보란 듯이 잘 살면 된다. 내가 그런 풍파에도 흔들리지 않고 잘 사는 모습이 그들에게 주는 최고의 복수가 될 것이다.

물론 나도 완벽하게 좋은 사람은 아니다. 하지만 타인의 상처에 대해서 생각하지 않는 사람처럼 미련한 사람이 되지 않길 바라는 마음이 가득하다. 스스로 돌아보려고 많이 노력한다. 그러기 위해서 하루 있었던 일을 정리할 겸 일기로 남겨두는 편이다. 혹여 지금까지 나에게 상처받은 사람들이 있다면 이 기회를 빌려 사죄드립니다. 죄송합니다.

같은 워킹 맘 처지에 나를 너무 힘들게 하고 부당한 대우를 했던 사람들이 생각난다면 그들을 대상으로 대문짝만 하게 일기를 써보자. '지도 워킹 맘이면서.' 그리고 그들에 대한 미움은 잠시 접어두자. 다른 좋은 생각으로 내 머릿속을 가득 채우는 게 최고의 복수다! 그저 더럽고 치사해서 내가 사장해야지!라는 마인드를 가져보면 조금은 행복하지 않을까? 난 더럽고 치사한 사장이 안 될 준비를 끝마치고 다시 한 번 사장이란 것을 해보련다.

다람쥐 쳇바퀴는 행복이다

마트에 가면 동물을 파는 코너가 있다. 그곳에 가면 햄스터를 종류별로 볼 수 있다. 칸마다 쳇바퀴에서 신나게 뛰고 있는 햄스터들이 있다. 제자리를 달리고 있을 뿐인데 정말 열심히도 달린다. 바깥세상에서 달려본 적이 없어서 달리는 기분을 느끼지 못해서 그런 것인지 열심히 달린다. 다른 햄스터들은 집 같은 곳에 옹기종기 모여서 잠을 잔다. 또 다른 무리들은 열심히 먹기만 한다. 달리는 햄스터는 딱 한 마리다. 죽기살기로 달리다가 지치는지 잠시 멈춰 서 있다. 얼마 가지 않아 또 달린다. 또 잠시 멈춘다. 옆에 다른 햄스터가 나타나면 또다시 전력을 다해 달린다. 마치 지금의 내 모습 같아서 가만히 바라보았다. 누가 하라고 하는 것도 아닌데 스스로 쳇바퀴 위에 올라가서 쉬지 않고 달렸던 내 모습 같았다. 잠시 쉬려고 하니 누군가 내 자리를 뺏을까 뛸 힘이 없지만 또 달려야 했던 내 모습 같았다. 집과 일터를 오가면서 쳇바퀴 돌아가듯 의미 없이 하루하루를 보내고 있던 나는 햄스터와 동지애를 나누어도 될 만큼 쳇바퀴에 최적화되어 있었다.

워킹 맘들은 동선이 얼추 비슷하다. 아이를 등원시키고 출근한다. 일을 하고 아이와 함께 하원하거나 아이를 집에서 봐주는 사람이 있다면 집으로 퇴근한다. 집안일과 일에 지쳐 취미생활은 잊은 지 오래다. 누군가를 만난다는 것도 아이를 전적으로 봐주는 사람이 없으면 포기해야 한다. 아이들을 데리고 나오라던 친구들도 아이들을 데리고 나가는 횟수가 잦아지면 차츰 연락을 뜸하게 한다. 그러다 보면 다람쥐 쳇바퀴 같은 일상 속으로 자신을 가두어버린다. 집에서 일터로 일터에서 집으로 반복되는 일상을 살아간다.

누군들 안 그러겠냐고 하는 사람도 많을 것이다. 아빠들 또한 집과 일터가 반복되는 일상을 살아가는 것은 매한가지기 때문이다. 충분히 이해한다. 다만, 워킹 맘은 집에 들어와서 편안히 쉴 수 있는 상황이 안 된다. 집에 도착하자마자 아이들 씻기고 어린이집에 가져가야 할 식판을 정리해야 한다. 빨래도 해야 하고 아침에 어지르고 간 설거지도 해야 한다. 아침에 나눠서 해도 된다지만 그 또한 일이다. 그렇게 내일로 미뤄버리면 내일이 더 힘들어질 것을 알기에 힘든 몸을 이끌고 꾸역꾸역 해낸다.

그렇게까지 하면서 일을 해야겠냐는 말에 울컥 화가 치밀어 오른다. 이렇게까지 하면서 일을 해야 내가 살 수 있다는 마음으로 또 한 번 참아낸다. 내가 선택한 길을 대신 살아줄 것도 아닐 텐데 옆에서 감 놔라 배 놔라 하는 사람들을 볼 때면 '너나 잘하세요'라고 말하고 싶지만 그들도 내가 걱정돼서 그러는 거겠지라며 넘긴다.

"다람쥐 쳇바퀴 돌 듯하다"라는 말은 보통 발전 없이 제자리걸음을 한다는 말로 사용되거나 똑같은 일상이 반복되어 지루할 때 많이 사용

된다. 그런데 가만히 생각해 보면 다람쥐는 쳇바퀴를 돌 때 제자리걸음을 한다고 생각하지 않을 수도 있다. 전속력으로 힘을 다해 달리고 있다. 절대 제자리걸음이 아니다. 보기에는 지루해 보이지만 달리는 다람쥐는 지루함이고 뭐고 스트레스 풀기에 딱 좋은 놀이라며 신나게 즐길 수 있다. 왜 꼭 쳇바퀴를 지루하고 따분한 것으로만 생각해야 되나? 조금만 생각을 달리하면 즐거운 놀잇감, 체력 키우기 좋은 운동기구일 수 있다. 한 곳을 바라보며 전력을 다해 열정적으로 달리는 다람쥐로 볼 수 있다. 누구에게는 신이 난 다람쥐로 보일 수도 있다. 그저 우울한 상황에 맞춰놓고 보니 우울한 다람쥐 쳇바퀴로 보일 뿐이다. 그렇지! 내 하루를 행복한 쳇바퀴로 만들면 된다.

생각하기 나름이라는 것이다. 지금 내 상황이 똑같은 일들의 연속이고 의미 없이 하루하루를 보내고 있다고 생각이 든다면 그 하루가 왜 의미가 없는지 다시 생각해 봐야 된다. 하루 종일 일어나는 모든 일상에 의미를 부여하면 하나하나가 소중하고 행복하다. 아이와 함께 집을 나서는 것, 무사히 출근을 해서 동료들과 수다를 떤 것, 맛있는 점심밥을 먹은 것 등등 행복의 연속이다. 중간 중간 불행이 조금씩 섞여 있으면 좀 어떤가. 우리는 엄마여서 엄마만이 느낄 수 있는 기분을 선사해 주는 선물인 아이들이 있다. 하루의 피로가 녹고 하루의 피곤이 사라지는 마법 같은 일들을 펼쳐줄 아이들이 있다. 지루할 틈 없이 보고만 있어도 웃음이 나는 아이들이 있다. 그런 보물들과 함께하는 인생이다. 다이아몬드 한 트럭을 가져다줘도 그 이상의 값어치로 아니! 그와 비교할 수 없이 행복하게 하는 힘의 원천이 바로 내 곁에 있다. 쳇바퀴 속에 갇혀 있으나 그 안에서는 엄청나게 많은 일들이 일어나고 있다. 앞

뒤 다 잘라먹고 집과 일이라는 구도로만 보기에는 우리의 쳇바퀴는 너무나도 크다.

얼굴만 보면 평온하기 그지없는 고객님이 있었다. 누가 봐도 '사모님' 스타일로 항상 고상한 스타일로 옷을 입고 말투도 느긋느긋하니 여유로웠다. 고급스러운 분위기라 집에서 소파에 앉아 우아하게 티타임을 즐기는 분인 줄로만 알았다. 미용실 오는 게 낙인 듯 자주 오던 분인데 어느 순간 얼굴이 안 보여 걱정도 되고 궁금했던 것이 반년이 지났다. 오랜만에 예약판에 있는 그분의 이름을 보고 정말 반가웠다. 반가움도 잠시 멀리서 딸의 부축을 받고 오는 모습을 보니 그간 무슨 일이 있었는지 물어보려던 사고회로가 잠시 정지됐다. 말문이 막혔다. 항상 철저한 자기 관리로 반짝이던 피부는 푸석해지고 흰 머리카락 보이는 걸 극도로 싫어해 2~3주에 한 번은 관리받으시던 분인데 반백발이 돼서 나타나셨다. 왜 이렇게 오랜만에 오셨냐고 물어보니 수술을 했단다. 관절 수술을 한 번 하고 푹 쉬었어야 하는데 항상 집에 있던 분인지라 집에 조그마한 먼지 한 톨 쌓이는 게 싫으셨는지 수술받은 몸으로 또 물걸레질을 하셨다고 한다.

물걸레질을 하는 게 쉬운 일이 아니었을 텐데… 구부정하게 무릎을 꿇고 앉아서 해야 하는 일인지라 나는 얼마를 줘도 안 한다고 배짱을 부릴 것이다. 평생을 전업주부로 살아온 그 고객님은 아이들이 학교 가고 없는 집안에서 하루 종일 쓸고 닦고 하는 게 일이었다고 한다. 그렇게 30년 넘게 살아오셨으니 관절이 성할 리 없었을 것이다. 수술하고 회복도 되기 전에 습관처럼, 쳇바퀴처럼 물걸레질을 놓지 못하셨단다. 그리고 결국 2차 수술을 하고 나서야 물걸레질을 놓았다고 한다. 따님은 그런 친정엄마가 안쓰러운지 옆에서 툴툴기리면서 "그런 것 좀 하지 말라니까"라며 화를 내고 있고 고객님은 그저 웃을 뿐이었다. 나도 친정엄마 생각이 나면서 조금 뭉클해졌기에 다리도 아프신데 이제 하지 마시라고 이야기했다. 대답은 하나였다. "에이 어떻게 그래, 매일 하던 건데 그거라도 안 하면 나 심심해. 나는 집이 깨끗해지면 너무 행복해." 얼굴이 푸석해졌어도, 머리는 반백발이 되었어도 그 말할 때에는 소녀처럼 환해졌다. 무릎이 다 회복되고는 여전히 물걸레질을 하신단다.

본인 나름에 쳇바퀴 속에서 하루하루를 보내고 계셨나 보다. 아이들 학교 보내고 청소를 하고 또 청소를 하고 또 청소를 하는 게 그분의 일상이었나 보다. 나였다면 아주 지루하게 느꼈을 쳇바퀴일 것이다. 하루 종일 집에서 청소를 해야 된다니 생각만 해도 가슴이 답답해진다. 하지만 남들이 보면 답답해 보이는 쳇바퀴가 그분에게는 행복이었다.

남들이 보면 한심해 보이는 내 쳇바퀴가 나에게는 행복이다. 마트 안의 햄스터도 사람들이 보면 불쌍해 보이지만 달리는 동안은 마음껏 뛸 수 있으니 행복할 것이다. 회사에서 같은 일들을 반복한다 한들 일을 할 수 있는 게 내 행복이다. 집에서 설거지, 청소, 빨래를 몇 날 며칠 똑같이 한다고 해도 그렇게 할 수 있는 게 내 행복이다.

내가 쳇바퀴 속에서 살고 있다고 한탄하는 '이 순간'에 누군가는 이렇게라도 삶을 누리고 싶어 간절히 기도하고 있을 것이다. '이 순간' 내 쳇바퀴 속에 살아가는 하루하루가 행복이어야 하는 이유다.

아이들은 아침에 눈뜨면 아침밥을 먹고 옷을 입고 어린이집에 간다. 어린이집에서 활동을 하고 내가 데리러 가기만을 기다린다. 집에 도착하면 씻고 자기들끼리 조금 놀다가 잔다. 다음 날도 또 다음 날도 같은 쳇바퀴 위에서 살아간다. 5일을 같은 쳇바퀴 속에서 지내다 토요일 또한 엄마가 없는 다른 쳇바퀴로 옮겨 탄다. 일요일 하루 쳇바퀴에서 내려와 다이내믹한 세상을 구경하고 또다시 쳇바퀴로 올라간다. 중간에 투정부리는 날도 많고 힘들어하는 날도 많다. 하지만 항상 웃는다. 뭐가 신나는지는 모르겠지만 신나 있다. 아이들도 하루하루 같은 시간들을 잘 버텨주고 있다. 몇십 년을 더 산 인생 선배인 나라고 못 할 게 뭐 있을까? 물론 힘든 날도 있을 테고 지치는 날도 있을 것이다. 아이들이 견뎌내는 것처럼 한번 웃어보자. 행복해서 웃는 게 아니라고 한다. 웃기 때문에 행복해지는 것이라는데 속는 셈 치고 웃어보자. 울어도 나의 쳇바퀴는 돌아가고 웃어도 나의 쳇바퀴는 돌아간다. 이왕이면 웃으면서 돌려보자. 내 쳇바퀴를 행복으로 만들어보자.

우리 가족 〉 사회생활

“사회생활을 하다 보면 말이야”라는 말을 한 번은 들어본 적 있을 것이다. 도대체 그들이 원하는 사회생활이 뭔지 들여다보면 별거 없다. 정말 별거 없다. 모든 이들이 그렇지는 않겠지만, 사바사바의 달인이 되는 것과 술친구가 되어주는 것 그리고 뒷담화의 동지가 되는 것 정도이다.

사회생활이란 사전적 의미로 보면 집단으로 모여서 질서를 유지하는 것 그리고 많은 사람들이 모여서 공동으로 일을 해나가는 것이다. 그들이 원하는 질서를 유지하기 위한 존재는 사바사바의 달인이다. 술친구가 되는 것은 집단으로 모일 수 있는 중심이다. 뒷담화를 함으로써 공동으로 한 사람을 바보 만드는 것이라는 말이다. 이런 곳에 끼지 못하면 소외된 사람으로 취급한다. 그게 그들의 사회생활 정의다. 내가 굳이 그런 사회생활을 해야 하는지 심각하게 고민해 봐야 한다.

워킹 맘은 그들에게 기피대상 1호일 것이다. 2호는 아마 종교생활 하는 분들이 아닐까 한다. 나는 우선 1호와 2호를 모두 지니고 있는 사람이다. 나는 퇴근한 후 모든 일상을 아이들과 한 몸이 되어서 움직여야 하는 사람이다. 그냥 내 몸이다 생각하고 같이 데리고 다닌다. 함께 나왔다고 눈치를 주는 사람이면 안 만나면 그만이다. 그 사람이 내 인생에 중요한 사람이 아니라는 소리가 아니다. 내 아이들이 더 중요하기 때문에 웬만한 급한 미팅이나 세미나 아니고서야 내 몸과 같이 함께한다. 어른들끼리 할 말이 있어서 그렇다지만 아이들 앞에서 할 수 없는 말이라면 떳떳하지 못하다는 말 아닌가? 떳떳한 상황이 아닐 수도 있고, 나도 바보가 아닌 이상 미리 연락을 받으면 이 자리는 아이들과 함께 갈 수 있겠구나 없겠구나 정도는 판단한다. 데리고 나간다고 공표를 했음에도 불구하고 불편한 시선을 보내면 나는 그 사람과 거리 두기를 한다. 나도 우리 아이들과 집에서 쉴 수 있는 시간을 할애해서 나가는 자리에 그런 취급을 받기는 죽기보다 싫기 때문이다.

나도 놀 때는 끝을 봐야 직성이 풀리는 사람이다. 몇 시가 됐든 신경 안 쓰고 놀 자신이 있다. 한때는 쳇바퀴 같은 삶에 나에게 선물을 준답시고 밤새도록 놀고 출근하고를 반복했던 때도 있다. 지금 같이 애 엄마가 돼서 아이들과 항상 한 몸이 되어 만나는 미진 언니와 그때 이야기를 하면 지금 생각해도 말도 안 되는 강행군을 했다. 그렇게 놀고 남은 건 저질 체력뿐이다. 그때 빨리 정신을 차렸더라면 내 인생이 바뀌었을까?라는 생각도 많이 한다. 그때야말로 나는 막장 사회생활을 즐기고 있었다.

나밖에 모르던 때가 나에게도 있었다. 이래서 애를 낳아봐야 안다더니 나에게는 우리 아이들이 내 인생의 터닝 포인트다. 아마 아이들이 없었으면 여전히 홍청망청 내 삶을 망가뜨리고 있었을지도 모른다. 아이를 낳고 일을 하다가 예전에 그렇게 놀았던 때로 돌아가고 싶은 적이 한두 번이 아니다. 지금은 그렇게 놀면 체력이 남아돌지 않아서 시도도 못 할 게 뻔하다. 그래도 한 번씩 아무 생각 없이 놀던 그때가 그립긴 하다. 결과적으로는 나에게 남은 건 하나도 없던 무익한 시간이었을지언정 그 추억을 끄집어내본다. 애써 고개를 내저으며 정신을 차린다.

아이가 생기면서 부모에게는 당연히 포기해야 할 것들이 많아진다. 하지만 포기함으로써 잃는 것보다 얻는 게 많다. 이것도 저것도 포기하기 싫다고 다 움켜쥐고 있으려 하면 배가 산으로 갈 뿐이다. 때로는 냉정하게 현실을 판단해서 놓아버릴 것들은 놓아야 한다. 사회생활을 하면서 물론 서로 으샤으샤가 필요할 때가 있다. 하지만 그게 매일은 아닐 것이다. 굳이 우르르 몰려다니면서 맛집 다니고 한산하고 이야기하는 것만이 다가 아니다. 처음에는 나만 소외당하는 기분이 든다. 기분이 아니라 정답이다. 나만 소외되고 있다. 하지만 가만히 둘러보면 워킹 맘들은 다 그렇게 살고 있다. 나만 그렇게 살고 있지는 않다.

나는 워킹 맘들을 주변에 많이 두는 편이다. 서로 만나기 부담스럽지 않게 항상 아이들과 함께 갈 수 있는 곳을 선정해서 아이들과 함께 만날 수 있는 자리를 마련한다. 집에 아이들을 두고 나오면 아무래도 이야기하는 와중에 집에 있는 아이들이 궁금하고 신경 쓰인다. 상대방 또한 집중 못하는 내 모습이 신경 쓰일 것이다. 그냥 편하게 아이들과 함께 만날 수 있는 사람과 같이 시간을 보내는 것이 더 낫다. 오히려 애 엄마들끼리 만나면 훨씬 더 재밌다. 할 말이 끝이 없다.

나도 처음에는 '애들 없이 좀 나가서 놀고 싶다'라고 하는 말에 격하게 공감하던 사람이다. 애들 없이 나가서 신나게 놀아도 봤다. 결국 남는 건 공허함뿐이었다. 집에 돌아와 아빠 옆에서 옹기종기 모여서 잠든 애들을 보면 그저 미안할 뿐이었다. 어느 순간 그 모습에 이게 뭐하는 짓인가 싶어서 정말 급한 일 아니고서야 항상 애들을 대동하고 다니는 중이다.

나도 놀고 싶지만 아이들과 떨어질 수 없는 마음이랄까? 이렇게 마음을 고쳐먹고 나니 주변 워킹 맘들이 더 좋아한다. 그리고 서로 더 편하게 만나고 있다. 아이들을 데리고 만나도 할 이야기 다 할 수 있고 즐길 거 다 즐길 수 있다. 좀 피곤하면 어때. 그렇게 하루를 동지애로 가득한 워킹 맘들끼리 푸는 것도 나름의 방법이다.

만나는 사람들이 인생에서 얼마나 중요한지 하루하루 지날수록 깨닫는 중이다. 몇 년을 봐와도 '넌 여전히 그런 사람이구나'라는 사람이 있고, '이렇게 변하는구나'라고 느끼는 사람이 있다. 이름만 친구였던 사람들을 서서히 정리하고 보니 나도 참 헛살았구나 싶기도 하다.

지금 자주 만나서 생각을 공유하고 일상을 공유하는 지인들을 보면 사회생활도 물론 중요하지만 그보다는 가족을 우선시하는 사람들이 많다. 나는 이게 정답이라고 생각한다. 워킹 맘이라면서 사회생활을 소홀히 하면 안 된다는 건 당연히 안다. 회식이라든지 세미나라든지 미팅은 멋지게 소화해 낸 후 굳이 나가지 않아도 되는 자리는 정중하되 단호하게 거절할 줄 알아야 한다. 그곳에 나가지 않았다고 해서 절대 사회생활 못하는 사람이 아니라는 것이다. 사회생활이라는 가면 속에 본질은 친목 도모를 의미하는 모임은 시끄럽다. 아마 그곳에 안 나가면 안줏거리로 씹히기 딱 좋다. 워킹 맘이 그 자리에 매번 참석한다는 것은 말도 안 된다. 그냥 욕 한 번 먹지라는 마음으로 우리 가족을 더 생각하는 게 정신건강에 이롭다. 욕을 한 사발 먹으면 오래 살겠지.

그로 인해 왕따를 시킨다거나 자기들끼리만의 모임을 만든다면 그 사람들끼리 그러게 내버려두면 된다. 주위를 둘러보면 그들 말고도 사람은 많다. 굳이 내가 거기 끼어 있지 않아도 된다. 그리고 혼자면 어떤가? 난 혼자서도 잘 논다. 전에는 이런 부분에 있어 나 또한 스트레스를 한창 받았었지만 내려놓고 난 지금은 한결 편하다. 신경 써야 될 부분이 현저히 줄었다. 누가 나를 어떻게 생각할지 고민할 필요가 없다. 의미없이 쓸데없는 소리에 맞장구쳐 주어야 될 일들이 하나씩 사라지고 있다. 그들이 바라는 사회생활에서 굉장히 이기적인 여자로 낙인찍히겠지만 나는 이기적인 워킹 맘으로 살기로 했다.

친성엄마 미자 여사는 가성을 굉상히 중요하게 생각한다. 일이 끝나면 바로바로 집에 온다. 왜 사람들과 어울리고 싶지 않겠나. 사람을 정말 좋아한다. 하지만 그보다 가정이 중요한 사람이다. 여자들이 많은 곳에서 일하는데 말들이 얼마나 많을지 안 봐도 비디오다. 나 또한 남자보다는 여자들이 많은 직장에 근무하기에 잘 안다. 끊임없이 말들이 오갈 것이다. 끼리끼리 모여서 이렇네 저렇네 남 이야기 좋아하는 사람들이 얼마나 많을까. '엄마도 가끔은 그런 곳에 가서 이야기하고 놀고 싶지 않을까?'라고 생각하지만 말로는 꺼내본 적이 없다. 가끔 엄마의 푸념 아닌 푸념들을 들을 때면 엄마도 그 자리에 있기 참 힘들겠다 싶다. 엄마는 오히려 퇴근한 후 막냇동생에게 밥을 사주거나 가족과 시간을 보냈다.

내가 사회생활을 해보니 알게 된 것이지만 우리 엄마도 회사에서 욕 좀 꽤나 먹었을 것 같다. 엄마는 별로 신경 쓰는 것 같지는 않지만. 여하튼 만나봤자 저녁에 잠깐 커피 마시면서 교회 사람들 만나는 게 다다.

그런데 엄마는 전혀 외로워 보이지 않는다. 인간관계에 전전긍긍하는 모습도 없다. 살아본 자의 여유랄까. 엄마의 주변 사람들을 보면 내가 굳이 사회생활을 빙자한 친목 도모에 나가지 않을 이유가 정당해진다. 엄마에게는 그런 자리에 나가지 않고도 때가 되면 알아서 찾아주는 사람들이 주변에 참 많다.

결론적으로 가정이 우선인 사람은 사회생활을 잘하는 사람이다. 가정에 충실한 사람은 사회생활에서도 충실하다. 분명히 해야 할 것은 친목 도모와 사회생활을 헷갈리지 말아야 한다는 것이다. 처음에는 많이 힘들겠지만 지나고 보면 내 선택이 옳았음을 느끼게 된다. 그들이 원하는 사회생활이 아닌 내가 원하는 사회생활을 하면서 가정도 튼튼하게 나도 튼튼하게 지키면 된다.

Help Me! Please

하루 종일 서서 일하고 퇴근하면 온몸이 천근만근이다. 집에 들어가자마자 씻지도 않고 그대로 누워버리고 싶을 때가 정말 많다. 누누이 말하지만 나는 집안일에 젬병이다. 애라도 없으면 뭔가 정리가 될 텐데라는 말을 입에 달고 사는 사람 중 한 명이다. 어린이집에서 하원한 아이들의 에너지는 좀처럼 줄어들 기미를 보이질 않는다. 나는 이미 체력이 밑바닥을 찍었는데 말이다. 집에 도착하자마자 씻은 후 아이들이 어지르는 속도는 상상을 초월한다. 자기들 딴에는 혼날까 봐 정리하면서 한다지만 그게 정리인지 꾸겨넣는 건지 분간할 수 없다. 둘이서 어지르는 속도를 나 홀로 감당하기에는 역부족이다. 처음에는 따라다니면서 한두 개 정리했다. 하지만 나중에는 따라다니다 그냥 퍼질러 앉아버린다.

집안을 둘러보면 짜증부터 난다. 뭐 하나 마음에 드는 구석이 없다. 빨래는 해도 해도 끝이 없고 설거지 또한 해도 해도 끝이 없다. 아침에 한바탕 해놓고 가면 뭐하나. 저녁이 되면 그대로인 집을 보면 속에서는 욕 한 사발이 나온다. 그래도 해야지 하면서 빨래를 하나하나 접는다.

안 그래도 되는데 꼭 도와주겠다고 나서면서 수건 탑을 와르르 무너뜨리면 애들은 내 눈치 보기 바쁘다.

일하고 와서 집안일하려면 참을 인을 몇 번이나 새겨야 하는지 모른다. 나름 치운다고 하는데 뒤돌아서면 티도 안 난다. 더 화가 난다. 분노조절장애의 끝판왕이 된다. 애들은 어지르면서 큰다고 해도 적당히 해야지 완전 돼지우리를 만드는 꼴을 보고 있으면 한숨부터 난다. 그렇다고 신나게 노는데 초 치는 건 아닌 거 같아서 그냥 놀게 또 냅두게 된다. 겨우겨우 정한 타협점이 '정리는 스스로 하자'인데… 아이들이 정리한 서랍장 모습이 마치 내 마음 같다. 여기 삐죽 저기 삐죽 넣다만 블록들이 즐비하고 색연필과 색종이는 여기저기 굴러다닌다. 차라리 유튜브만 가만히 보고 있었으면 좋겠다는 생각을 안 했다면 거짓말이다.

나는 치운다고 이리 갔다 저리 갔다 움직이는데 가만히 앉아 있는 남편을 보면 뭐 하자는 거지? 싶기도 하다. 일이 힘들었겠지 하다가도 나도 사람인지라 열은 받는다. 빨래는 산을 이루어가고 장난감 통은 토를 하고 있고 설거지는 높은 산이어도 태연하다. 별 불편함을 못 느끼는 것 같다. 처음에는 나도 "아 몰라!" 하고 아무것도 안 했는데 정말 집안 꼴이 개판 오분 전이 되어가는 걸 느끼고는 조금씩은 하려고 하는데 그 조금씩이 솔직히 너무 힘들다.

일주일에 한 번 내가 출근하는 토요일 남편이 쉬는 토요일일 때 내가 출근한 사이에 나름 청소를 싹 해놓는다. 완벽하진 않아도 그게 어딘가. 바닥에 굴러다니는 머리카락이 싹 사라졌는데 감사할 따름이다. 그냥 그렇게 조금씩 내려놓고 있다. 아이가 사는 집이라고 반짝반짝 광이 나도록 쓸고 닦아야 하는 건 아니다. 항상 반듯하게 깨끗하지 않아도 우리 아이는 건강하게 잘 자라고 있다. 나는 모든 일에 태연한 복이 아빠 덕에 잘 버티는 것 같다. 개야 될 빨래가 한 가득이어도 가만히 있고 설거지가 산이어도 가만히 있는다. 이런 것들이 사는데 정말 지장 없는 걸 몸소 보여주는 분이다. 물건을 사용하고 그냥 거기 두는데 선수다. 몇 번 말해도 소용 없다. 그래서 나도 쿨하게 포기했다. 지나간 자리의 쓰레기 줍기 정도는 해줄 수 있다. 뭐 좀 집이 지저분하면 어때. 집에 아무도 안 부르면 되지. 누가 우리 집에 온다고 하면 복이 아빠는 대청소를 한다. 그거면 됐다.

워킹 맘이면서 집까지 깨끗하게 잘 꾸미고 사는 분들을 보면 너무 부럽다. 누구나 다 그렇게 할 수 있는 게 아니라는 것을 워킹 맘 대열에 들어서서야 알게 되었다. 일하기 전에도 집 정리는 정말 못했지만 일을 하고 집이 완전 전쟁통이 되어가는 과정을 보면서 굉장히 무기력해지는 날들이 많았다. 해도 표가 안 나고 해봤자 애들이 한번 휩쓸고 가면 의미가 없어지기에 짜증만 늘었다. 내면에 짜증만 커져갈 뿐 변하는 건 하나도 없었다.

아침에 일어나서 빨래를 돌리고 설거지를 하고 아이들 밥을 차려준다. 아이들이 밥먹을 동안 얼른 씻고 빨래를 넌다. 6시에 일어나서 바쁘게 움직이는데도 나에게는 아침이 항상 부족한 시간이다. 예전에 7시 넘어서 일어났을 때는 어떻게 했었는지 생각이 안 난다. 요즘에는 어린이집에서 식판천사라는 프로그램을 이용해서 아이들 도시락이 없어서 그나마 감사하며 살고 있다. 집에 돌아오면 9시 정도 되는 시간에 집안일하기는 너무 힘들다. 아이들 간식 정도 챙겨주고 조금 쉰다. 얼마 쉬지도 못하고 아이들 잠자는 시간이어서 그렇게 하루가 끝난다. 그러다 보니 대체로 주말에 집안일을 몰아서 하는 편이다.

일요일 아침에 대청소 느낌으로 집을 뒤집는다. 늦은 아침을 먹기 전 대청소를 하는데 일주일 동안 쌓아놓은 짐들을 한 번에 정리하기란 쉽지가 않다. 처음엔 왜 이렇게 정리가 안 되나 싶어서 짜증이 절로 났다. 그러나 일하면서 청소까지 완벽할 수 없다는 것을 받아들인 요즘에는 어느 정도 정리되면 만족하는 편이다.

짜증을 부리니 정리가 되기는커녕 모난 부분만 더 찾게 되었다. 그러다 보니 당연히 화내는 경우도 많아졌다. 아이들이 눈치를 보면서 노는 모습에 심기가 불편해졌다. 나만 조금 내려놓으면 되는 문제인데 아이들에게 눈치를 주고 있었다. 눈치 보는 아이를 보기보다는 집을 엉망진창을 만들어도 환한 아이를 보고 싶었다. 결국 나는 그렇게 또 집안일이라는 숙명을 슬며시 내려놓았다. 이제는 아이들 책상에 색연필이며 색칠공부가 한 가득 쌓여 있어도 그것쯤이야 하고 넘긴다. 그래도 우리 아이들은 자기들 물건이 어디에 있는지 귀신같이 잘 찾아서 논다. 외관상 보기가 안 좋을 뿐이지 난 오히려 지금이 훨씬 사람 사는 집 같고 마음에 든다. 아마 우리 미자 여사가 보면 뒷목 잡고 쓰러질지 모르지만!

한바탕 정리가 끝나면 나는 설거지를 하거나 빨래를 분리해서 세탁하고 잠시 쉰다. 예전에는 복이 아빠가 청소를 끝내면 그냥 쉬게 내버려두었는데 요즘엔 부탁한다. 내가 설거지하면 빨래 좀 개켜달라고 말한다. 같이해야 조금이라도 빨리 끝나기도 하지만 부탁함으로써 내가 덜 힘들다는 걸 알게 됐다. 예전에는 남편의 빨래 너는 모양이 진짜 내 맘 같지 않았다. 그걸로 잔소리도 엄청 했다. 그래도 고쳐지지 않아서 내가 하는 게 낫겠다 싶어 결국 아무 말도 안 하고 나 혼자 했었다. 빨래 개키는 것도 이건 개키는 건지 둘둘 마는 건지 모르겠어서 내가 보아두고 했었다. 그게 무슨 미련한 짓이었는지… 옆에서 도와준다고 기웃거릴 때 그냥 감사합니다 하고 냅둬야 한다. 이것저것 사사건건 트집을 잡게 되면 도와주고 싶다가도 욕먹을까 봐 안 할 수밖에 없다.

지금은 어떻게 해놓든 그냥 내버려둔다. 도와주는 데 의미를 두기 시작했다. 살아보니 텔레비전에 나오는 집안일 잘하고 결벽증인 듯 청소도 잘하는 남자는 극히 드물다. 아마 남편들도 텔레비전을 보면서 예쁘고 요리 잘하고 일도 잘하면서 집안일도 잘하는 여자는 극히 드물다는 것을 깨닫는 중일 것이다. 그래도 아무 소리 안 하고 내가 하는 밥 먹지, 같이 살아주지 그 정도면 남편들도 선전하고 있다. '못 해도 그럴 수 있지 뭐'라면서 넘길 수 있어야 서로가 편하다. 못 해도 해주는 것에 감사하면 정신건강에 더 좋다. 내가 혼자서 다 떠안고 가다가는 언젠가 무너지게 되어 있다. 하나씩 내려놓으면서 같이 해나가면 된다.

나의 방법이 100% 맞나는 건 아니다. 남편 방법이 오히려 100% 맞는 걸 수도 있다. 내가 원하는 대로만 집안일을 해야 만족한다면 그보다 못된 독재자가 어디 있을까? 우리는 민주주의 국가의 시민이니 가정에서 또한 주인은 내가 아닌 모두라고 생각해 보자. 남편도 집안일을 할 권리가 있다. 나와 다른 방식으로 한다고 해서 질타만 한다면 평생 집안일에서 손을 떼는 대참사가 발생할 수도 있다. 부족하면 좀 어떤가. 함께하면서 서로가 으샤으샤 하다 보면 그게 행복의 시발점이 되는 것이다. 그렇다고 너무 이것저것 시키게 되면 그 또한 문제가 된다. 서로 할 수 있을 만큼 같이 해나가면서 길을 찾아 나가면 된다.

남자가 집안일을 처음부터 잘하면 얼마나 잘하겠나. 내 기대에 미치지 않았다는 이유로 얼마나 많은 타박을 줬었는지 지금 생각하면 참 미안하다. 요즘에는 오히려 나랑 타협을 보려 하는 복이 아빠 덕에 집안일에 대한 스트레스는 받지 않는 편이다. 설거지를 하면서 빨래 좀 개켜달라고 부탁한다. 그러면 오히려 자신이 그나마 하기에 괜찮은 설거지를 할 테니 나보고 빨래를 개키라고 한다. 솔직히 설거지는 나보다 남편이 좀 잘하는 것 같다. 완전 땡큐다. 이것도 하랴 저것도 하랴 나 혼자 바쁜 것보다는 둘이 같이해서 얼른 해치우고 쉬는 게 더 좋다는 것을 늦게 깨달아서 아쉽긴 하다.

이전에도 지인들이 부러워할 만큼 잘 도와주는 사람이었는데 요즘은 더 잘 도와줘서 정말 행복한 여자로 지내고 있다. 거저 얻어진 결과는 아니다. 분명히 해야 될 것은 부탁하되 당당하게 해야 한다. 어설프게 했다고 해서 절대 이런저런 잔소리하면 안 된다. 일이 마무리되었을 때는 격한 감동 격한 칭찬을 동반하는 것 또한 중요하다. 안 한다고만 생각하지 말자. 정말로 방법을 몰라서 못 하는 경우가 굉장히 많다.

어릴 적 한글을 배울 때 시행착오를 많이 겪듯이 남편과 나의 집안일 나누기도 분명 시행착오는 겪을 수밖에 없다. 하지만 절대 나의 관점으로 바라보지 말자. 지나고 보면 오히려 나보다 더 잘하는 부분을 발견한다. 혼자 낑낑대지 말자. 한마디면 충분하다.

"Help me! Please."

05

마음의 인테리어는
나에게 걸맞게

시간이 남아돌아서

월차는 유일하게 나 홀로 오전 시간을 보낼 수 있는 날이다. 그래 봤자 아이들 데려다주고 한 달 동안 못 봤던 볼일들을 보고 나면 아이들을 데리러 가야 하는 시간이어서 그렇게 많이 주어지는 시간은 아니다. 보통 은행 볼일이나 필요한 물품을 산다. 시간이 조금 남는다 싶으면 혼자 서점이나 카페를 돌아다닌다. 친한 언니들을 만나는 것은 몇 달에 한 번쯤 된다. 다들 애 엄마이고 일을 하기에 시간 맞추기가 쉽지 않다. 거의 혼자 시간을 보낼 때가 많다. 혼자 있다 보면 누구나 다 그렇지는 않겠지만 나는 생각이 많아지는 타입이다. 별별 고민들을 사서 하는 스타일이다.

불행 중 다행이라 해야 할까? 멀티플레이가 되지 않기 때문에 몸이 바쁘다거나 어디 한 곳에 집중하기 시작하면 그 일에만 집중한다. 하지만 잠깐이라도 틈이 생기면 머릿속은 엉망진창이 된다.

워킹 맘의 고질적 문제를 가지고 30분 이상을 혼자 고민한다. 지금 내가 일을 함으로써 우리 아이들에게 끼치는 영향부터 시작해서 우리 아이들은 외롭지 않을까 힘들지 않을까까지 다양한 고민이 여기저기서 튀어나온다. 그것으로 끝나면 다행이다. 시간이 조금씩 지날수록 더더욱 쓸데없는 걱정을 하기 시작한다. 아이들은 자꾸 성장하는데 돈 문제는 어떻게 해야 하나부터 아직 입학도 하지 않은 아이들의 학원 문제를 두고 고민한다. 참 소중한 시간들을 바보같이 허비해 왔다.

그러다가 혼자 우울의 나락으로 떨어진다. 한참을 또 부정적인 생각들과 싸워댄다. 하루하루 살기 바쁘다면서 정말 쓸데없는 걱정으로 소중한 시간을 낭비했었던 때가 있다. 굳이 지금 하지 않아도 되는 걱정을 왜 사서 하면서 시간을 낭비하였는지 지금 생각하면 나도 참 한심한 사람이었다.

오랜만에 월차를 쓰게 되었다. 아는 언니와 시간도 맞아서 신이 나서 점심을 함께하기로 했다. 오랜만에 만나니 할 말이 어찌나 많은지 2시간을 내리 떠들어댔다. 다음에 또 시간을 맞추어서 점심을 먹기로 약속한 뒤 아이들을 데리러 갈 시간이 2시간이나 남아서 근처 카페에 갔다. 가만 앉아서 인스타그램을 뒤적거리다가 혼자 또 별별 고민에 빠져버렸다. 방금 전 언니와 한 말들이 몇 배로 부풀려져서 나의 고민은 숨 한 번 불어넣으면 터질 것 같은 풍선처럼 늘어나고 있었다. 터지기 일보 직전이었다.

머릿속을 휘젓고 있는 고민들이야말로 별거 없었다. 어쩌면 언제나 하던 생각들이었다. 아이들 때문에 일을 그만두게 될 것 같다는 언니의 말에 나는 평소보다 조금 더 심각했다. 잡념은 잡념을 낳는다더니 잡념은 끝이 없었다. 엄마 없이 학교를 등하교하는 아이들의 모습을 상상하니 울컥 눈물이 날 것만 같았다. 금보다 소중한 시간을 나는 그렇게 허비하고 있었다. 평소에는 시간이 없다면서 골골거리던 나는 온데간데 없었다. 지금 생각해 보면 정말 쓸데없는 고민이란 녀석을 시간에게 관대하게 양보했다. 그런데 생각해 보니 시간이 남아돌아서 그런 고민을 하고 있었다. 시간이 없다는 것은 거짓말이었다. 정말 시간이 없었다면 그런 생각은 할 수도 없었겠지. 결국 시간이 남아돌아 그런 생각에 사로잡혀 있었던 것이다. 생각을 고쳐먹고 그 시간을 조금 더 날 위해 유익한 시간으로 만들기로 했다.

우선 나만의 수첩에 내가 일을 함으로써 얻을 수 있는 목록을 하나씩 써 내려갔다.

- 일하면 아이들이 친구들에게 멋지게 일하는 엄마의 직업을 자랑할 수 있다.
- 내가 돈을 벌면 아이들이 조금 더 여유롭게 생활할 수 있다.

등등 써 내려가니 시간 보내는 게 점점 재미있어졌다. 끝도 없이 써 내려갈 수 있을 것 같았다. 그렇게 하고 나니 일어나지도 않은 일로 걱정하면서 우울했던 나는 없어지기 시작했다. 노트 한 장을 빼곡히 채워 본 후 평소 아무것도 생각하고 싶지 않을 때는 책을 읽는 버릇이 있어 책을 한 장 한 장 읽기 시작했다. 그렇게 아이들을 만나러 가기 전 30분을 허비했고 1시간 30분은 나에게 소중하게 썼다.

워킹 맘이 집과 일터를 오가면서 입에 달고 사는 말이 있다. "시간이 없다." 또는 "시간이 부족하다." 과연 그럴까? 그날 낮에 내가 느낀 것은 나는 시간이 결코 부족하지 않았다. 쓸데없는 걱정과 잡념에 나의 시간을 너무 관대하게 놓아줘 버렸다. 나에겐 시간이 없는 것이 아니다. 시간이 남아돌아서 엉뚱한 짓들을 하느라 나를 위한 시간들이 없었던 것이다.

데일 카네기는 "고민하게 되면 끊임없이 마음이 흔들려 결단력을 잃게 된다"고 했다. 이 글을 보면서 나를 우울하게 만들고 정신없이 만들었던 것은 역시 고민과 걱정이었다는 것을 또다시 깨달았다. 고민할 시간에 조금 더 나를 사랑하기로 했다.

자기계발 강연이나 책을 보면 '당신의 취미를 만드세요' 또는 '당신의 꿈을 찾으세요'라는 글을 많이 볼 수 있다. 나는 항상 '시간이 있어야 하지'라는 삐뚤어진 마음이 있었다. 바라보는 시선이 삐딱해져 있으니 마음도 점점 삐뚤삐뚤해졌다.

나의 시간은 내 소유물이기 때문에 내 의지대로 사용할 수 있다. 그럼에도 불구하고 나는 시간의 노예가 되어서 질질 끌려다니기 바빴다. 쓸데없는 고민과 걱정에 시간을 낭비하지 않기로 마음먹은 지금은 부정적인 생각이 조금이라도 머릿속에 생기면 책부터 펼친다. 머릿속에 들어오든 말든 읽어 내려간다. 그러다 보면 점점 책에 집중하게 되면서 무엇 때문에 책을 읽기 시작했는지 까먹어버리는 경우가 생긴다. 시간이 없다고 한탄하며 고민하는 그 시간이 바로 소중한 시간이다. 엉뚱한 데 주지 말고 그 소중한 시간을 나를 위한 시간으로 쓰자.

지금은 가끔 만나는 사이이지만 한때는 누구보다 각별하게 서로를 알뜰살뜰 챙기던 동료가 있었다. 딱히 그 동료가 싫은 것은 아니지만 요즘은 서서히 거리를 두는 중이다. 참 생기가 넘치던 사람이었다. 아이가 태어나기 전에는 그럭저럭 모임에도 잘 나왔었고 누구보다 자기 자신을 사랑했다. 아이를 조금 힘들게 맞이했던 그분은 지금 일을 하지 않고 아이와 함께하는 전업주부이다.

하루는 우리 아이들과 함께 놀았으면 하는 연락이 왔다. 근처 놀이방이 있는 식당에서 만났다. 오랜만에 만나서 너무 반가웠지만 반가움은 채 20분도 가지 않았던 것 같다. 집에 있으니 너무 우울하다며 신세 한탄을 하기 시작했다. 처음에는 "정말 힘들겠어요"라며 들어줄 수밖에 없었다. 나 또한 아이들을 봐줄 사람이 없고 맡길 곳도 마땅치 않아서 한때 집에 있는 시간이 있었다. 정말 미쳐 돌아가시겠음을 제대로 느낀 엄마로서 하나부터 열까지 전부 다 공감이 됐다. 나도 너무 힘들었기에 조언이라도 해주고 싶었다. 지금 생각하니 입 다물고 있을걸.

지금은 내가 워킹 맘이어서 지인보다 아이들에게 못해 주는 점은 많지만 나를 사랑하는 방법은 서서히 알아가는 중이어서 감히 한마디 해주려고 했다. "아이가 어린이집 간 사이에 잠시 짬을 내서 취미생활을 즐겨 보세요"라고 말했다가 얼마나 혼이 났는지 모른다. 그때부터 집안일 시작인데 어떻게 취미생활을 즐기겠느냐부터 시작된 잔소리는 '기승전 시간 없음'으로 끝났다.

한참 이야기하다가 드디어 나와 공통점을 찾았다. 혼자 있을 때 자꾸 이 생각 저 생각이 난다는 지인의 말에 나와 닮은 점을 발견해서 기뻤다. 이때도 가만히 있어야 했다. "저는 그럴 때 그냥 책 잡고 읽었어요"라고 했다가 이번엔 나만 못된 년이 되어버렸다. 그게 어디 쉽냐면서 이러쿵 저러쿵 또 '기승전 시간 없음'으로 이야기는 끝났다. 그 만남 이후로 나까지 우울의 늪에 빠질 것만 같아서 조금씩 지인과 거리 두기를 하는 중이다.

주부나 워킹 맘, 아니! 사람은 다 근심 걱정이 있기 마련이다. 그로 인해 나를 망가뜨리고 있다면 얼른 벗어나야 하지 않을까? 나는 나를 우울증이란 곳으로 한없이 끌고 가던 그것들을 놓아버리기 위해 정말 무던히도 노력했다. 지금은 내가 시간이 남아돌아서 그랬었나 봐 하고 웃어넘기지만 그때는 정말 심각했다.

우스갯 소리라고 표현했지만 정말로 시간이 남아돌아서 쓸데없는 걱정을 했었고 시간이 남아돌아서 쓸데없는 잡념과 함께했었다. 결과는 우울증과 원형탈모였다. 그 이후 남들이 보기에는 징하다 할지 몰라도 내 일에 전념했고 집중해야 하는 것들을 하나씩 늘려갔다. 취미생활을 딱히 만들고 싶지 않아서 책읽기를 선택했다. 내가 남들보다 쓸데없는 잡념이 많다고 생각되면 고민할 시간에 할 수 있는 것들을 하나씩 찾아보자. 그곳에 집중하다 보면 분명 나는 한 단계 더 좋은 모습으로 발전되어 있을 것이다.

(물론 이런저런 복잡한 일들로 마음이 아픈 분들 또 우울증이 온 분들은 시간뿐만이 아닌 모든 상황들이 복합적인 것일 테니 하루 빨리 마음의 안정을 찾길 바랍니다.)

워킹 맘이 시간이 없다며 한탄하는 부분에 엄청난 동의를 했던 사람 중 한 명으로서 감히 조언하자면 시간이 없다고 한탄하는 그 시간을 활용하길 바란다. 사실 워킹 맘의 시간은 풍요롭지 못하다. 그러나 부족한 시간 속에서 나만의 행복을 당신은 찾을 수 있다!

시간이 없어요

항상 입에 달고 살던 말이 있었다.

"힘들다, 지친다, 시간이 없다."

이 셋은 도돌이표 합창을 하는 것처럼 내 입에서 수시로 튀어나왔다. 워킹 맘으로서 나 자신을 가장 못났다고 생각했을 때를 돌이켜보면 나는 그저 '게으른 사람'이었다. 불평불만이 항상 내 안에 가득했고 긍정의 힘을 외치는 사람들을 보면서 비웃었다. 나는 힘들어 죽겠는데 웃어대는 사람들을 보면서 점점 나를 절망 속으로 밀어넣었다. 퇴근하고 지친 몸으로 아이들과 놀아주어야 할 때면 내가 왜 이 짓을 하나 나를 책망했다. 시간이 없어서 내가 하고 싶은 것을 할 수 없다고 불평만 했다. 괴로운 인생을 살고 있는 워킹 맘으로 나를 한 단계 한 단계 낮추어버렸다. 올라가기도 모자랄 판한 '내 삶'에 대한 예의를 지키지 못했다.

아이가 태어나기 전 열심히 쌓아온 나의 자리를 지키는 것이 삶의 전부라면 전부였다. 직업에 대한 자부심이 굉장했다. 보여주기 식 삶에 최적화된 사람이었다. 비록 행복하지 않더라도 남이 보기에 내 삶은 굉장해야 했다. 힘들어서 포기하고 싶지만 남들이 보기에 대단한 헤어디자이너이어야 했다. 이런 나에게 임신은 반갑지 않은, 내 앞을 가로막는 존재였다. 그럼에도 엄마처럼 키우면 된다는 똥배짱으로 아이를 낳았다. 정말 철없는 행동이었고 내 딸들에게 평생 미안한 부분이다. 준비되지 않은 엄마가 아이를 키운다는 건 무모한 행동임을 지금은 너무도 잘 알고 있다. 준비되지 않았었기에 지금의 내가 있다고 말할 수 있지만 그때는 내 인생을 통틀어서 최악이라고 말할 수 있을 만큼 힘들었다.

어둠밖에 없을 것 같던 때가 지나고 아이들을 어린이집에 보낸 후 본업으로 돌아왔다. 마냥 행복할 줄 알았는데 무언가 잘못되고 있음을 느끼는 데 오래 걸리지 않았다. 워킹 맘이라는 무게를 너무 쉽게 생각했다는 걸 온몸으로 느끼고 또 다른 우울감에 빠져들었다. 다시 일을 시작하는 게 힘든 줄은 알았지만 이 정도일 줄이야. 출근과 퇴근만 필요했던 처녀 때의 삶과는 완전 딴판이었다. 아이가 한 명에서 두 명으로 늘어갈수록 더 심해졌다. 개판 오분 전이라는 표현이 맞을 것 같다. 그러다 보니 주부인 지인들이 마냥 부럽고 점점 그들의 말에 현혹되기 시작했다. 집안일 하기 싫어서 뛰쳐나와 놓고도 정신을 못 차리고 흔들렸다. 이렇게 사느니 집에서 아이들을 바르게 키우는 게 맞지 않나 싶기도 했다. 아마 그때 워킹 맘이란 자리를 내려놓았다면 지금쯤 나는 아무것도 못하는 꿈 없는 엄마로 살아가고 있을 테다. 정신 차린 지금은 백 번 천 번 생각해 봐도 워킹 맘인 게 좋다.

일을 시작한 후 의미 없이 하루하루를 보냈다. 하루하루가 복사를 해 놓은 것처럼 똑같았다. 그나마 밑바닥까지 떨어지지 않았던 것은 평소 책을 짬짬이 읽었다는 것 하나뿐이다. 그런데 뜬금없이 의미 없는 똑같은 일상을 살고 있는 나에게 갑자기 미안해졌다. 이러려고 일을 시작한 게 아니었기 때문이다. 조금 더 발전하고 조금 더 좋은 엄마이고 싶었다. 지금 생각해 보면 마음 저 밑바닥의 특별한 엄마이길 바랐던 소망이 내 정신을 돌아오게 한 것 같다.

현실은 그저 아무런 꿈도 없는 성질만 내는 엄마였다. 무조건 책을 많이 읽자고 미친 듯이 읽어보자고 다짐했다. 이렇게라도 하면 좀 나아지겠지라며 스스로를 다독였다. 평소에 시간 날 때 심심해서 책을 읽었던 때와 달리 맹목적으로 달려들었다. 일주일에 한두 권 정도 읽던 양을 대폭 늘렸다. 손님 없는 시간에 무조건 책부터 폈다. 내용이 눈에 들어오든 안 들어오든 그건 중요하지 않았다. 그렇게 한 달가량을 지냈다. 한 달 후 읽은 책을 쭉 나열해 보니 어마어마했다. 나에게는 그 많은 책들을 다 읽어낼 수 있을 만큼의 시간이 있었다.

수다 떨기 바빴던 시간, 인터넷 쇼핑 중독자처럼 필요 없는 물건들을 하루에 몇 개씩 사던 쇼핑 시간, 짜투리 시간까지 책을 읽는 시간으로 바꾸어보니 엄청난 시간들이 나에게 존재했다. 천천히 하나씩 온전히 나만을 위한 시간으로 만들었다. 그렇게 또 한 달 뒤를 돌아보니 난 참 시간을 낭비하는 사람이었음을 알 수 있었다. 습관처럼 "시간이 없어요"를 외치던 나는 습관처럼 시간을 낭비하고 있었다. 이제는 어려운 책이 아니면 하루에 한두 권 정도 쉬엄쉬엄 읽고 있다.

물론, 휴식시간도 필요하고 직원들과의 대화도 중요하다. 어떤 이들은 휴식시간에 잠시 눈을 붙이고 쉬는 게 자신의 에너지를 충전하는 방법이다. 또 어떤 이들은 소소한 대화가 스트레스 해소에 좋은 방법이다. 짜투리 시간에 아이들 사진을 보면서 힘을 내는 방법 또한 좋다. 하지만 한 번 더 생각해 봐야 할 것은 그렇게 보내는 시간들이 온전히 나를 위한 시간인가?라는 것이다. 워킹 맘으로 살다 보면 많은 것들을 희생해야 한다는 것쯤은 나도 잘 안다. 나도 한동안 그렇게 살았다.

나를 위해 존재하는 내 인생 시간 중 남을 위해 써야 하는 시간은 정해져 있지 않다. 오로지 내가 독차지해도 되지만 나누어주는 아량을 베풀고 있는 것이다. 시간이 없다고 외치면서 가족 또는 남들을 위해서 열과 성을 다해 나만의 시간을 아깝지 않게 선뜻 내어주는 선행은 잘 베푼다. 왜 나를 위해서는 그런 선행을 베풀고 있지 않은지 다시 한 번 생각해 보아야 한다. 그 부분에 대해서 몇 날 며칠 고민했다. 결국 내가 내린 결론은 그래 왔던 나의 태도가 그저 게으름이었다는 것밖에는 없다. 다른 데 부지런을 다 떨어놓고 정작 나에게는 관대했다.

"시간 없어요"라는 말을 입에 달고 살던 난 그저 게으른 엄마, 게으른 워킹 맘이었다. 깨닫고 난 후 내 시간을 만들기 위해서 정말 피나는 노력을 했다고 자부한다. 아침 6시에 일어나기부터 시작했다. 일어나서 빨래와 설거지를 함과 동시에 아침밥을 만든다. 씻고 나오면 빨래를 널고 화장한다. 아이들에게 여유롭게 제대로 된 아침밥을 선사한다.

전에는 가관이었다. 7시 30분에 일어나 정신없이 빵 우유 시리얼을 대충 아이들 입에 구겨넣고 마르지 않은 머리카락으로 물을 뚝뚝 흘리며 화장하던 내 모습을 생각하면 정말 창피하다. 바꾸고 나니 아이들도 한결 여유롭다. 아침을 먹으면서 이런저런 이야기하는 시간이 얼마나 좋은지 모른다. 예전엔 나한테 한 소리 들어야 등원이 가능했는데 요즘에는 빨리 출발하자는 소리를 한다. 역으로 내가 한 소리씩 듣고 있다.

나는 집안일 하는 시간을 아침 6시로 정했다. 여유롭게 듣고 싶은 음

악을 들으며 집안일을 하니 나부터 안정되기 시작했다. 매일 아침 날이 서 있던 모습이 점차 줄어들기 시작했다. 나만의 시간을 만들고 보니 한결 여유로워졌다.

워킹 맘이 얼마나 힘들고 지치는지 잘 안다. 새롭게 마음먹고 견디고 이겨내는 중인 나 또한 정말 힘들고 지친다. 이전에는 그러한 이유로 게으름에 익숙해져서 계속 핑계를 대고 있었다. 마음먹기보다 실천하는 게 무엇보다 힘들다. 마음만 먹으면 무엇이든 해낼 수 있다는 파릇파릇한 감성을 싹 틔워야 할 때다. 남들 눈에는 이기적으로 보이겠지만 타인을 위해 쓰던 시간들을 나를 위한 시간으로 하나씩 바꾸자. 그런 시도로 인해 내가 행복해지고 내가 발전하면 결국 결과는 더 좋기 마련이다.

내가 해보니 워킹 맘의 시간 찾기는 너무 힘들다. 나태해지는 마음을 붙잡기란 여간 힘든 게 아니다. 하지만 해내고 나면 그 시간이 얼마나 값진 것인지 분명 알게 된다.

요즘은 나만의 시간 영역을 조금씩 넓혀가고 있다. 모두 퇴근한 가게에서 아이들을 찾으러 가기 전까지 1시간 정도 시간이 있다. 손님이 오지 않는 한 온전히 나만의 시간이다. 책을 읽거나 일기를 쓴다. 그 시간이 너무 좋다. 일주일에 두세 번 정도는 새벽 2시경에 일어난다. 그냥 하고 싶은 말들을 적어 내려간다. 그 시간들이 너무 재밌다. 무언가 할 수 있는 사람임을 느끼면서 감사하는 마음도 생긴다. 글이 안 써지면 읽었던 책들 중에 밑줄 치고 접어놨던 부위를 뒤적인다. 아무도 깨지 않는 조용한 시간을 온전히 나 혼자 즐긴다는 건 정말 매력 있는 기쁨이다. 그로 인해 점점 내 생각은 확고해진다. 시간이 없던 게 아니라 게을렀었다고. 지금은 게으른 나와 싸우기 위해 매일매일 긴장한다.

물론 매일 이렇게 하진 않는다. 지켜야 할 적정선에서 즐긴다. 그리고 내가 너무 지치지 않게 좀 봐주는 시간들도 있다. 빨래가 별로 없다면 30분 늦게 일어난다. 설거지까지 없다면 40분 정도 늦게 일어난다. 단 익숙해지기 전에는 혹독하게 나를 밀어붙였다. 내가 과연 지킬 수 있을까? 싶었을 때는 할 일이 없어도 무조건 6시에 일어나서 어슬렁거렸다. 이제는 조금씩 상황에 맞게 움직이고 있다.

한 가지 분명히 해야 할 것은 이상한 이기심으로 똘똘 뭉쳐 나만을 위한 시간을 만들지 않아야 한다는 것이다. 그로 인해 피해를 보는 사람이 생기면 그 방법은 아주 잘못된 방법이다. 예를 들자면, 굳이 참석하지 않아도 될 모임 같은 경우이다. 참석하지 않는다고 해서 그 모임에 피해를 주는 것은 아니다. 하지만 모임 사람들에게는 내가 이기적인 사람으로 또는 융통성 없는 사람으로 비춰질 수 있다. 그런 시선이 불편하다고 해서 나만의 시간을 뺏기는 무식한 엄마는 되지 말자. 우리는 나가야 할 곳과 아닌 곳은 명확히 구분할 수 있는 어른이다.

내가 하고자 하는 것이 명확하다면 그 시간을 이해 못 하고 기다려주지 못하는 사람들과는 과감히 거리를 두는 연습도 필요하다. 그들은 내 인생을 책임져 주지 않는다. 그 시간들을 나를 위한 시간으로 내 꿈을 위한 시간으로 투자한다면 그보다 더 좋은 인간관계는 절로 굴러 들어온다. 이런 경우 당신은 절대 이기적이지 않다.

가족과 타인에게 불편함을 주지 않고도 충분히 삶을 즐길 수 있다. 멋진 시간을 마련할 수 있도록 도와줄 존재들은 바로 당신 옆에 있다. 그 시간을 꼭 찾길 바란다. 분명 워킹 맘의 시간은 멋지게 존재한다.

보기 좋아요

나는 감정을 잘 숨기지 못하는 편이다. 지금도 물론 그렇지만 기분이 좋으면 떠나가라 웃고 기분이 좋지 않으면 표정 그리고 말로 다 표현한다. 철없던 시절 상대방에게 상처주는 말이라고 생각하지 않고 내뱉던 때도 있었다. 물론 지금도 가끔 조금 더 생각하고 걸르는 과정 없이 생각한 대로 툭 내뱉는다. 나만 속 편하면 되는 이기주의적인 태도로 본의 아니게 많은 사람들의 감정에 피해를 줬다. 친한 사람들은 어느 정도 나라는 사람에 대해서 알겠지만 나를 알아가는 과정의 사람들은 굉장히 당황스러웠을 것 같다. 시시때때로 바뀌는 기분에 따라 사람을 대했으니 정말 미련했다. 상처받았음에도 불구하고 지금 나와 같이 잘 지내는 지인들에게 감사하단 말을 꼭 전하고 싶다.

일에 집중할 때는 평소보다 더 예민하게 굴었다. 나를 도와주는 친구들은 내 눈치를 살피느라 굉장히 힘들었을 것 같다. 나도 너무나 예민한 선생님 밑에서 배웠기에 그러지 말아야지 생각했지만 마음과 몸은 따로 놀았다. 굳이 예민하지 않아도 되는 부분까지 신경을 쓰면서 항상 날이 서 있었다.

디자이너 초반의 내 모습과 지금은 아주 많이 다르다. 역시 어떤 마음을 가지느냐에 따라 얼굴이 변한다더니 스스로도 많이 느낀다. 주변에서는 역시나 지금이 훨씬 보기 좋다고 한다. 나도 지금의 내가 좋다. 둥글둥글 살이 오르고 싱글벙글 웃는 대한민국 아줌마지만!

가만 생각해 보면 나는 나를 너무나도 힘들게 하는 스타일이었다. 또 주변 사람들에게 피해를 주는 사람이었다. 지금 되돌아보면 나와 정말 친한 사람들 외에는 항상 트러블을 달고 다녔던 것 같다. 그 당시 나를 싫어하고 미워하는 사람이 굉장히 많았을 것이다. 철이 없게도 당시에는 그들이 나를 싫어하면 나는 이유불문하고 상대방에 대한 관심을 아예 끊어버렸다. 못되게 말하면 책임 회피라고 볼 수 있다. 사이가 틀어지는 데에는 분명 나에게도 이유가 있었을 텐데 그것까지 생각하고 싶지 않아서 단순하게 그 사람과의 관계를 끊는 식으로 풀었다. 참 못된 사람이었지.

불과 몇 년 전 일이다. 하루는 인턴과 마찰이 있었다. 남들이 보기엔 별일 아닐 수 있었지만 순간의 화를 참지 못했다. 나를 굉장히 무시하는 태도라고 생각했다. 나도 모르게 큰 소리가 나왔다. 덕분에 직원실 분위기는 싸해졌다. 그 인턴은 내가 왜 그렇게까지 화를 냈는지 도무지 모르겠다는 표정이었다. 그래서 화가 더 났다. 좋게 풀고 말고 할 것도 없이 마무리 시간에 일어난 일이어서 그대로 퇴근했다. 다음 날 휴무였던 나는 별생각 없이 잘 쉬고 다음 날 출근했다. 그런데 출근 시간이 지나도 인턴은 출근하지 않았다. 그 행동에 더 열을 받았던 것 같다. 나중에 전해 들은 말로는 자기는 내가 왜 그렇게까지 화를 냈는지 모르겠다는 것이었다. 솔직히 그때는 열이 나는 상황이라 솔직히 누가 나에게 무슨 말을 했는지 기억도 안 난다. 적반하장도 유분수지라는 생각만 머릿속에 가득했다. 며칠 뒤 인턴은 출근했지만 얼마 못 가 그만두었다. 지금 생각해 보면 그때 좋게 타일렀으면 지금 그 사람과의 관계가 어떻게 되었을까 싶다. 왜 그랬어야만 했는지 이유라도 들어보고 진정이 좀 되면 이야기를 해볼 걸 싶기도 하다. 나는 그 사람을 책임감 없는 사람으로 간주하고 인연을 아주 끊어버렸다. 이미 끊어져버린 인연에 대해서 미련 같은 것은 없지만 내 행동에 대한 후회는 남는다.

난 아이들이 조금만 실수해도 불같이 화를 내는 엄마였다. 많이 바뀐 지금도 미자 여사나 주변인들이 보면 너무 엄하다고 말한다. 하지만 지금의 내 방식이 잘못됐다고 생각하지 않는다.

예전의 나는 무엇이든지 서툴 수밖에 없는 아이들에게 바라는 행동들이 참 많았다. 워킹 맘이라서 아이와 함께하는 시간이 적기에 남들이 바라보는 시선을 더욱더 의식했던 것은 아닐까 싶다. 사랑받아도 모자를 시간에 아이들은 나를 무서운 엄마로 기억했다. 그런 아이들의 눈에 비치는 내 모습을 보자니 잘못해도 한참 잘못하고 있다는 느낌을 강렬히 받았다. 그 후 내 기분에 따라 아이들을 대하는 행동부터 바꿨다. 무조건 고함지르고 혼내는 엄마가 아니라 상황을 이해하고 아이들을 대하려고 노력했다. 사람들과의 관계에서 또한 무조건 내 생각대로 행동하지 않으려 노력했다.

처음에는 정말 힘들었다. 툭툭 내뱉었던 말들을 한 번 더 곱씹어보려니 죽을 맛이었다. 정말 말도 안 되게 화가 날 것 같으면 일단 그 자리를 피했다. 그리고 상대방과 눈도 마주치지 않고 어떠한 대화도 하지 않았다. 당시엔 그게 최선이었다. 상대방은 재가 왜 저래라고 생각했을 것이다. 하지만 기분이 나빠지려는 상황에 그 사람과 대화하고 얼굴을 보고 있으면 또 여과장치 없이 상처 주는 말을 툭툭 내뱉을 것 같은 마음에 무조건 피하고 봤다. 돌아선 후에는 감정을 추스르는 데 신경 썼다.

무조건 웃었다. 우선 기분이 나쁘다고 온몸에 아우라를 뿜어내던 자신부터 바뀌어야 했다. 웃으면 행복하다는 말을 믿어보기로 하고 무조건 웃었다. 그렇다고 바보처럼 헤헤거리고 다니지는 않았다. 최대한 상대방이 왜 그래야만 했는지 왜 그랬는지부터 생각했다. 무조건 내가 정해 놓은 틀에 맞지 않으면 화부터 내던 터라 그 틀을 깨기 위해 무던히 노력했다. 그 틀은 내 기준이지 타인의 기준이 아니었다. 타인의 생각은 다를 거라고 생각하고 상대방 감정에 충실하기로 했다.

그로 인해서 내 주관을 모두 포기한 것은 아니다. 다른 사람의 생각과 행동을 받아들이기로 한 것이다. 그렇게 하다 보니 나에게도 변화가 찾아왔다. 복이 아빠는 아이들에게 그리고 나에게 대놓고 "엄마 진짜 성질 많이 죽었다"고 한다. 아마 성질 많이 죽게 옆에서 가장 많이 도와준 사람이어서 빨리 알아차린 것 같다. 동생들이 형부같이 참고 언니랑 사는 사람 없다고 하는 것 보면.

내 틀을 과감히 깨고 바라보니 상대방의 탓으로 돌리던 내 모습을 보게 됐다. 결국 남 탓하면서 그 화살을 나한테가 아닌 상대방에게 쏘아댔다. 그렇다고 무조건 참거나 넘어가지는 않는다. 정당하다고 생각하지 않으면 달려든다. 하지만 그 생각을 하기까지 나에게 시간을 주는 편이다. 또한 최대한 긍정적으로 이해하려고 노력한다. 점점 나에게는 물론이고 주변 사람들에게까지 좋은 영향을 끼칠 수 있었다.

예전처럼 트러블이 생기지는 않는다. 나와 맞지 않는 사람이면 단호하게 거리를 두는 편이기는 하나 이전처럼 아예 못 볼 사이까지는 가지 않는다. 기존에 알던 이들과는 좀 더 돈독해지고 편하게 이야기한다.

제일 좋은 것은 사람들이 얼굴 보기 좋아졌다고 말할 때이다. 임신했을 때 소양증과 트러블로 피부가 많이 안 좋았는데 피부도 좋아졌다고 한다. 외모지상주의 세상에서 그런 말을 듣게 되면 기분 안 좋을 사람이 어디 있겠는가. 덕분에 요즘 웃는 날들이 더 많아졌다. 엄마도 여자인지라 예쁘다는 말을 들으면 기분 최고다.

집안 청소를 하다가 어디서 굴러 나온 건지 대학학생증을 막내가 들고 왔다. 이거 누구야?라면서. 복이 아빠는 대놓고 진짜 못되게 생겼다고 했다. 아이들은 엄마가 아니라고 했다. 이제는 엄마가 맞다고 하지만 그때는 아이들 눈에 충격이었을 것이다. 내가 봐도 뭐 그런 시절이 있었나 싶을 정도로 날이 서 있는 얼굴이었다. 왜 사람들과 트러블이 많았는지 딱 봐도 알 수 있었다. 사회에 굉장히 불만이 많은 얼굴이었다. 지금은 그 학생증을 고이고이 숨겨두었다. 나름 지금 잘하고 있다고 생각하는데 조금 반성의 시간이 필요하다 싶으면 꺼내보기로 했다. 그때로 두 번 다시 돌아가고 싶지 않다.

나를 조금씩 바꾸어가니 사람들이 나를 보는 시선이 바뀐다. 사람을 많이 상대하는 직업을 가진 워킹 맘으로서 요즘 일할 맛이 난다. 대화하는 게 즐겁고 신난다. 내 이야기보다 상대방의 이야기를 들어주면서 긍정적으로 생각하니 손님과의 관계도 더 좋아진다. 기분이 나쁘든 좋든 웃으면서 손님과 대화하니 나쁘던 기분도 좋아진다. "웃으면 복이 온다"는 말은 정말이었다. 일하는 즐거움도 찾아가고 사람들과의 관계도 좋아지니 딱 요즘만 같아라 싶다. 시련이 없으면 발전이 없다지만 이런 부분은 시련이 없어도 될 듯하다. 시련이 오기 전 웃음으로 나를 무장해서 더욱 단단해지면 되려나?

워킹 맘으로 일하며 동료들과 가족들과 언제나 즐겁고 행복하지는 않다. 짜증도 나고 화도 난다. 그럴 때마다 화를 내거나 짜증을 내면 상대방은 당황스러울 수밖에 없다.

여자는 예쁘다는 소리 한 번 듣기 위해 엄청난 돈과 시간을 투자한다. 워킹 맘에게 그럴 시간이 어디 있나? 또 그럴 돈은 어디 있고. 애 보랴 일하랴 내 코가 석 자인데. 자연적으로 성형할 수 있는 방법이 있다. 웃고 배려하면 된다. 처음에는 지는 기분이 들고 억울함을 분명 느낀다. 그래도 웃고 넘겨보자. 넌 그렇구나라고 한 번 넘어가 보자. 아무리 화가 나도 나에게 생각할 시간을 한 번만 주자. 잠깐 생각할 시간을 가지면 조금은 진정이 된다. 서로에게 상처 주는 말을 조금은 거를 수 있다. 그러나 화를 무조건 참지는 말자. 화가 나면 화를 내야지 참다가 화병 생긴다. 단지 화를 내기 전 나에게 잠시 시간을 주는 방법을 이용해 보자. 그러면 화도 고급스럽게 낼 수 있다.

우리는 돈과 시간을 나에게 마구 투자할 수 없는 워킹 맘이니 자연적으로 예뻐지는 방법이라도 해봐야 하지 않겠나? 분명 얼굴 보기 좋아졌다, 예쁘다는 말을 듣기 위한 대가는 돈과 시간 말고도 많다!

함께여서 행복하다

단호한 사람에게 요즘은 '단호박', '단호박인 줄'이라고 한다. 워킹 맘으로 직장에서 나는 스스로를 단호박으로 만든다. 아이와 함께할 수 없는 자리면 친한 동료와의 술자리나 모임자리를 거절하는 편이다. 그리고 사람들에게 아이들과 나는 한 몸이라고 이야기하고 다닌다. 그럼에도 혼자 나올 수 없냐고 하는 사람들이 있다.

한번은 지인에게서 중요한 이야기를 하고 싶다는 연락이 있었다. 마침 복이 아빠가 일찍 퇴근한다고 해서 아이들을 집에 두고 나갔다. 지인에게는 중요한 이야기였겠지만 나에게는 하나도 중요하지 않았다는 게 그날의 문제였다. 내가 왜 마음 졸여가면서 이 사람과 대화하고 있는지 궁금해지기까지 했다. 그 일이 있은 후 아이들과 나오지 않았으면 하는 뉘앙스를 풍기면 미안하지만 못 간다고 말한다. 남편에게 맡길 수 있는 상황이어도 안 간다.

아이들이 있으면 집중해서 이야기를 못 한다. 이야기하다 보면 하나 둘 엄마를 찾는다. 그러다 보면 이야기 맥이 끊긴다. 하지만 나에게는 아이의 의사가 더 중요하다. 내 관점에서 별 중요하지 않은 이야기를 아이들을 두고서까지 만나서 하고 싶지는 않다. 이런 나를 이기적으로 바라보는 사람들이 있다. 속으로 욕도 꽤나 하겠지. 너만 엄마냐?라는 생각도 분명 할 것이다. 하지만 만남을 요청한 중요하다는 이야기 속에 자신들의 신세 한탄인 경우가 허다하다. 굳이 남의 신세 한탄이나 듣자고 아이들과의 시간을 빼앗기는 멍청한 엄마가 될 수 없다.

몇 번 아이들을 맡기고 지인들과 재미있게 놀기도 하고 이야기도 많이 했다. 물론 복이 아빠가 넓디넓은 마음으로 쿨하게 다녀오라고 해주어서 가능한 일이었겠지만. 신나게 몇 번 놀고 나니 무언가 허전했다. 허무했다고 하는 표현이 맞을 것 같다. 나에게도 자유가 필요하다면서 신나게 놀았지만 결국엔 불필요한 자유였음을 느꼈다. 덕분에 요즘에는 어디든지 아이들을 끼고 다닌다. 물론 만나는 워킹 맘들과 전업주부 맘들도 아이들을 데리고 나온다. 아이들이 옆에서 놀고 있기에 안심하고 이런저런 이야기를 더 신나게 할 수 있다.

엄마인 나도 나가서 놀고 싶다. 아직 덜 놀아봤다면 덜 놀아봤고 더 놀아야 한다면 더 놀 수도 있다. 워킹 맘들은 특히나 주변 유혹이 어마어마할 것이다. 동료들이 일 끝나고 삼삼오오 모여 팔짱 끼고 신나게 걸어가는 뒷모습을 보면 한숨을 쉬면서 내 갈 길 가야 할 때도 있다. 나도 가끔은 저 대열에 끼고 싶다는 생각은 덤이다. 아이들이 기다린다는 생각에 고개를 절레절레 흔들며 애써 마음을 잡고 집으로 또는 어린이집으로 발걸음을 옮긴다. 집에 도착해서 아이들과 함께 있다가 문득 오늘 시간 되냐는 동료의 말에 된다고 할 걸 그랬나?라는 생각도 든다. 엄마가 없어도 잘 있을 것 같은 생각도 든다. 그러다가도 아이들을 보며 "에

이 그래도 집에 오길 잘했어"라며 스스로를 다독인다.

나는 사람 만나는 것을 참 좋아한다. 주변의 언니들과 놀고 이야기하는 게 그렇게 좋을 수 없다. 아이들 없이 여자들끼리 만나는 게 마치 탈출하는 것처럼 너무 좋았다. 해방감을 만끽했다. 워킹 맘에게 한두 시간의 자유는 정말 꿀맛이다. 워킹 맘은 혼자 보낼 수 있는 시간이 부족하다. 전업주부들처럼 아이들을 어린이집이나 학교에 보내고 홀로 있는 시간이 없다. 물론 전업주부들도 그 안에서 굉장히 치열하게 지내는 것 같다(아이들 학교 학원을 백방 뛰어다니며 더 좋은 환경을 위해 이곳저곳 알아보는 열정에 깜짝 놀란 적이 있다).

어쨌든 한두 시간 주어지는 꿀 같은 시간을 보낸다. 처음엔 굉장히 신나서 '위하여'를 몇 번 외쳤는지 모른다. 드디어 해방이라며 신나게 논다. 그러나 그런 기분은 정말 잠깐이다. 자꾸만 아이들이 생각나서 영상통화를 한다. 씻겼는지 한 번 더 확인하고 자는지 확인한다. 그게 뭐하는 짓이었는지 지금 생각하면 한심하다. 처음부터 함께였다면 그러지 않아도 되었을 텐데. 어느 순간부터 그렇게 노는 게 재미가 없어졌다. 자꾸 아이들이 뭐하는지 확인하고 싶은 엄마 본능에 충실하기로 했다. 오히려 아이들과 함께하는 지금이 행복하고 좋다. 요즘은 놀이방 있는 음식점 찾기의 달인이 되어가는 중이다.

아이들은 아침 9시부터 이르게는 저녁 7시 늦게는 9시까지 어린이집에서 보낸다. 4~5살 때는 너무 심심할까 싶어서 미술학원도 보냈다. 솔직히 말하면 아이들을 찾을 시간이 되지 않아 최대한 집에 늦게 들어오게 해야 했다. 4~5살이 무얼 안다고 미술학원까지 보내면서 뺑뺑이를 돌리냐며 욕도 많이 들었다. "쯧쯧" 소리 듣는 게 내 일상이었다. 그렇게 욕을 많이 먹어서 나는 건강하다. 지나치게 걱정해 주는 분들이 너무 많아서 우리 아이들이 무럭무럭 더 잘 자라나 보다.

지금은 어린이집을 옮기면서 잠시 학원은 쉬고 있지만 아이들이 친구들과 태권도를 다니고 싶다고 해서 열심히 알아보고 있다. 뜬금없이 태권도를 하고 싶다고 해서 궁금했다. 발레하고 싶다고 노래를 부르던 딸이었다. 알고 보니 친구들과 언니 오빠들이 어린이집이 끝나면 태권도 학원을 많이 다닌다고 한다. 그렇구나라면서 이곳저곳 알아보기만 했는데 하루는 왜 얼른 안 보내주냐며 채근하기 시작했다. 평소에는 잘 보이지 않던 모습이어서 굉장히 하고 싶어 하는구나라고만 생각했다. 며칠 뒤 아이가 도대체 언제 가냐며 물어보더니 당장 내일 가게 해달라고 조르기 시작했다. 당장은 보낼 생각이 없었던 터라 굉장히 당황스러웠다. 행복이와 천천히 이야기해 봐야겠다 싶어서 넌지시 물어봤다.

"○○○ 태권도 어때?"

"싫어요. ○○○ 태권도 가고 싶어요."

"왜?"

"……"

행복이는 말 없이 꾹 다문 입술만 오물거렸다. 시간이 필요한 것 같아서 말할 때까지 기다려주었다. 축복이는 옆에서 태권도를 열심히 외치며 발차기 중이었다. 동생의 소리에 아랑곳하지 않고 아이의 눈에는 눈물이 조금씩 차오르기 시작했다. 아이가 이유를 말하지 않았지만 어째서인지 가슴이 먹먹해졌다. 나도 코끝이 빨개지는 것 같았다. 입술을 앙 깨물은 행복이는 기어코 눈물 한 방울을 흘렸다. 가만히 안아주었다. 그제야 무엇이 서러운지 악을 쓰며 울었다. 몇 분이 흘렀을까? 언니가 울든 어쩌든 마이웨이 축복이는 퍼즐 맞추기를 하고 있었다. 조금씩 진정되는 행복이에게 어떠한 것도 묻지 않았다. 태권도를 신나게 외치라고 했다. 엄마는 행복이가 갈 수 있을지 봐야겠다고 한 톤 높은 목소리로 오버를 했다. 아이는 언제 그랬냐는 듯이 축복이와 함께 신나게 태권도를 외치며 발차기를 했다. 동영상을 찍어두었다. 아이의 울음을 잊지 않기 위해.

다음 날 마침 일주일에 5일은 통화하는 은정 언니에게서 밥이나 먹자고 연락이 왔다. 그 집도 아이들이 우리 아이들과 같은 또래라서 만나면 신나게 잘 논다. 어찌나 신나게 노는지 헤어지기 아쉬워해서 놀이방 있는 치킨집으로 자리를 옮겼다. 피곤해 보이기는 했지만 아이들은 끊임없이 웃으며 놀았다. 집에 돌아오는 길 행복이는 뭐가 그리 신나는지 노래를 계속 흥얼거렸다. 기분이 좋으냐고 물으니 엄마랑 동생이랑 함께 다니는 게 너무 좋단다. 그래, 함께해서 좋은 것이다. 함께.

때로는 주변에서 아이들밖에 모르는 단호박이라는 소리를 한다. "나라고 안 놀고 싶어서 이러냐?"라고 한마디 하고 싶어도 입 꾹 다물고 가정에 충실한 여자 역할에 집중한다. 온전히 충실하지 못한 마음이었다. 그저 그런 척하고 있었던 건 아닌가 싶다. 지금은 그런 척 따위 하지 않는다. 함께여서 행복하다는 아이의 말에 더 이상 무엇이 필요할까? 아이는 그저 나와 함께여서 행복하다고 한다. 그저 가족과 함께면 된다. 왜 동료 또는 지인들에게 단호박이라는 말을 들으면 기분이 나빴을까? 가족과 함께하는 게 행복한 나는 당연히 단호박이다.

다른 친구들과 다르게 엄마 아빠와 함께하는 시간이 적은 우리 아이들은 가족과 함께하는 시간을 위해 하루에 몇 번씩이고 참고 또 참아내고 있다. 워킹 맘의 아이들은 아마도 참기의 고수가 아닐까 싶다. 우리 아이들은 꿋꿋이 참아내고 있다. 그런 아이들을 위해서 단호박 소리쯤이야 즐겁게 들어줄 만하지 않은가. 나는 오늘도 내일도 아이들과 가정을 위해서 단호박이라는 말을 즐긴다. 워킹 맘이기에 더 이 악물고 아이들과 가족과 함께하는 시간을 만든다. 나도 함께여서 행복하다.

아이와 내가 너무 안쓰럽다는 분들에게 전한다.

"워킹 맘은 사랑으로 견뎌내고 있어요. 우리는 지금 그 어느 가족보다 행복해지기 위해 노력하는 중이에요. 혀를 차는 소리를 들을 만큼 안쓰럽지도 않구요. 저희는 이렇게 잘 이겨내고 있어요."

울음을 그친 행복이가 조용히 말했다.

"다른 엄마처럼 우리 엄마는 행복이랑 같이 놀러 못 가잖아요. 행복이도 친구들이랑 놀고 싶어요. 엄마 없어도 친구들이랑 태권도에서는 놀 수 있어요. 행복이 친구들이 많이 다니는 태권도에 다니고 싶어요."

나는 아무 말도 할 수 없었지만 아이의 등을 쓸어주며 "사랑해, 미안해"라는 말을 몇 번이고 몇 번이고 해주었다.

"행복이도 엄마 많이 사랑해요. 고맙습니다, 엄마."

"앞으로 엄마가 행복이 축복이와 함께하는 시간 많이 만들어볼게."

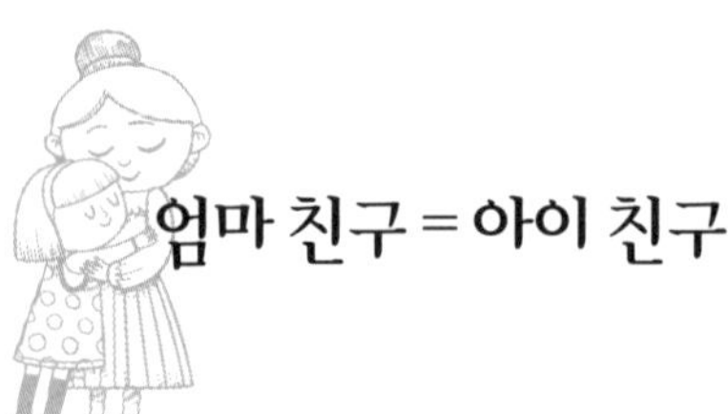

엄마 친구 = 아이 친구

엄마들과 이야기하다 보면 자존심 상할 때가 간혹 있다. 우리 아이는 아직 못하는 부분을 잘해 낸다고 할 때면 더 그렇다. 결국 4세가 되니 거기서 거기였지만 아이들이 어릴 때는 뭐가 그리 조바심이 났는지 모르겠다. 12개월이 안 된 아이에게 CD를 틀어주고 학습지 선생님을 불렀다. 극성 엄마였다. 미자 여사가 나에게 하도 학습지를 시켜서 나는 내 자식에게 절대 안 시킬 거라고 단언했었다. 엄마가 된 나는 웬걸, 그 쪼그마한 아이에게 학습지며 책이며 얼마나 들이밀었는지 모른다. 지금 생각하면 정말 미안하다. 오래 하지는 않았다. 학습지는 2개월 정도 하고 이게 뭐하는 짓인가 싶어서 그만두었다. 그러나 책 욕심은 끝이 없는 나인지라 지금도 여전히 마구마구 사고 있다.

사회생활하면서 만나는 엄마들과의 대화에서도 역시나 빠지지 않는 주제가 아이들 학습이다. 솔직히 나는 안 해본 학습지가 없기 때문에 이제 그런 것에 관심이 없다. 다른 아이들은 모르겠으나 우리 아이들에게는 정말 도움이 안 될뿐더러 스트레스만 키워줬다. 뭐, 덕분에 생긴 탭은 아이들 게임용으로 잘 쓰고 있다.

나는 항상 책이 가득했던 집에서 자랐다. 초등학교 때는 거실 한 면 전체가 책장이었고, 중고등학생 때는 거실 전체가 서재처럼 되어 있었다. 지금 내가 책을 즐겨 보는 것이 아마 그 때문인 것 같다고 친정엄마와 이야기한 적이 있다. 지금도 친정집에는 눈 돌리면 책들이 보인다. 우리 집도 거실에 아이들 책이 한 가득 있다. 지나치다고 하는 분들도 있는데 나는 그렇게 생각하지 않기 때문에 아이들이 원한다면 더 사줄 의향도 있다. 학습지 할 돈으로 책을 사주는 게 우리 아이들에게는 더 좋은 효과를 주었기 때문이다.

예전에 알던 사람의 이야기를 해야겠다. 지금은 아예 연락조차 안 하고 있기에 과거형으로 소개해야 할 것 같다. 전집을 판매하는 사람으로 2주 정도 친하게 지냈다. 그 사람 딸은 우리 아이들보다 2살 정도 많았던 것으로 기억한다. 아이들 나이 차이가 별로 나지 않아 자주 만났다. 그때는 우리 아이들이 책에 별로 흥미가 없었던 때라 전집이라고 해봤자 2질 정도? 있었다.

하루는 집으로 초대해서 아이들을 데리고 놀러 갔다. 내가 어릴 때 항상 보던 모습들이 그 집에 있었다. 잠깐 친정엄마 생각을 했다. 앉아서 차 한 잔하며 이런저런 이야기를 하다 역시 아이들 이야기로 자연스럽게 넘어갔다. 6살 정도 되는 그분의 딸아이 이야기였는데 그 아이는 벌써 한글을 다 읽고 쓸 줄도 안단다. 게다가 한자도 잘하고 위인들도 줄줄 외웠단다. 나에게는 신세계였다. 그 아이는 정말 똑똑했나 보다. 그분의 학습지와 전집 찬양이 그때부터 시작되었던 것 같다. 다행인 것은 나는 해볼 만한 학습지는 이미 다 해봐서 귀에 들어오지 않았다. '아이가 다른 아이와 다르게 조금은 똑똑한 아이일 수도 있겠다'라고만 생각했다. 엄마 마음에 주변에 친구를 잘 둬야 된다는 생각이 있어 열심히 만났다. 그 집에 자주 놀러 갔다. 그 이후의 관계는 딱 2주였다. 아이는 자신이 똑똑하다는 것을 너무 잘 알았던 것 같다. 주변에 대한 배려는 찾아볼 수 없었다. 자신이 아는 부분을 모르는 우리 아이들을 얼마나 무시하던지 그 모습을 보면서 속으로 씩씩거렸던 것은 잊을 수 없다.

또한 어른들에게 무례함의 끝을 보여주는 아이였다. 두뇌교육은 최고였으나 인성교육은 최하 그 이하였다. 자신이 불리한 부분은 끝까지 잡아떼거나 눈 하나 깜짝하지 않고 거짓말하고 동생에게 덮어씌웠다. 결국 동생이 혼쭐이 났다. 나는 모든 상황을 지켜보고만 있었다. 그분에게 상황 설명을 해주었지만 대수롭지 않게 생각하는 것 같았다. 바로 그 부분에서 나와의 관계가 틀어져 버렸다.

간혹 이 이야기를 하면 우리 아이들이 못하는 부분에 대해서 질투한 것 아니냐는 질문을 받는다. 나와 정말 친한 언니가 함께 다니지 않았다면 오해를 살 뻔했다. 내 아이들은 그때 어리기도 했지만 지금도 한자나 위인을 알지 못한다. 하지만 바르게 커가고 있다고 자부한다. 그 관계를 함께했던 언니와 나는 한 번씩 그때 우리의 선택이 현명했었다며 웃으며 이야기한다.

주변에 '어머! 우리 애는~'이라고 운을 떼는 사람이 꼭 있다. 내 자식이 우선시돼야 하고 뭐든지 1등이어야 하는 엄마들이 있다. 전부 그런 것은 아니지만 그런 엄마들 옆에는 가지 않는 게 좋다. 만약 우리 아이가 그보다 잘하는 게 있다면 그때부터는 그 엄마와 적이 되어야 한다. 우리 아이가 그 아이보다 못하는 게 생기면 그때부터는 자기만의 노하우라면서 이것저것 얼마나 가르치려 드는지 모른다. 나와는 지독히도 맞지 않는 궁합의 엄마들이다. 물론! 가끔 도움이 되는 엄마들도 있다.

워킹 맘은 주변의 엄마들을 잘 사귀는 게 무엇보다 힘들다. 엄마들과 공유할 시간이 없기 때문에 더더욱 힘들다. 이럴 때는 워킹 맘만의 촉을 발산해 보자. 사회생활하면서 많은 사람을 만난다. 동료뿐만 아니라 고객들까지 하루 온종일 만나는 게 사람이다. 일을 하다가 이 사람 저 사람과 이야기하다 보면 대충 그 사람이 어떤 사람인지 감이 온다. 내 주관이 오롯이 반영될 때도 있고 주변 사람들에게 대충 이야기를 들어 참고하면서 판단한다. 그러다 보면 나에게 도움이 될 만한 사람인지 아닌지 어느 정도 파악할 수 있다.

사회생활하면서 처음에 사람 가려내는 게 어찌나 힘들었는지 몇 번 된통당한 적도 있기에 지금의 보는 눈이 생긴 것이라고 믿는다. 지금도 나와 맞는 사람 찾기는 정말 힘들지만 어느 정도는 추려낼 수 있다. 그렇게 같이 가는 워킹 맘 인맥을 꾸리고 있다. 맘이 맞는 애 엄마다 싶으면 주변의 비슷한 생각을 가진 엄마와 함께 만난다. 그렇게 차츰차츰 나와 스타일이 맞는 사람들을 찾아나간다. 처음에는 엄청난 무리였던 모임이 결국 한두 사람밖에 안 남는다. 나와 마음만 맞다면 남은 사람들과 함께 육아정보를 공유해도 모자라지 않다.

지금은 자주 만나는 사람들이 정해져 있다. 전처럼 이 사람 저 사람 만나러 바쁘게 다니지 않는다. 우리 아이들 또래의 엄마들로 다 워킹 맘이다. 그러다 보니 마음도 잘 맞고 시간 맞추기도 편하다. 그냥 울적한 날이면 아이들 전부 데리고 만나서 논다. 신나는 날에는 신나서 만난다. 결국 기승전 아이들 이야기로 끝을 맺지만 이 만남이 너무 좋다.

"뱁새가 황새 쫓아가다 가랑이 찢어진다"는 속담이 있다. 굳이 쫓아가지 않아도 된다. 왜 내 가랑이를 찢어가면서 쫓아가나? 나와 맞지 않는 사람을 만나면서 원하지도 않는 방향으로 쫓아가려 애써봤자 근처도 못 가 지친다. 아이들을 키우면서 엄마들과의 관계도 아주 중요하다고 생각한다. 아이들은 부모의 영향을 많이 받는다. 부모부터 주변인들을 바른 사람들로 구성해야만 아이들이 나중에 친구 한 명을 사귀더라도 제대로 된 친구를 사귈 수 있다. 허세에 찌들어 있는 엄마를 보고 자란 아이가 과연 겸손을 배울 수 있을까? 항상 주눅 들어 있는 엄마의 모습을 보고 자란 아이가 과연 자존감 있는 아이로 자랄 수 있을까? 친구를 잘 사귀어야 한다고 말하기 전에 엄마부터 주변 엄마를 잘 사귀어야 한다.

나는 지금 우리 아이들 어린이집의 엄마들을 단 한 명도 모른다. 어쩔 수 없이 모른다. 하지만 주변에 워킹 맘들이 많아서 각지의 어린이집 엄마들을 아는 셈이다. 오히려 더 도움이 된다. 그 어린이집에서는 그렇게 생활하는구나, 거기는 그런 식으로 놀이 수업을 하는구나, 주말에는 이렇게 저렇게 보내는구나 등등 이야깃거리가 무궁무진하다.

워킹 맘이라면 주변에 워킹 맘이 많을 수밖에 없다. 워킹 맘들끼리의 만남은 더 재밌다. 나와 맞는 워킹 맘과 일하면서 육아하는 방법을 공유하다 보면 시간 가는 줄 모른다. 누구보다 서로가 서로를 잘 알기에 한 가지 고민이 생기면 내 일인 양 같이 고민해 주고 해결점을 찾으려 노력해 준다. 스트레스받으면 함께 욕해 주는 동료도 있는 셈이다. 좋은 사람을 만남으로 서로에게 더욱 큰 시너지 효과를 줄 수 있다.

아이들에게 엄마와 함께하는 엄마의 친구 모습을 보여주면 아이들도 자연스레 배운다. 나와 생각이 맞는 엄마를 만난다면 우리 아이들에게는 더할 나위 없는 좋은 본보기가 된다. 확고한 소신과 주관으로 좋은 인연을 만들면 분명 행복해진다. 단, 편 나누기 식의 모습은 조심하자. 아이들은 부모의 사소한 행동들을 알게 모르게 지켜보고 있다.

묵묵히 MY WAY

아기가 걸음마를 시작하면 부모들은 환호한다. 드디어 아이가 걷는다며 여기저기 자랑하기 바쁘다. 아기가 걸음마를 하기 위해 넘어지고 다치는 모습을 안타까워하며 바라봤던 것들은 그 순간 잊힌다. 말문이 트일 때 몇 번이고 같은 단어를 아이에게 반복한다. 엄마 아빠라는 말 한마디 듣기 위한 시간들이 참 길고 답답하다. 하지만 언제 그랬냐는 듯이 "엄마 아빠"라고 말문을 트는 순간은 더할 나위 없는 보상이 된다.

우리는 살면서 엄청난 실패와 좌절이라는 대가를 지불하고 성공과 기쁨을 얻는다. 워킹 맘은 내 자리를 지키기 위해 치열하게 산다. 엄마와 직장인의 자리를 지키기 위해 수없이 눈물을 흘린다. 분명 크나큰 행복이 기다리고 있으리라 믿고 지금의 자리를 묵묵히 지킨다.

나의 어린 시절 이야기다. 초등학교 방학 때 친구들과 롯데월드에 가기로 했다. 집안 형편에 굉장히 부담스러운 금액이었을 것이다. 몇 날 며칠 엄마 귀가 닳도록 졸라댔다. 참 철도 없었지. 그런데 엄마 친구 딸이 때마침 롯데월드 화장실에서 돈을 빼앗겼단다. 겁주기 위한 소리인 줄 알았는데 며칠 뒤 당사자에게 직접 들었다. 당시엔 겁도 없었는지 그런 소리를 듣고도 보내달라고 징징거렸다. 롯데월드를 가기로 한 날이 되었다.

이미 나는 포기 상태였다. 전날 학습지를 안 하고 친구들이랑 정신없이 놀아서 눈이 팅팅 붓도록 호되게 혼났다. 더 혼날까 봐 조용히 방에 있었다. 거실에서 엄마가 부르는 소리가 들렸지만 들은 척할 수 없었다. 엄마가 몇 번 더 고함을 지른 후에야 슬며시 나갔다. 엄마는 조용히 3만 원을 쥐어주면서 엄마 친구 딸 이야기를 다시 한 번 정확히 해줬다. 화장실에는 친구랑 꼭 함께 가야 한다며 몇 번이나 일러주고 재밌게 놀다 오라고 했다. 5시까지 무조건 들어올 것을 약속하고 나서야 출발할 수 있었다.

친구들과 처음 먼 길을 나서는데 퉁퉁 부운 눈을 하고서도 신이 났다. 우리 집에서 롯데월드까지는 버스로 1시간 30분 정도 되는 거리였다. 아무렴 어때, 친구들이랑 조잘조잘거리면서 마냥 신나게 놀았다. 정해진 시간 5시까지 신나게 놀고 집에 오니 엄마가 맛있는 밥을 해놓고 잘 놀았냐며 이것저것 물어보기 시작했다. 쉴 틈 없이 조잘대는 내 모습을 가만히 바라보며 엄마는 하나도 빼놓지 않고 내 이야기를 묵묵히 들어줬다.

당시 우리 집에는 무전기 같은 아버지 핸드폰과 집 전화뿐이었다. 친구들 집 전화번호를 달달달 외우고 다니던 시절이었다. 지금 생각해 보면 미자 여사는 기다림의 고수가 아닐까 싶다. 그때는 다 그랬어라고 하지만 연락 한 통 할 수 없는 상황에 나를 떡 하니 보내놓고 얼마나 걱정했을까. 친구 딸이 돈까지 뺏겼다는데 보냈으니 얼마나 불안했을까 싶다. 나는 미래의 애들 걱정에 벌써부터 핸드폰 사줄 궁리를 하고 있다. 알림장이 제때 안 올라오면 엄청 신경 쓰인다. 우리 아이들이 나중에 그 먼 길을 친구들끼리 놀러 가겠노라 하면 보낼 수 있을까? 미자 여사도 나와 같은 마음이지 않았을까. 그럼에도 불구하고 묵묵히 기다려주었구나. 내 맘 같지 않을 때 묵묵히 기다린다는 건 얼마나 힘든 일일까.

행복이가 서점에 가야 한다고 한다. 뜬금없이 무슨 서점이냐고 하니 책을 스스로 읽는 친구들이 많아졌기 때문에 공부해야 한다는 것이다. 전에 요구했던 것보다 심각한 표정으로 말하기에 신경이 쓰였다. 지기 싫어하는 성격은 나를 닮았나 보다. 솔직히 그 말을 듣는데 내심 불안했다. 내가 정해 놓은 기준이 흔들리려고 했다.

엄마들마다 다르겠지만 나는 아이들이 초등학교 들어가기 전에는 실컷 놀게 내버려두고 싶다. 초등학교 들어가면 다 알아서 한다는 선배엄마들의 말을 전적으로 지지한다. 학습지에 쏟아부은 돈만 몇천만 원 정도 되기에 더 확신한다. 할 때 되면 다 한다는 친정엄마의 말을 듣지 않고 돈을 퍼부었다. 그 돈을 모았으면 집 한 채는 샀을 수도 있다. 학습지를 하면서 엄청난 성과를 보는 친구들이 있겠지만 워킹 맘인 나는 아이들과 함께하는 데 한계가 있어 과감히 포기했다. 눈물의 위약금을 물고 나서야 정신을 차렸다. 두 번 다시는 그런 멍청한 짓은 하지 않으리.

어쨌든 아이들과 마트에 있는 작은 서점에 갔다. 행복이는 한글 쓰기를 고르고 축복이는 언니 따라 가장 쉬운 글자 스티커북을 골랐다. 마음 속 어딘가에서 불안감이 스멀스멀 피어오르는 것을 애써 눌렀다. 자신이 정말 하고 싶고 궁금해할 때 시키기로 했던 마음이 자꾸 흔들렸다. 글자 쓰기 책을 보니 불쏘시개를 집어넣은 아궁이처럼 불타오르기 시작했다. 놀이 식으로 열심히 선 긋기 하는 행복이 옆에서 이건 기역이고 이건 니은이고 가르치려는 나를 붙잡아야 했다. 아직은 굳이 글자를 완벽하게 알아야 할 필요가 없는 나이라고 백 번은 외쳤다. 5살은 글자를 알기보다 놀아야 한다는 신념을 지키기 위해 스스로에게 몇 번이고 기다리라 외쳤다. 할 때 되면 하겠지. 궁금해하면 그것만 알려주면 돼.

5살 행복이는 알아서 한글로 이름 정도 쓸 줄 아는 아이가 되었다. 궁금한 부분을 물어봐서 한 번 정도 가르쳐주면 고민하다가 자기 것으로 만든다. 아이들이 혹여 뒤처질까 전전긍긍했다면 이런 결과는 없을 것이라 장담한다. 지금은 스스로 배우려고 한다. 혼자 해낼 때의 재미를 알아가고 있다. 스스로 배우는 재미에 흠뻑 취해 있다. 덕분에 축복이는 언니에게 질 수 없다는 질투의 화신이 되었다. 4살인데 숫자 정도는 스스로 쓴다. 언니 어깨너머로 배운 축복이는 엄청난 속도로 배워가고 있다. 가장 좋은 언니라는 스승을 이기기 위해. 스스로 할 수 있도록 묵묵히 기다려주는 것도 엄마의 몫 아닐까?

다시 내가 어릴 때로 돌아가보면, 미자 여사는 불안함을 무릅쓰고 나를 무조건 믿어주었다. 그 믿음이 지금의 나로 성장할 수 있게 만들어준 밑거름이다. 그때 엄마가 나를 믿어주었다는 느낌을 집으로 돌아와서 가슴이 뻐근하도록 제대로 만끽했다. 믿음이라는 녀석이 나에게 준 멘탈 영양분은 실로 대단했다. 덕분에 한 번 더 자신감과 자존감을 성취할 수 있었다. 뿐만 아니라 약속에 대한 깊은 깨달음도 생겼다.

시간을 지킨 것에 대한 더 큰 보상이 함께 돌아왔다. 동네에서 놀다가 "들어와라!" 고함지를 수 없는 상황에서의 약속이기에 더 의미 있었다. 엄마는 몇 시까지 들어올 수 있겠냐고 먼저 물어봐주었다. 주저하다가

6시 정도면 올 수 있을 거라 했다. 서로에게 불편한 감정이 생기지 않도록 본인이 생각한 4시와 내가 생각한 6시 사이인 5시로 타협을 했다. 내 입장도 생각해 주었으니 약속한 시간은 꼭 지켜야 한다는 책임을 나에게 부여해 주었다.

약속을 지킨 그다음 해에 친구와 함께 워터파크에 가는 티켓을 얻을 수 있었다. 지금 생각해 보면 미자 여사는 당근과 채찍을 참 멋지게 사용한 엄마였다. 현명하게 나와 타협했다. 딸을 믿는다는 마음으로 혹여 잘못될까 아예 차단하기보다 스스로 선택한 것에 책임질 수 있도록 방향을 제시해 주었다. 스스로 해결할 수 있게끔 그리고 약속한 것을 가볍게 여기지 않는 사람이 되기까지 묵묵히 기다려주었다. 미자 여사의 교육은 공부보다 인성이 똑바른 사람 만들기였다. 나도 지금 우리 아이들을 그런 방향으로 이끌고 있다.

누구나 초보 엄마 시절을 지나기 마련이다. 특히 워킹 맘은 아이들과 함께할 시간이 별로 없기에 더욱 서툴다. 사소한 것에도 신경이 쓰인다. 선배 엄마들이나 주변 지인들에게 이런저런 소리를 듣다 보면 나만 아이에게 신경을 써주지 못하는 것은 아닌가 걱정이 된다. 덕분에 심란한 마음은 덤으로 가져야 한다. 일에 집중해도 욕먹을 판에 그런 것에 휩싸여서 내 일을 제대로 못 해낼 때도 있다. 괜찮다. 우리는 느리지도 빠르지도 않다. 여느 엄마와 같이 아이들을 키우고 있다. 다만 아이들을 키우는 환경이 다를 뿐이다. 애쓰면 애쓸수록 나와 아이만 힘들어진다.

내 아이는 우리만의 환경에서 누구보다 잘하고 있다. 굳이 나서서 아이를 제지하지 않았으면 좋겠다. 나 또한 워킹 맘의 아이는 뒤처진다는 이야기가 듣기 싫어 얼마나 아이들을 괴롭혔는지 모른다. 지금 생각하면 아이들에게 너무 미안하다. 조금 뒤처지면 어때. 그 대신 우리 아이들의 다른 부분을 무럭무럭 자라게 해주면 된다. 나만의 방식과 나만의 길이 있었기에 지금의 내가 있다. 우리 아이들에게는 우리 아이들에게 맞는 길을 인도해 주는 게 워킹 맘의 몫이다.

일하는 엄마를 잘 참고 기다려주는 인내할 줄 아는 아이로, 엄마가 일하는 동안 내려준 미션(숙제, 학원 가기, 병원 가기, 밥 차려 먹기 등)을 잘 해내서 약속을 멋지게 지키는 아이로, 스스로 할 줄 아는 아이로, 엄마가 없는 사이 무슨 일이 생기면 도움을 청할 수 있는 당당한 아이로, 똑똑한 아이로, 일하는 엄마를 기쁘게 해줄 수 있는 명랑한 아이로….

그렇다고 넋 놓고 바라보고만 있어서는 안 된다. 아이들은 아직 스스로 길을 찾아낼 수 없기에 엄마의 역할이 정말 중요하다. 적절한 시기에 아이에게 필요한 부분을 충족시켜 주어야 한다. '적절한 시기'에 대해서는 이 엄마 저 엄마 너무나도 말들이 다르다. 잘 연구해 보고 우리 아이에게 맞는 시기를 잘 찾아내야 한나.

여러 매체들과 여러 방식들을 참고하는 것은 좋다. 하지만 내가 정해 놓은 틀을 무시하면 안 된다. 나의 주관이 흔들린 채 아이들을 양육하면 아이들 또한 갈피를 못 잡는다. 워킹 맘이라면 아이가 잘 자랄 수 있도록 쉬지 않고 생각해야 한다. 엄마가 옆에 있어 줄 수 있는 시간은 한정되어 있다. 나만이 가질 수 있는 육아 스타일을 찾아야 한다. 우리 아이는 어떤 스타일인지도 잘 파악해야 한다. 나만의 길로 아이를 잘 양육할 수 있는 방법은 나만이 알 수 있다. 주변의 말들은 그저 참고할 사항일 뿐이다.

그렇다고 너무 무시하고 내 주관만 내세우진 말자. 역사만 봐도 어느 나라든지 그런 생각으로 나라를 통치했던 이들은 후대에 좋은 평판을 받지 못했다. 좋은 부분은 참고하고 나쁜 부분은 과감히 뺄 줄도 알아 우리 아이들에게 맞게끔 내 것으로 만들자. 그렇게 묵묵히 나만의 WAY를 만들자. 그렇게 만든 워킹 맘의 길은 탄탄대로임이 틀림없다.

이기적이지 않아요. 절대

워킹 맘이 가장 힘든 부분 중 하나를 뽑으라면 난연 '회식', '세미나'가 아닐까 한다. 회식에 참석해도 마음 놓고 즐길 수 없다. 세미나에서도 마음 놓고 교육에 집중할 수 없다. 마음은 이미 집에 가 있는데 어떻게 즐기며 집중할 수 있겠는가. 나도 굉장히 혼란스럽고 짜증났을 때가 있다.

세미나는 기본 3~4시간 정도 걸린다. 가는 시간 오는 시간까지하면 총 5시간 정도 소요된다. 모든 직업이 그런 것은 아니겠지만 이 분야는 7시 이후에 시작하는 세미나가 많다. 세미나가 끝나면 10시 11시는 기본이다. 부랴부랴 집에 오면 12시가 이미 넘어 아이들은 곤히 잠들어 있다.

강사가 뭐라고 떠들었는지 기억도 안 날 때가 있다. 그런 경우가 한 번 두 번 늘어나니 굳이 비싼 돈 들여가며 세미나에 참석하는 의미가 없었다. 알아두면 일하는 데 도움이 되기에 신청했는데 안 듣는 것보다 못했다. 집중해서 들어도 시원찮을 판국에 머릿속에는 아이들이 저녁을 먹었는지 씻었는지만 떠올랐다. 뒤풀이 장소에서도 마음이 편치 않아 도중에 나오는 경우가 많았다. 다음 날 자료와 받아 적은 노트를 보면서 다시 공부하려고 해도 처음 보는 것처럼 알 수 없는 외계어 같은 느낌이었다. 이러려고 피땀 흘려 번 돈 들여서 참석을 했나 싶다. 속은 부글부글 끓어오르고 자괴감에 빠졌다.

다음에는 꼭 집중해야지 해놓고 다음번도 그 다음번도 여지없이 똑같았다. 이러다간 돈만 날리겠다 싶었다. 결국 6개월 정도 어떠한 교육도 참석하지 않았다. 시간이 지날수록 나만 모르는 것 같은 느낌이 들었다.

어떠한 직장이든 서로 경쟁구도로 엮여 있다. 선의의 경쟁을 하려고 해도 아는 게 있어야 덤빌 수 있는데 점점 뒤처지는 느낌이었다. 명함만 실장이었다. 점점 불안해지기 시작했다. 그때부터 일과 육아에 대한 명확한 선을 그었던 것 같다. 일할 때는 내 위치에 맞게끔 나를 훈련시키는 연습을 했다. 자꾸만 생각나는 아이들 걱정을 뒤로 미루기란 여간 힘든 게 아니었다. 아이들 생각이 떠오르면 뭐 하나라도 할 게 없을까 여기저기 들쑤시고 다녔다. 이때도 걱정이 비집고 올라오면 책에 빠져들었다.

오랜만에 세미나를 가기로 했다. 정말 즐겁게 참석했고 뒤풀이도 신나게 하고 집에 들어갔다. 아이들은 목욕도 완벽하게 했고 꿀잠을 자고 있었다. 내가 없는 빈자리를 멋지게 채워줄 사람이 집에 있음에도 불구하고 뭐가 그리 불안했을까? 그때 나는 고액의 수업료를 내고 워킹 맘 인생을 배웠다. 지금까지 길에 버린 세미나 비용만 해도 몇십 아니 몇백만 원은 될 텐데 아깝지 않다. 덕분에 지금 나는 나를 위한 투자를 더욱 더 잘해 내고 있으니까.

이런 나를 보고 어떤 이들은 엄마가 너무 이기적인 것 아니냐고 한 소리 한다. 아이들을 집에 두고 세미나를 다닐 만큼 아이들이 그보다 못하냐며 질책을 한다. 회식을 1차 2차 3차까지 다니는 나를 보고 혀를 끌끌 차는 사람도 있다. 애 엄마 답지 않다나 뭐라나. 또 어떤 이들은 그런 나를 부러워한다. 부러움인지 질투심인지는 모르겠지만 그 시간에 아이들 보는 게 맞지 않냐며 훈계를 늘어놓는다. 그럴 때면 속 편하게 '그래, 당신들 생각도 맞아요. 하지만 나는 내 생각이 더 옳다고 생각합니다'라고 속으로 외친다.

세미나에 온전히 집중한 나는 조금 더 프로페셔널한 사람이 되어서 손님들을 기쁘게 해줄 수 있다. 나만을 위한 투자라고 생각하지 않는다. 나를 위해 일하고 가정을 위해 일하는 나는 가정에도 투자하고 있는 것이다. 조금 더 나를 발전시켜서 1년 2년 탄탄하게 나만의 워킹 맘 길을 만들고 있다.

이기적인 사람으로 보일 수 있다. 하지만 분명 내가 선택한 길은 옳은 길이었음을 믿어 의심치 않는다. 육아와 일 두 가지 모두 잡을 수 없다는 것은 거짓말이다. 둘 다 충분히 잡을 수 있다. 다만, 조금 고되고 상처를 많이 받아야 함은 분명하다. 머리도 얼마나 영리하게 굴려야 하는지 모른다. 내 행복만을 위해서 그렇게 산다는 것은 거짓말이다. 나와 아이들을 위해서 그래야만 함이 분명하다. 이것도 저것도 아닐 바에는 차라리 하지 않는 게 낫다. 워킹 맘의 길을 가기로 마음먹은 이상 이도 저도 아닌 것처럼 보이지 말자. 보란 듯이 잘해 내야 한다. 남들이 보기에는 이기적인 사람이다. 하지만 나만의 행복을 위한 것이 아닌 가족 모두의 행복을 위한 자기계발에 대한 투자다. 절대 게을리 해서는 안 된다.

도자기에 비유하자면 장인이 원하는 습도의 흙이 되기 위해서 맞기도 할 테고 말려지기도 할 테고 원치 않게 물도 많이 먹어야 한다. 그렇게 물을 먹어가며 모양이 완성되면 다음에는 적당히 마르는 시간까지 기다린다. 그러고는 장인이 원하는 모양으로 여기저기 깎여 나가고 파이기도 한다. 이것으로 끝이면 다행이게. 이번에는 1,000도가 넘는 가마 안에서 반나절을 참아야 한다. 바로 바람을 맞으면 깨지거나 금이 갈 수 있다는 이유로 그 뜨거운 곳에서 어느 정도 식을 때까지 묵묵히 기다린다. 장인이 다가와 도자기들을 보고 상품 가치가 있는 것과 아닌 것을 분류한다. 어떤 것들은 고민 없이 깨뜨린다. 기초부터 탄탄하게 쌓이지 않았기에 끝자락에 부족한 부분이 결국은 티가 난다. 탄탄하게 잘 만져지고 견뎌온 것들은 한껏 치장하고 광을 낸 채 주인들을 만나겠지. 물론 그중에도 급이 나뉘어 있다. 급이 나뉘는 것 또한 얼마나 열과 성을 다했느냐, 좋은 재료를 사용했느냐에 따라 다르겠지.

워킹 맘으로 살면서 좀 더 인정받고 내 자리를 지키는 것에 열과 성을 다하는 것은 당연하다. 나를 계발하기 위해서라면 과하지 않는 선에서 세미나와 회식, 취미활동 등에 적극적으로 임해야 한다. 욕 좀 먹으면 어때. 부글부글 끓어오르면 나는 가장 비싼 값에 팔릴 도자기가 되기 위해 구워지는 중이구나 하면서 웃어넘기면 된다. 내가 열심히 이것저것 할 때 아이들이 불쌍하다며 쏘아댔던 사람들에게 미안하지만 분명 나는 당신들보다 멋진 인생을 살고 있노라 이야기할 수 있다.

이기적이지 않다. 절대. 아이들 핑계, 집안 핑계를 대면서 자신을 무능한 워킹 맘으로 깎아내리는 사람들이 이기적이다. 하기 싫어서 자꾸 핑계를 만든다. 자신은 시도조차 하지 않으면서 혹여 뒤처질까 걱정으로 이런 말 저런 말을 하면서 잘하고 있는 나를 방해할 뿐이다.

정말 아이들 때문에? 정말 가족 때문에? 누구 때문에? 여건이 안 돼서? 환경이 안 돼서? 시간이 없어서? 돈이 없어서? 눈치 보여서? 어머니 때문에? 아버님 때문에? 엄마 때문에? 어린이집 때문에? 유치원 때문에? 일이 힘들어서…?

결국은 나 때문에 못하는 것이고 결국은 나 때문에 성장하지 못한다. 이런저런 핑계를 대면 마음이 좀 편한가? 절대 그렇지 않다. 안 되는 시간 쪼개가면서 해내는 워킹 맘이 수두룩하다. 여기저기 보이는 눈치를 감당하면서 해내는 워킹 맘이 수두룩하다.

요즘은 삐뚤삐뚤한 그릇이나 도자기도 인기가 많다. 일부러 그렇게 만들기도 한다. 오히려 그런 것들 중에서 고가로 매겨지는 것들이 많다. 완벽하지는 않아도 상품 가치가 있는 정도는 되어야 하지 않을까? 상품 가치조차 없어 깨뜨림당하기에는 지금까지 쌓아온 것들이 너무 아깝다. 충분히 잘해 낼 수 있음에도 불구하고 핑계를 대면서 나 자신을 깨뜨리고 있지 않은지 돌아봐야 한다. 핑계를 대고 있는 자세 자체가 이기적인 모습이다.

아이들에게 소홀한 엄마로 보일 수 있고 나밖에 모르는 사람으로 비칠 수도 있다. 이기심 가득한 사람으로 보일 수도 있다. 그러나 훗날 그렇게 날 바라보던 워킹 맘들과 이 악물고 싸워낸 나를 바라보면 아주 크나큰 차이가 있으리라 믿는다. 눈치 보는 만큼 더 열심히 하면 된다. 욕먹는 만큼 이 악물면 된다. '하면 된다'라는 말이 괜히 있겠나. 도중에 깨지기보다는 단단하게 단련시켜서 내 인생을 상품 가치 높은 인생으로 만들어낸다면 삶의 질이 훨씬 높아질 것이다. 한층 더 질 높은 워킹 맘이길 위해 세미나, 자기계발, 회식 등 참석할 필요가 있는 곳이라면 빼먹지 말고 참석해야 한다.

참석 못 해도 욕먹는다. 워킹 맘이라 애들 보러 가야 된대요~라면서 비꼬는 사람들 분명히 있다. 그런 소리를 듣느니 이기적인 워킹 맘이라는 소리가 더 낫다. 그 시간에 애 하나 봐주는 사람 없어서 못 하는 사람으로 보이면 분명 워킹 맘뿐만 아닌 가족들 또는 아이를 돌봐주고 있는 사람들까지 싸잡아 욕먹는다. 그럴 바에야 이기적인 나 혼자 욕먹는 게 낫다.

결론적으로 워킹 맘은 이기적이지 않다. 절대. 우리는 몇십 년을 살아온 어른이기에 참석해야 될 곳과 아닌 곳 정도는 구분할 수 있으므로 이것에 대해서는 말을 아끼겠다. 나에게 정말 필요한 곳이라면 사랑하는 가족에게 양해를 구하고 가야 한다. 그리고 그 시간 동안 아이를 돌봐준 사람에게는 항상 감사함을 잊지 말자. 더할 나위 없이 행복한 워킹 맘이 될 수 있다. 나는 이기적이지 않다. 절대.

06

워킹 맘 하우스에 들어오세요

풍족하고 싶다

'돈'이 살아가는 데 있어서 얼마나 중요한지 모르고 버는 족족 써댔던 때가 있다. 게다가 아주 고약한 사람에게 내 명의로 대출을 해줘 꽤나 애를 먹었다. 임신한 배를 부여잡고 쾅쾅 두들기는 채권자를 견뎌내야 했다. 덩치가 산만 한 아저씨 두 분이 내 명의 카드가 아님에도 불구하고 연체되었다며 방문 추심도 했다. 뱃속의 아이를 이 상황에서 지킨다는 것은 너무 가혹하기에 죽을까 생각도 여러 번 했다. 철없이 놀아난 내 탓이 내 아이의 미래를 불투명하게 만들 것만 같아 무서웠다. 나에게 이런 상황을 만들어놓고 자기 명의가 아니라는 이유로 방관하던 그 사람이 너무 미웠다. 하루가 멀다 하고 찾아와 대는 덩치 큰 아저씨들 때문에 지쳐버렸다. 나름 비자금이라며 모아둔 돈으로 해결하려 해도 밑 빠진 독에 물 붓기였다. 빈털터리를 넘어섰다. 하소연할 사람도 없었다.

친정엄마에게 어렵게 털어놓았을 때 엄마의 눈빛을 아직도 잊을 수 없다. 가만히 서 있기를 1시간, 2시간… 그 와중에 뱃속의 아기 때문인지 친정엄마는 지친 목소리로 들어가서 누워 있으라고 했다. 그날 얼마나 울었는지 모른다. 그 이후로 더 큰 일이 터지긴 했지만 한 번 지독한 경험을 해서인지 잘 견뎌냈다. 더 큰 빚이 생기긴 했지만 과감히 그 사람과의 인연을 끝냈다. 내 잘못도 있었지만 혼자만의 잘못이 아님에도 내가 전부 감당해야 했을 때는 너무 비참했다.

돈은 있다가도 없어지는 거라는 말이 정확하게 들어맞았다. 덕분에 지금은 사람 보는 눈이 조금 업그레이드됐다.

돈이 없어 행복이를 너무나 힘들게 키웠다. 독해지기로 마음먹었다. 일을 해야만 했다. 워킹 맘이 되어야만 했다. 일을 찾아서 하는 스타일이긴 하지만 절박해지고 아이에게 해주고 싶은 게 너무 많은데 돈이 없어서 못해 주는 마음은 이루 말할 수 없이 아팠다. 그때의 가난 속에서 나는 한 번 더 성장했다.

아이를 대학교까지 보내려면 비용이 어마어마하게 든다고 한다. 어린이집에 다니는 아이들에게 들어간 비용을 보면 '헉' 소리가 그냥 나오는데 아마 그 소리를 백 번은 외쳐야 아이들이 내 품에서 떠날 것 같다. 혼자 벌어서 한 가족 생활비가 유지된다는 것은 옛날 말이다. 아껴서 쓰면 된다지만 나는 아껴 쓰는 것보다는 일하는 쪽으로 생각했다. 아이들이 꼭 필요로 하는 부분에 있어서 돈이 없어서 못해 주기는 싫었다.

행복이가 태어난 지 5개월쯤 딱 2벌로 돌려막기하면서 한 계절을 보냈던 기억이 머릿속에 강하게 자리하고 있다. 돈이 없어서 아이에게 옷 한 벌 못 사주는 엄마였다. 두 번 다시는 그렇게 되지 않으리라 이 악물고 살고 있다. 나에게 워킹 맘의 길은 꼭 가야만 하는 길이다. 가난해 보니, 없어 보니 '돈'이라는 것이 삶에 얼마나 중요한 것인지 뼈저리게 느꼈다. 행복하기 위해서 돈을 번다거나 돈을 벌어야만 행복하다는 바보 같은 생각은 아니다. 돈은 내 삶에 작은 일부분이지만 어느 정도 중요한 구실을 한다. 돈은 꼭 필요하다. 그러기에 나는 워킹 맘이어야만 한다.

내가 아주 어릴 때 우리 가족도 참 가난했다. 당시 엄마는 빚과 함께 신혼생활을 시작하셨다. 직업군인이었다가 은행원으로 직업을 바꾸고 죽는 날까지 은행원이었던 아버지 집은 실로 개판 오분 전이었다. 파울로 코엘료의 책『마법의 순간』에 '용서는 하되 잊지 마세요'라는 문장이 나온다. 나는 용서했지만 소위 고모라는 사람들이 어떤 식으로 우리 엄마를 모함했는지 평생 잊지 않을 것이다. 엄마는 하나님의 힘으로 아버지가 그런 집안에서 잘 버텨주었기에 지금의 우리가 있다고 귀에 못이 박히도록 이야기한다. 인정한다. 그런 집안에서 알게 모르게 아버지의 인생에 강하게 자리잡아 온 습관들을 모두 떨치고 아내와 자식을 위해 온전히 자신을 바치기란 여간 힘든 일이 아니었을 것이다. 아버지가 어떤 마음으로 무거운 삶을 견디어냈을지, 삶이 얼마나 힘들었을지 나는 아직도 감히 짐작할 수 없다.

당시 은행원 월급이 20만 원 내외였는데 빚도 갚아야 되고 정말 힘들었다고 한다. 엄마는 굶어야 하는 날들도 있었다. 얼마나 지치고 힘들었을까. 그뿐 아니라 바로 아래 동생이 많이 아팠다. 지금은 하늘나라로 가고 없지만. 내가 말을 알아듣고 어느 정도 할 줄 알았을 때 엄마는 도저히 살 수 없어서 동생과 나와 함께 한강 앞에 섰었다고 한다. 어떠한 마음으로 피붙이를 데리고 그 앞에 가서 섰을까. 그 강을 보며 무슨 생각을 했을까.

나는 뼈저리게 느꼈다. 친정엄마가 한때의 추억이라며 강물 흐르듯이 잔잔하게 말하던 그 아픔을. 내가 자꾸 엄마 손을 잡으면서 "추워, 추워"라는 말만 했다고 한다. 엄마는 이게 뭐하는 짓인가 싶어서 정신을 차렸다고, 이제는 덤덤하게 이야기한다. 아마 그날 날씨가 따뜻해서 내가 너무 해맑았다면 나는 이 세상 사람이 아니지 싶다. 친정엄마에게도 아이를 키우며 정말 가난하고 힘들었던 때가 있었기에 지금의 멋진 엄마로 자리하고 있다고 생각한다.

지금 우리네 엄마 세대들은 정말 가난했다. 자식에게 가난을 물려주고 싶지 않은 부모님들이 참 많을 것이다. 70~80년대에 청춘을 바치고 90년대부터 가족을 위해 헌신하는 부모님들이 참 많다. 아직 그 그늘 아래에서 못 벗어나는 아들, 딸들도 참 많다. 당시 우리나라 시대상은 아버지는 나가서 돈을 벌고 어머니는 집에서 아이들을 돌보며 집안일을 하는 모습이 당연시되었다. 덕분에 지금의 우리는 참 많은 것을 누렸다. 집에서 어머니는 언제나 나만을 바라보며 가난을 대물림하지 않으려고 얼마나 열심히 투자를 했을까. 덕분에 좋은 대학, 좋은 직장을 얻게 되었다. 그러다 보니 결혼해서 아이를 낳아도 커리어가 아까워서 일을 하는 워킹 맘이 있다.

또, 예전에 우리 집은 아버지 혼자 벌어도 생활이 됐다. 지금은 맞벌이하지 않으면 가계부가 휘청거릴 판국이라 나가서 일해야 하는 워킹 맘도 있다. 일하는 즐거움을 포기하지 못하고 나가서 일하는 워킹 맘도 있다. 친정엄마 시대와 지금 내가 사는 시대는 정말 다르다. 이유야 어쨌든 지금의 삶보다는 더 풍족하길 바라기에 일하는 것이다. 내 아이들이 풍족하게 살았으면 좋겠다지만 일단 나부터 풍족해야 그 마음을 물려줄 수 있지 않을까?

나는 워킹 맘으로 살면서 풍족하기 위해 필요한 것들이 있다면 절박함과 절실함이라고 말하고 싶다. 가난이라는 절박함에서 절실함을 찾았기 때문이다. 덕분에 더 독하게 살 수 있었고 누구보다 독하게 마음먹고 일했다. 누구에게나 시련이 들이닥치기 마련이다. 그 시련을 그저 너무 힘들었던 시절로만 추억하느냐 아니면, 발판 삼아 더 도약하느냐는 마음먹기에 달렸다. 나는 어떻게든지 풍족한 삶이 필요했기에 가난이라는 구렁텅이에서 이 악물고 버텼다.

중요한 것은 나의 힘든 모습을 타인에게 들키지 않아야 한다는 것이다. 약점이 될 수 있기 때문이다. 집안 때문에 힘든 모습을 들킨다면 당신의 약점은 집안이 될 수 있다. 돈 때문에 힘든 모습을 보인다면 돈이란 것이 약점이 된다. 약점은 나를 자꾸 아래로 추락시켜 자존감과 거리가 먼 사람으로 만든다.

나에게도 힘든 시기가 분명 있었다. 빚에 허덕이기도 했고, 홀로 아이와 씨름도 해야 했다. 아이 봐줄 사람이 없어서 전정긍긍하기도 했다. 주변에 제일 친하다는 사람들조차 내가 그렇게까지 힘들었다는 사실을 단 한순간도 몰랐다. 힘들다는 사실을 모든 이들이 알게 하고 싶지 않았다. 그렇게 되면 무너질 것 같았다. 시간이 흐른 뒤 사실 그때 이런저런 상황이었어…라고 술 한잔에 웃어넘기며 이야기하면 몰라서 미안하다며 눈물을 흘리는 사람들이 있다. 남몰래 그 시간들을 견뎌낸 것에 대한 보상인 것 같아 마음이 따뜻해진다. 그 눈물의 의미를 나는 그렇게 받아들이고 앞으로는 절대 무너지지 않으려 힘낸다.

나는 평소와 똑같이 생활해야만 이겨낼 수 있었다. 나를 짓누르는 모든 상황을 이겨낼 수 있었던 방법은 현실과 반대되는 생각을 하는 것이었다. 힘든 것을 이야기하면 나를 저 밑바닥으로 밀어버리는 것 같았다. 그래서 나는 괜찮은 척했고 결국 괜찮아졌다.

나는 그렇게 버텼다. 이런 것쯤은 아무렇지 않다고 스스로에게 힘을 주는 방법 외에는 없었다. 주변에 믿고 말할 사람이 없었던 것 아니야? 라고 말하는 사람들도 분명 있을 것이다. 하지만 말할 사람이 너무나 많았기에 내가 믿어온 모든 지인에게 내 지지리 궁상 시절을 이야기하며 시간을 낭비할 수 없었다. 한 사람에게 이야기할 시간에 감사기도를 했다. 한 사람에게 이야기할 시간에 자기계발 시간을 가졌다. 이야기할 시간에 나를 위해 살았다. 지금은 힘찬 도약을 위한 단련 과정이라 생각하고 이겨냈다.

굳이, 왜? 내가 지지리 궁상맞은 생활을 타인에게 말해야 하는가? 힘든 과정을 줄줄이 나열하면서 그들에게 도와달라고 동정을 구해야 하는가? 그러고 싶지 않았다. 그런 식으로 대화하다 보면 당연히 긍정 에너지는 찾아볼 수 없다. 그렇게 나를 몰아넣느니 오히려 더 신나게 즐겁게 활동적인 삶을 살아냈다. 억지로라도 웃었고 억지로 행복했다. 풍족한 마음이 생기도록 어찌나 노력했는지 모른다. 나에게 그런 힘든 일이 전혀 없는 척하고 살았더니 내 삶은 어느새 풍족해지려는 시발점에서 있다. 정신 그리고 마음이 풍족하기 시작한 시점과 내 삶의 풍족이 찾아오기 시작한 시점은 같다. 인생이 순탄하게 흘러간다면 그것이 이상하다. 분명 시련이라는 녀석은 찾아온다. 어떻게 이겨내야 할지는 내가 선택할 문제이다.

워킹 맘에게 시련은 한두 번이 아니라 수백 수천 번 찾아온다. 그때마다 좌절하고 낙담한다면 결국 그 자리에 머무르게 된다. 가난하면 좀 어떤가. 마음이 풍족하면 절로 풍족해진다. 힘들면 좀 어떤가. 툴툴 털고 일어날 배짱 하나쯤은 엄마의 내면 깊숙한 곳에 분명 자리하고 있다. 이겨낼 수 있는 힘은 항상 내 안에 있다. 나는 지금 더 풍족해지고 싶다. 끝없이 풍족해지고 싶다. 내가 원하는 그 이상으로 풍족해지고 있다.

애 엄마답게 살지 말자

'애 엄마답게'라는 말을 듣는다면 무슨 생각이 드는가? 나는 우선 반항심이 생긴다. 친정엄마에게 "학생은 학생답게 행동해"라는 말을 하도 많이 들었다. 결국 엄청난 반항기를 겪었다. 그래서 '~답게'라는 말을 좋아하지 않는다. 애 엄마답다는 말은 도대체 어떤 것을 의미할까?

자랑 아닌 자랑을 하자면 일할 때 참 많은 사람들을 만난다. 손님들과 이런저런 이야기하다 보면 자연스럽게 아줌마 고객들, 우리 친정엄마 연세 정도 되는 분들과 더 신나서 이야기를 한다. 나와 공통점이 많아서. 실컷 이야기하다 우리 아이들 이야기나 친정엄마 이야기를 하면 화들짝 놀라는 손님들이 많다. "싱글인 줄 알았어~", "처녀인 줄 알았어", "전혀 애 엄마같이 안 보여" 등등 얼마나 감사한 말씀들을 많이 해 주시는지 모른다. 우리 가게 직원들은 그 소리 듣는 게 일상이다. 물론 듣기 좋으라고 말씀해 주시는 것일 수도 있다. '어이구~자랑질 잘한다' 라고 생각하는 사람들이 분명 있을 테지. 자랑 맞으니까 더 질투해 주었으면 좋겠다.

그런 말을 들으면 나는 "남편이 제가 철이 없어서 이런 거래요", "저도 집에 가서 화장 지우고 머리 질끈 묶으면 똑같죠. 뭐" 등의 대답을 하면서 기분이 좋아져 싱글벙글이다. 물론 나는 주변 엄마들보다 젊다. 나에 대해 그렇게 놀라는 사람들을 보면 알 수 없는 즐거움이 샘솟는다. 광대가 승천하신다. 웃을 수 있는 말을 들으니까 내 자신에게 더 좋은 효과가 나타난다. 긍정의 여왕이 되기까지 얼마 남지 않았다.

엄마이기 전에 한 여자로서 느낄 수 있는 감정에 충실하다 보면 자존감과 자신감 뿜뿜인 사람이 된다. 그러다 보니 워킹 맘으로서 더 당당해질 수 있다. 관리도 잘하면서 즐겁게 일하는 멋진 엄마 모습으로 비춰지니 얼마나 감사한 일인지 모른다. 사람들 인식 속의 애 엄마는 어떤 모습일까? 대화하다 보면 "애 엄마답지 않다", "애 엄마 같지 않다"라는 말을 쉽게 듣는다. 도대체 어떻게 보여야 애 엄마 같다는 소리를 들을 수 있나? 답은 말하지 않아도 아시리라 믿는다. 가장 쉬운 예를 들자면 애 엄마답게 나를 가꾸려면 몸집은 조금 키워줘야 기본이다. 예쁜 치마나 청바지보다 늘어난 목 티 정도는 장착해 줘야 한다. '비비가 뭡니까?'라는 마인드로 '쌩얼'을 무기 삼아 온 동네 휘젓고 다닐 줄 알아야 한다. 나도 쉬는 날은 애 엄마다움을 한껏 발산한다. 최고로 잘할 수 있는 분야다.

사회생활하는 워킹 맘뿐만 아닌 주부엄마들 또한 항상 애 엄마다움을 고집할 필요는 없다. 그렇다고 내가 아줌마인 것을 부정하는 것이 아니다. 내가 속해 있는 곳에 맞게끔 자기 관리 정도는 할 수 있어야 한다. 특히 워킹 맘이라면.

연예인들은 아이를 낳고 2~3주 만에 원래 본인 모습을 대번에 만들어낸다. 그런 모습을 보면서 역시 연예인이니까 또는 직업이 연예인이니까라면서 감탄사를 연발한다. 시간과 금전적인 것들을 엄청나게 투자하면서 자기 관리에 철저한 사람들이다. 감탄사를 들어 마땅한 대가를 치르고 노력이란 것을 수없이 한 결과물이다. 무심코 지나가듯 보았던 티비 프로그램에서 어떤 연예인이 몸매를 가꾸기 위해 투자하는 돈이 2~3천만 원이라고 했다. 어떻게 보면 연봉이라고 볼 수 있는 금액이다. 하루하루 벌어야 먹고살 수 있는 나로서는 꿈도 못 꿀 금액이다.

2~3천이란 돈을 투자함과 동시에 사람 만나는 것을 아예 금지했다고 한다. 워킹 맘으로서는 꿈도 못 꿀 일이다. 상황과 여건이 전혀 안 됨에도 불구하고 허황된 꿈을 꾸며 상상하기 힘든 금액을 몸매 가꾸기에 지불하기엔 지켜야 할 가족들이 있다. 그래서 과감히 그런 것들을 포기하기로 했다. 대신 내가 할 수 있는 선에서 나에 대한 투자와 관리는 철저하게 하기로 했다. 요즘에는 발 패치라는 것에 푹 빠져 있다. 1일 1팩에 도전 중이다. 요즘 온라인 몰에서 마스크 팩 한 장당 1,000원도 안 되는 꼴로 구매할 수 있으니 최고의 관리인 셈이다.

감사하게도 복이 아빠가 화장품 계열에서 일하는 바람에 마스크 팩은 무한정 공짜다. 속으로 '나는 젊다', '나는 항상 예뻐지고 있다'라고 긍정의 힘을 불어 넣어준다. 아이들이 바라는 똑똑한 엄마가 되고 싶어서 월급의 10% 정도는 책과 자신을 위해서 과감히 투자한다. 부자는 아니다. 빚이 있는 평범한 아줌마일 뿐이다. 그래도 나 자신을 위한 투자는 쉬지 않는다.

아무것도 하지도 않으면서 '애 낳고 이렇게 됐어'라며 자책하는 사람들을 볼 때면 참 답답하다. 그것 또한 핑계다. 주변 워킹 맘들을 둘러보길 바란다. 같은 워킹 맘인데 '참 멋지다'고 생각할 만한 사람이 있는 반면 '저 사람은 왜 저럴까?'라는 의구심을 품게 하는 사람이 있다. 워킹 맘 인생을 살면서 적어도 남들한테 '멋지다'는 말을 한 번쯤은 들어야 하지 않을까? 꼭 외모만 따지는 것이 아니다.

자신의 처지를 한탄하면서 우울감을 팍팍 풍기는 워킹 맘들과 함께 있으면 나의 활기찬 에너지들을 그들에게 빼앗기는 것 같다. 그래서 그들과 몇 번 이야기하다가 서서히 자리를 피해 버린다. 사람들이 나를 활기찬 사람으로, 함께 있으면 행복해지는 사람으로 느끼도록 나를 가꾸어야 한다. 워킹 맘이면서 살림하기도 바쁠 텐데 자기 관리까지 잘하는 사람이 몇이나 될까? 물론 완벽하게 잘할 수는 없어도 시도는 해보자. 시도조차 안 하고 징징대는 것만큼 미련한 일은 없다.

'애 엄마 같다' 보다 '애 엄마 같지 않다'는 말을 들을 수 있는 삶을 살려면 어떻게 해야 할까? 고민해야 한다. 거저 되지 않는다. 나는 철없이 웃음 만발하는 긍정의 여왕이 되어야 했다. 아이들이 잠자리에 들면 그제야 나만의 시간을 가질 수 있는데 그 또한 다음 날을 위해 잠자리에 들어야 하기 때문에 아주 짧다. 짧은 시간에 온전히 나를 위해 집중하는 시간을 가져야 했다. 나도 사람인지라 아이들 재우다 내가 먼저 잠들 때도 있다. 그러면 다음 날 더 일찍 일어나 하루를 시작했다. 귀찮음을 물리치고 팩을 붙이고 예뻐져라, 젊어져라를 속으로 몇 번이고 되뇌었다. 시간 나는 족족 책 읽는 시간으로 무조건 채우려고 노력했다. 그러다 보니 조금 더 나를 사랑할 줄 아는 엄마가 되었고 내 일을 사랑할 줄 아는 사람이 되었다.

그렇다고 나를 위해서만 오롯이 생활하기에는 우리가 넘어야 할 산들이 너무 많다. 우선, 아이들에게 집중해야 할 때와 일에 집중해야 할 때 그리고 나에게 집중해야 할 때를 명확히 구분하자. 흐지부지 이도 저도 아닌 채 이거 했다 저거 했다 하면 큰일 난다. 그럴 바에는 안 하는 게 낫다. 나를 위한 시간, 일을 위한 시간, 가정을 위한 시간을 적절히 잘 분배하는 것도 능력이다.

대학시절 말썽쟁이였던 나를 끝까지 붙잡아주었던 교수님 이야기를 한 번 더 할까 한다. 졸업 후 디자이너가 된 나에게 이직해야 될 때가 있었다. 사람들이 이름 한 번 들어봤을 법한 브랜드에서 일하고 있었는데 새로운 무언가를 배워보고 싶었다. 남들이 가지 않으려는 곳에서 일을 해보고 싶었다. 주변 사람들이 다 반대를 하고 말렸다. 마음이 갈대처럼 흔들리기 시작했다. 그곳에서 새로운 것을 배울지 아니면 내 커리어를 지키기 위해 유명 브랜드에 들어가야 할지 엄청난 고민이 있었다. 문득 교수님이 생각나서 학교번호를 찾아 통화가 될 때까지 몇 번이고 전화를 드렸다. 통화가 되어 이런저런 내 상황을 이야기하고 어떻게 해야 할지 조심스럽게 자문을 구했다. 교수님은 단칼에 "그런 기술을 배운다는 것은 네가 또 한 번 발전하는 것이야"라고 답을 주셨다. 나는 시원해진 마음으로 처음부터 배운다는 자세로 1년 정도 그곳에서 일했다. 정말 배울 것들이 많았다. 그때의 선택으로 나만의 노하우가 생겼고 덕분에 나는 한 뼘 더 성장했다.

그곳에서의 1년이 지나고 조금 더 공부하고 싶어서 4년제 대학으로 편입하려 했을 때 또 전화를 드렸다. 교수님은 졸업할 때 4년제에 대해서 말씀해 주시기도 했다. 교수님은 내 생각과 반대로 "지금 기술을 멈추기보다는 집중해서 하다가 정말 부족하다고 느낄 때 가도 늦지 않아"

라고 하셨다. 때마침 친정엄마도 지금은 멈출 때가 아니라고 했기 때문에 결정은 쉬웠다. 그 결정 또한 나에게 굉장히 도움이 됐다. 덕분에 나는 경력자라는 좋은 이력이 생겼다.

아직은 가치관이 확고하지 않던 때라서 이곳저곳 물어보고 시행착오도 많이 겪었다. 하고 싶은 대로 살던 내가 조금 성숙해진 시점이었다. 그때쯤 발전할 때와 일에 집중해야 할 때를 어느 정도 구분할 줄 아는 사람이 된 것 같다. 덕분에 워킹 맘으로 살면서 발전하기 위해 나에게 투자해야 할 시기와 일에 집중해야 할 때를 구분할 수 있게 됐다. 덕분에 아이들에게 집중해야 할 때와 일에 집중해야 할 때를 명확하게 구분하는 힘이 점점 커지고 있다.

혼자서 어떻게 해야 할지 무조건 떠안고 고민하기보다 본보기가 될 만한 워킹 맘에게 자문을 구하는 것도 좋은 방법이다. 어떻게 상황을 헤쳐나가고 어떻게 자신을 발전시키는지 물어보면 백이면 백 도움이 될 이야기를 해줄 것이다. 그리고 내 것으로 만들어서 나를 더 멋진 엄마로 성장시키면 된다.

사람들의 생각과 평가에 신경 쓰지 않아도 된다. 내가 행복하고 내가 만족하면 그만이다. 나만의 기준을 확고하게 가지고 워킹 맘으로서의 내 모습을 판단하면 된다. 다른 사람들과 나를 비교하며 그들이 얼마나 잘났는지 생각할 시간에 나에 대한 투자를 멈추지 않으면 된다. 나와 다르게 행복해 보이는 워킹 맘을 보면서 '나는 왜 이럴까'라며 자책하고 우울할 시간에 행복해지기 위해서 어떠한 노력을 해야 하는지 생각하고 고민하자. 나만의 기준을 가지고 그것에 걸맞게 하나씩 채워나가고 실천해 보자. 마음가짐만으로 하루아침에 짠! 하고 될 것이라고는 절대로 생각하지 말자. 하루아침에 절대 안 된다. 마음가짐이 중요하다고 한다. 하지만 유명한 자기계발서의 저자들은 하나같이 말한다. "실행하라"고.

멋진 워킹 맘이 되기 위해서 시간을 쪼개고 쪼개서 나를 위한 발전의 시간으로 만들자. 무엇을 해야 할지? 어떤 것이 나에게 도움이 될 것인지? 내가 지금 집중해야 할 것은 무엇인지? 끊임없이 자신에게 질문하고 나만의 답을 찾아야 한다. 나보다 멋지게 살고 있는 워킹 맘들을 보면서 나에게 맞을 법한 그들의 행동을 하나씩 따라하는 것도 좋은 방법이다. 그렇다고 따라쟁이가 되라는 것은 아니다. 온전히 내 것으로 만들어야 한다. 꼭 기억하자. 멋진 워킹 맘은 하루아침에 완성되지 않는다. 수없이 좌절할 것이고 장대하게 계획을 세웠다가 실패도 맛봐야 한다. 그렇게 경험이 쌓이고 쌓이다 보면 발전하기 좋은 방향이 떠오르고 해나가다 보면 분명 어깨가 하늘로 치솟을 날이 온다.

나는 일 잘하고 아이들과도 행복하다. 내 관리도 철저하게 잘하는 멋진 엄마다. 나는 오늘도 애 엄마 같지 않은 '애 엄마'이다. 내일은 오늘보다 더 멋진 애 엄마로 성장해 있을 것이다.

"애 엄마가 일하고 육아도 해야 하는데 그럴 시간이 있어요? 너무 멋져요."

"거저 된 거 아니에요."

감사합니다. 선생님

아이들이 태어나서 성인이 되기까지 부모보다 많은 시간을 보내게 될 사람은 선생님이 아닐까 한다. 우리 아이들은 하루에 적게는 10시간 많게는 12시간 이상을 어린이집에서 보낸다. 나와는 잠자는 시간을 빼고는 기껏해야 2~3시간 남짓이다. 무조건적인 믿음으로 어린이집에 등원시킨다. 지금까지 우리 아이들의 인복 하나는 끝내준다. 앞으로도 그럴 것이다. 기존에 다니던 어린이집, 피치 못할 사정으로 옮기는 어린이집까지 너무 좋은 환경이었다. 좋은 선생님들을 만난 것은 두말하면 잔소리다. 입구부터 아이들을 사랑으로 돌봐주심을 느낀다. 나는 항상 선생님들에게 "감사합니다"라고 말한다. 진심으로 감사하기도 하지만 앞으로도 잘 부탁드리고 항상 감사할 것이라는 마음도 있기 때문이다. 정말 우리 아이들의 생활들은 감사함의 연속이다.

우리 아이들은 '시간연장형' 보육을 받고 있다. 어린이집에서 아이들을 9시까지 케어하고 있어 덕분에 마음 놓고 일할 수 있다. 저녁 늦은 시간까지 시간 연장선생님께 아이들을 맡기는 게 죄송해서 처음에는 급한 마음으로 데리러 가기도 했다. 아이들을 찾으면서 나도 모르게 죄송하다는 말이 나왔다. 그래도 "감사합니다"라는 인사는 절대 잊지 않았다.

하루는 선생님에게서 전화가 왔다. 엄마들은 한 번쯤 느껴봤을 법한 떨림이 있었다. 혹시 우리 애가 누굴 때렸나? 무슨 일이 있나? 별별 생각이 들고 심장박동은 요란했다. 불안한 마음으로 전화를 했다. 선생님은 밝은 목소리로 "어머니, 너무 바쁘게 오지 않으셔도 돼요. 원래 9시까지 있는 거니까 편하게 아이들 찾으시면 돼요"라고 말했다. 아이들이 너무 잘 놀고 남아 있는 친구들과도 잘 어울리니까 오히려 편하다며 아이들 칭찬까지 해주었다. 지금 나는 퇴근 준비를 조금 더 천천히 여유롭게 하고 있다. 일을 조금 더 할 수 있는 시간이 주어졌다. 직장에서 그리고 어린이집에 눈치를 봐야 할 상황이 점점 줄어들었다. "감사합니다"를 입에 달고 살았더니 감사한 일들이 넘쳐나기 시작했다. 워킹 맘이지만 퇴근 눈치 보지 않는 워킹 맘으로 잘 살고 있다.

우리 아이들을 케어해 주는 모든 분들에게 "감사합니다"라고 말하면 정말 감사한 일들이 넘쳐난다. 나는 하루에 몇 번이고 마음속으로 '우리 아이들은 아주 고마운 분들과 함께하고 있어. 감사한 환경에서 지내고 있어'라고 생각한다. 하원할 때 아이들은 큰 소리로 "안녕히 계세요"라고 외친다. '씩씩하게 잘 놀고 갑니다!'라고 하는 것만 같아서 웃음이 난다. 집으로 가는 차에서 선생님이 뭘 해줬고 밥은 무얼 주었고 미주알고주알 다 말하며 자기들끼리 까르르거리는 소리를 듣고 있으면 '오늘 하루도 감사합니다'라는 말이 절로 나온다. 사랑받고 있음을 아이들을 통해 느낄 수 있어서 항상 감사하다.

어린이집 선생님들에게도 월차가 있다. 그러면 시에서 지원해 주는 선생님이 하루 이틀 정도 아이들을 케어한다. 행복이 담임선생님이 월차를 쓰는 날 새로운 선생님이 왔었다며 행복이가 하루 동안 있었던 일을 말해 주었다(행복이는 눈이 조금 아픈 아이로 태어났다. 지금은 시력도 어느 정도 회복되고 아주 좋은 상태로 되어가고 있다). 주말 이야기를 하고 개인 활동시간에 아이들과 함께 놀고 있었단다. 그런데 새로 온 선생님께서 행복이에게 유튜브와 티비를 많이 봐서 눈이 나쁘구나?라고 말했다고 한다. 순간 피가 머리로 쏠리는 느낌을 제대로 받았다. 어떻게 선생님이 그런 말을 아이들 모두 있는 곳에서 할 수 있지? 온몸이 떨리고 화는 가라앉을 기미가 없었다. 감당할 수 없는 감정에 5분 정도 눈을 감고 생각했다. 거짓말 조금 보태서 당장 전화해서 따질까 말까 그 짧은 시간 동안 수만 번 생각했던 것 같다. 마음을 가라앉히고 행복이에게 그때 상황이 어땠는지 차근차근 물어보았다. 들으면 들을수록 화가 솟구쳤다. 반년을 넘게 다니면서 단 한 번도 이런 이야기를 하던 행복이가 아니었기에 더 신경이 쓰였다. 일단 "우리 딸 속상했겠다"라고 말하며 안아주었다. 그런 소리를 들은 게 꼭 내 탓 같았다. 내가 태교에 신경을 못 써서 아이가 이런 소리를 듣고 이런 상황에 놓인 것만 같았다. 밤새 잠도 안 오고 뒤척거리고 도무지 잠을 잘 수 없었다. 아이가 한 말만 가지고 100% 단정 짓지 않기로 했다.

다음 날 잠시 시간을 내달라고 원장 선생님께 부탁드렸다. 그런 모습을 본 행복이는 "엄마, 왜요?"라면서 궁금해했다. 아이를 올려 보낸 후 원장님과 이야기할 시간이 생겼다. 전날 행복이가 나에게 전한 상황에 대해서 말씀드렸다. 아이 말만 듣고 단정 짓기보다 원장 선생님께 상황을 여쭈어보는 게 맞다고 생각했기 때문에 말씀드린다며 아이가 이야기 했던 일들을 토씨 하나 빼놓지 않고 이야기했다. 정말 속상하셨겠다면서 바로 임시 선생님께 말씀 전하겠다고 했다. 원장 선생님의 표정과 말투에서 진심이 느껴져서 순간 울컥했다. 본인 일처럼 씩씩거려 주신 것에도 감사했다. 행복이는 그날 하원하는 차에서 원장 선생님이 머리를 쓰다듬어주고 손잡고 행복이 반까지 같이 가주었다고 자랑했다. 원장 선생님은 행복이에게 충분한 위로를 해주었다. 덕분에 축복이는 원장 선생님이 자기에게는 안 해줬다며 삐쳐서 달래느라 한참 애를 먹었다.

워킹 맘은 아이들과 소통할 시간이 정말 적다. 나도 기껏해야 한두 시간 정도 아이들에게 온전히 집중할 수 있다. 집에 들어가는 순간 밀린 집안일 하기도 바빠서 아이들의 이야기를 온전히 들어줄 수 없다. 아이들도 비슷한 일상을 나에게 항상 이야기하지 않는다. 자신들이 느끼기에 자극적인 일상이 있을 때야 집안일 하는 내 주변에서 알짱거리면서 이야기하는 정도다. 아이들이 자극적인 이야기를 적극적으로 이야기할 때 나 또한 적극적인 자세로 들어준다. 하지만 아이들의 이야기는 과장됨이 조금씩은 있을 수 있으니 감안하고 들어준다.

어린이집과 유치원 또는 학교 문제는 조금 더 객관적으로 들여다볼 필요가 있다. 무조건 아이의 말을 신뢰하기보다 한 발 물러서서 생각할 수 있어야 한다. 물론, 요즘 많은 사건 사고들이 보육현장에서 일어나고 있음을 다양한 매체들을 통해서 접한다. 그러기에 불안한 마음이 앞서는 것은 사실이다. 하지만 우리 아이들을 나보다 더 많은 시간 돌봐주고 있는 분들에 대한 신뢰를 잊을 수 있겠다 싶은 이야기도 있다. 나 또한 많다. 그럴 땐 심호흡을 하고 한 번 더 생각해 보고 판단하자.

아이들은 거짓말과 과장을 구분할 줄 모르는 게 당연하다. 어른 또한 이쪽에서 저쪽으로 말을 옮길 때 조금씩 살을 붙인다. 상상력 충만한 아이들은 더하면 더했지 덜하진 않는다. 아는 분 중에 유치원 선생님이 있다. 엄마들끼리 모여서 이런저런 이야기하는 도중에 갑자기 그분이 열변을 토하던 기억이 난다.

"그렇게 행동하면 친구는 기분이 나쁘지 않을까? 선생님 눈 똑바로 봐줄래?"라고 이야기하면서 두 손으로 아이의 양뺨을 감싸고 본인을 바라보게 했다고 한다. 물론 CCTV가 설치되어 있었다. 그러나 아이는 엄마에게 선생님이 때렸다고 말했다고 했다. CCTV를 보여주기 전까지 아이 엄마가 한 행동은 가관이었다고 한다. 뺨에 살짝 손을 올렸을 뿐인데 아이가 엄마에게 선생님이 때렸다고 이야기한 것으로 결론이 났다. 누가 봐도 때린 상황이 아니었다. 사건의 피해 아동 학부모가 봐도 감싼 것으로밖에 안 보였다고 한다. 지인은 욕을 한 바가지 먹었지만 사과도 원 없이 받았다고 한다.

그 학부모의 행동을 같이 욕했던 1인으로서 우리 딸이 겪었던 일에 대해서 한 번 더 생각할 수 있었다. 임시 선생님은 행복이에 대해서 정확하게 몰랐을 것이다. 그리고 요즘에는 안경을 착용하는 아이들이 많다 등등 아이의 이야기만 듣고 함부로 판단하지 말자고 다짐했다. 행복이가 그때의 일로 상처를 받았을 수 있다. 상처를 받았더라도 엄마 그리고 아빠가 든든한 버팀목이 되어준다면 아이의 상처는 가벼워질 것이라고 생각한다. 아이의 감정을 지키면서 선생님과의 신뢰를 지키는 현명한 엄마가 되자.

하원하는 차에서 행복이에게 분명하게 말했다.

"누가 뭐라고 해도 우리는 행복이 편이야. 아침에는 원장 선생님께 엄마가 얼마나 행복이 사랑하는지 말했던 거야. 엄마 딸 사랑해."

행복이는 덕분에 기분 좋아진 모습으로 한 번 더 원장 선생님과의 일을 자랑했다. 그리고 자신을 사랑하는 엄마가 있어서 너무 행복하다며 한바탕 웃었다.

감사합니다, 선생님.

감사합니다. 나에게 주어진 이 모든 것들이.

엄마, 예뻐요

어렸을 적 외할머니와 여섯째 이모와 함께 살았다. 엄마는 일곱 자매 중 다섯 번째 딸이다. 우리 집에 이모들이 한 번씩 올 때 엄마는 항상 푸짐하게 무언가를 했던 것 같다. 아마 할머니가 하려는 걸 막고 했던 것으로 어렴풋이 기억이 난다. 이모들은 모이면 항상 우리 엄마가 얼마나 날씬했는지 이야기하면서 "미자야, 살 빼라"는 이야기를 꼭 했다. 하루는 하도 이모들이 그런 이야기를 해서 "우리 엄마 예뻐요! 살 안 빼도 돼"라고 했다. 그런데 내 말은 이모들의 수다 속에 파묻혔다. 나는 그 길로 방에 들어가 이불을 뒤집어쓰고 엉엉 울었다. 디스 아닌 디스를 하자면 이모들은 다 엄마처럼 생겼고 몸집도 비슷하다. 내 눈에 다 똑같아 보이는데 왜 엄마한테만 그랬는지 모르겠다. 내 눈에는 다 비슷한 이모들 중에서 단연 우리 엄마가 제일 예뻤다. '내 엄마'라서 미자 여사가 예뻤다. 어린 날의 엄마에 대한 나의 마음이었다.

우리 아이들에게 나도 다르지 않다. 쉬는 날이면 머리 감지 않는 건 기본이다. 눈곱도 끼어 있고 화장기라고는 없어서 얼굴이 칙칙하다. 입술색도 흐리멍텅한 편이다. 옷은 다 늘어나거나 큼직한 남편 티 하나만 입고 있다. 거기에 외투 하나 걸치고 슈퍼도 돌아다니는 주변에서 흔히 볼 수 있는 한없이 편하게 다니는 사람이다. 일할 때와는 완전 딴판이다. 그래도 아이들은 그런 나를 보고 예쁘다고 한다. 아이들도 어릴 적 엄마를 향한 나의 마음과 다를 것이 없겠지.

사회생활할 때 타인이 나를 보는 시선은 아이들과 다르다. 대부분 준비되어 있지 않은 사람과 함께 일하고 싶지 않을 것이다. 나도 집에 있는 모습 그대로 출근해서 고객들의 머리를 만진다고 생각하면 끔찍하다. 나부터 준비되지 않은 모습인데 누가 나에게 관리받으려 하겠는가. 누누이 말하지만 워킹 맘일수록 자기 관리는 더 철저해야 한다. 애 엄마라서 그렇다는 말 같지도 않은 말을 듣기 싫다면 말이다.

출근할 때 나는 항상 화장도 하고 옷도 신경 써서 입는다. 직장에 가기 전에 아이들을 어린이집에 데려다 주어야 한다. 아이들이 마칠 때쯤이면 드라이하고 립스틱도 바른 상태여서 다크서클이 발밑까지 생겼을망정 스타일은 더 괜찮아져서 퇴근한다. 그런 내 모습을 우리 아이들은 좋아한다. 아침마다 아이들은 내 옷에 관심이 참 많다. 어떤 옷은 뚱뚱해 보인다, 어떤 옷은 천사 옷 같다, 긴 치마가 예쁘다, 짧은 바지는 아빠가 싫어한다, 위에는 하얀색이 예쁘다 등등 코디네이터 나셨다. 친구들에게 엄마가 예쁘게 보였으면 좋겠단다.

월차일 때는 보통 오후에 볼일이 많기 때문에 모자 하나 눌러쓰고 아이들을 바래다주려고 하면 입구에서 난리난다. 입술에 빨간 거 바르라고 하고 청바지를 입으라고 한다. 너희들 바래다주고 볼일 보러 나갈 때 한다고 이야기해도 소용 없다. 다 괜찮으니 입술에 빨간 거는 꼭 바르라고 한다. 한번은 너무 귀찮아서 "엄마 화장 안 해도 예쁘다며?"라고 말했다. "예쁘기는 한데 엄마는 일할 때가 제일 예뻐요." 조용히 방으로 들어가서 선크림과 립스틱을 장착하고 바래다주었다.

세상 물정 모르는 아이들도 예쁜 것과 아닌 것을 구분한다. 오히려 티 없이 맑은 눈으로 바라보는지라 더 정확하다. 우리 엄마라서 가장 예쁘다고는 하지만 집에서의 내 모습과 일할 때의 내 모습 중에서 역시 관리되어 있는 모습이 좋은 것이다. 가족 중 최측근이 그리 말할 정도면 타인이 볼 때 더하면 더했지 덜하지는 않다. 예쁘다는 말이 외모만을 저격하는 것이 아님을 우리는 안다. 자기 관리를 하느냐 안 하느냐의 문제다.

워킹 맘은 주변에 워킹 맘 동료가 많이 생길 수밖에 없다. 아이들 엄마끼리만의 대화가 있다. 서로 정보를 공유하기 위해 자연스레 가까워진다. 동료 중 워킹 맘을 가만히 보면 참 관리를 잘한다 싶은 사람들이 있다. 내적으로 자기를 잘 꾸며놓은 사람은 자연스레 얼굴에 묻어나게 되어 있다. 아는 척하지 않아도 느껴지는 아우라가 다르다. 잘난 척하지 않아도 잘나 보인다. 누가 봐도 따뜻해 보이고 다가가고 싶은 워킹 맘이 주변에 있다면 그 사람들의 생활 패턴을 생각해 보자. 왜 그들에게서 빛이 나는지 답이 보인다. 자기 시간에 맞추어서 질서 있게 계획하고 행동한다. 나를 위한 투자에는 과감하다. 쓸데없는 곳에 시간을 낭비하지 않는다. 내면의 나를 한층 더 가치 있게 만들어줄 것들에 아낌없이 투자한다.

반대로 어떻게든 내 방식이 옳다 주장하고 자신이 쓰는 육아용품이 최고라는 엄마들도 있다. 인터넷으로 검색해 보면 다 알 법한 이야기를 자기만 아는 양 자랑하듯이 이야기하는 사람이 있다. 주변 워킹 맘을 질투하는 사람도 있다. 굳이 그런 이들과 어울리지 않았으면 좋겠다. 분명 피곤해진다.

감사하게도 책이나 글을 보는 게 습관이다. 아이들 커가는 모습을 블로그에 기록하고 글을 쓰는 것도 일상이었다. 사정상 갑자기 이직하면서 잠시 우울증이 왔었다. 언제든 나가면 시끌벅적한 거리들과 백화점이 있는, 흔히 말하는 메인 거리에서 일하다가 한적한 시골 같은 곳으로 이직하니 이건 뭔가 싶었다. 예전에는 손님이 없으면 인턴이나 매니저와 함께 나가서 군것질도 하고 쇼핑도 했다. 이직한 곳 주위에는 갈 데가 없다. 앞에 빵집 하나뿐이다. 내가 원하는 매출이 나오지 않았다. 이곳에 왜 있어야 되나 싶었다. 6개월 정도 너무 힘들었다. 웃는 게 웃는 게 아니고 항상 날이 서 있었다. 친정엄마에게 항상 죽겠다는 소리만 해댔다. 6개월 동안 나름 취미였던 독서도 하지 않았다. 글을 적고 소통하는 게 좋아서 하던 블로그도 비공개로 돌려버렸다. 아무것도 하고 싶지 않았다. 내가 처한 상황이 짜증스러웠다. 전에는 일하는 게 너무 재밌고 신났었는데 이곳에서의 일은 답답하기만 했다. 함께 일하는 사람들이 나와 맞지 않는다고 불평불만이 늘어갔다. 핸드폰 게임만 주야장천했다. 손님이 와도 반갑지 않았다. 표정은 점점 어두워졌다. 도살장에 끌려가는 짐승처럼 일에 끌려다녔다.

몹시 추운 어느 날 집에 도착한 행복이 축복이가 동영상을 보기 위해 책을 집어 들었다. 이불을 돌돌 말고 침대에 앉아서 서로 책을 읽어주었다. 아이들은 보고 싶은 권수를 차에서 정한 후에 집에 도착하면 읽고 유튜브를 볼 수 있는 규칙을 만들었다. 둘이 엉덩이를 씰룩거리면서 책을 보면서 서로에게 읽어주고 (글자를 몰라서 제대로 읽는 게 아니라 그림을 보고 지어내서 이야기한다.) 까르르 웃는 모습이 너무 예뻐 보였다. 생기 있어 보였다는 표현이 맞는 것 같다. 아이들에게는 그런 규칙을 만들어 지키게 하고 나는 지켜보고만 있자니 창피함이 몰려왔다. 조용히 책꽂이에 있는 책을 하나 집어 들었다. 오랜만에 눈을 굴리려니 잘 굴러가지 않았다. 천천히 한 글자 한 글자 읽어 내려가고 있는데 행복이가 다가오더니 볼에 뽀뽀를 해줬다. 그러더니 싱긋 웃으면서 "엄마도 책 읽으니까 예쁘다"고 이야기하더니 축복이랑 다시 책 읽어주기 놀이를 시작했다. 분명히 굉장히 추운 날이었다. 이상하게 그날 밤은 춥지 않았다. 그날 이후로 나는 하루에 한 권은 꼭 읽는다. 정말 바쁜 날은 집에 도착해서라도 읽는다. 딸의 '예쁘다'는 말은 나를 움직이기에 충분했다.

지금 나는 최선을 다해서 살고 있다. 6개월의 시간을 허비한 대가로 더욱더 해야 할 게 많아졌고 바빠졌다. 하고 싶은 것도 많다. 조금은 벅차다. 하지만 즐겁고 신난다.

그 이후로 나를 하나씩 다시 제자리로 돌려놓았다. 무슨 일 있냐고 물어보던 사람들이 요즘에는 너무 좋아 보인다고 한다. 다이어트를 해야 할 판인데 살이 빠졌다고 한다. 코감기와 인후염이 와서 죽겠는데 예뻐졌다고 한다. 마음가짐 하나 바꾸었는데 날 보는 시선들은 몇 배 더 업그레이드되어 있다. 마음가짐 하나 바꿨을 뿐인데 엄청난 효과가 나타나기 시작했다. "모든 것은 마음먹기에 달렸다"는 옛말이 틀린 게 없음을 증명하고 있다. 아침을 시작하면서 '오늘도 아름답게 살아보자'고 마음먹기 시작했다. 이제는 하루하루 아름다운 삶 속에서 지내고 있다. 워킹 맘의 삶이 예뻐지기 시작했다. “예뻐지는 게 제일 쉬웠어요”라고 말할 수 있을 날이 머지않았다.

아이들의 시선에 엄마는 세상 누구보다 예쁘고 아름다운 사람이다. 엄마인 나는 아이들이 롤모델로 삼기에 충분한 사람이다. 아이들의 시선에서 빛나는 엄마가 되기 위해 누구보다 열심히 맡은 바를 해낼 줄 알아야 한다. 워킹 맘은 해내야 할 것들이 많다. 하지만 아이들이 예쁘다고 해주는데 못할 게 뭐 있나? 우리네 부모님들도 내가 그들을 보면서 행복해했을 때 얼마나 뿌듯하고 가슴 설레었을지 생각해 보면 웃음이 난다. 나는 그런 부모이고 싶다. 물론 그런 부모가 되기란 쉽지 않겠지. 이왕 부모라는 완장을 찼으면 맡은 바 최선을 다해야 어깨 한번 으쓱할 수 있지 않을까? 어릴 적 반장이라는 완장을 차고 복도청소를 진두지휘했던 그때의 열정 정도면 충분하다. 선생님의 칭찬 한마디를 듣기 위해 고래고래 고함 지르면서 왁스칠을 얼마나 열심히 했었는지. 아이들의 칭찬을 듣기 위해 그 정도 열정 못 쏟을 이유는 없다. 훗날 아이들이 참 아름답게 살았고 치열하게 살았던 엄마였구나!라고 기억했으면 좋겠다. 그래서 오늘도 열심히 예쁘게 살기 위해 노력한다. 워킹 맘 당신 참 예쁘다.

나는 꿈이 있는 엄마

어릴 적 나는 꿈이 참 많은 아이였다. 의사, 선생님, 간호사, 피아니스트, 화가 등등 참 많았다. 누가 옆에서 정말 잘한다 소리 한번 해주면 그게 내 꿈으로 연결됐다. 덕분인지 나는 한 가지를 꾸준히 하지 못했다. 금방 싫증을 느꼈다. 그럴 만도 했다. 손가락이 길고 손이 두툼해서 피아노를 잘 칠 것이라는 학원 선생님의 말과 달리 손가락이 짧고 키도 작은 통통했던 옆집 언니가 피아니스트가 되었다. 섬세하고 색감을 정확하게 안다는 선생님 말과 달리 중학교 친구의 전공이 미술이다. 스타트가 빠르고 잘 달린다는 선생님의 말과 달리 단짝이 더 잘 달렸다. 그때 나는 '기를 쓰고 해도 안 되는구나' 하고 쉽게 포기할 만할 때였다고 생각한다. 그것들에 대한 후회나 미련은 없다.

"할 수 있는데 노력하지 않았잖아"라는 미자 여사의 단골 멘트를 귀에 딱지가 앉도록 들었지만 뭔 배짱인지 혼내는 엄마가 무섭지 않았다. 어릴 적 내가 기억하는 엄마는 죽기 직전까지 혼낸다는 말을 몸소 실천할 정도로 강한 존재였다. 물론 눈물을 뚝뚝 흘렸다. 억울하고 서러웠다. 나름대로의 노력을 인정해 주는 것 같지 않아서. 희한하게도 똥고집이 있었나 보다. 어린 시절의 나는 그 부분에 대해서 내 판단이 옳다고 생각했다. 끝까지 안 하겠다고 우겼다. 쉽게 포기하는 나를 보며 안타까웠을 엄마 마음을 엄마가 된 지금 조금씩 이해하고 있다. "미안했어 엄마."

부유하지 않은 형편에도 중학생인 나를 단기 언어 유학을 보낼 정도로 미자 여사는 참 알뜰살뜰하게 가정을 잘 지켜낸 엄마였다. 항상 순종적이던 나는 언젠가부터 골 때리는 아이가 되어갔다. 원래 사고뭉치였던 아이처럼 지독한 사춘기가 찾아왔다. 엄마는 지금도 엄마랑 의견이 맞지 않아 욱하는 나를 보면 "아직도 사춘기 진행 중이가"라며 놀린다.

어느 날 유학을 가야겠다면서 '나는 의사가 될 사람이다'부터 시작해서 나중에는 '교회에서 봉사하는 사람이 될 거다'까지 다양한 언변으로 엄마를 꼬셨다. 분명 미자 여사는 내 의도가 그것이 아님을 분명히 알았을 것이다. 나는 대한민국 교육사회에서 벗어나고 싶었다. 시험이라는 테두리 안에서 나를 평가하는 게 너무나도 싫었다. 부모님이 원하는 등수를 못해 내면 혼나야만 하는 환경이 싫어서 별 되지도 않는 소리로 반항을 시작했다.

친정엄마에게는 참 아픈 이야기일 수 있다. 원하던 유학을 갔다. 똥고집으로 유학 길에 올랐던 나는 결국 사고라는 사고는 다 치고 한국으로 돌아왔다. 그때부터는 정신 차렸을까? 아니 전혀. 엄마가 고심 끝에 알아본 대안학교를 1년도 못 채우고 자퇴라는 길을 걸었다. 아버지가 죽네 사네 할 때도 정신을 못 차리고 내 삶을 즐기기 바빴다. 나는 가장 소중하게 기억해야 할 10대를, 가장 아름다워야 할 20대를 남들과 다르게 참 못나게 보냈다.

참 신기한 건 용돈을 보내주지 않는 부모님 몰래 말도 통하지 않던 나라에서 알바를 한 것이다. 시작이 미용이라는 분야다. 자퇴하고 노량진 학원에 다닌다며 새벽같이 뛰어나가서 학원비보다 못한 돈을 벌면서 미용실에서 일했다. 숨긴다고 숨겼는데 미자 여사는 이미 다 알고 있었던 것 같다. 19살 겨울, 미용실에서 일하겠다는 선언에 너무나도 무덤덤하게 반응한 그 목소리를 아직도 기억한다. 그런 사고뭉치 딸을 나무라지 않고 기다려준 엄마에게 항상 미안하다. 기술이 더 중요하다며 대학을 가지 않겠다던 나에게 단호하게 자신의 뜻을 굽히지 않던 엄마의 목소리가 아직도 귓가에 생생하게 맴돈다.

"살아보니 대학을 나오지 않았던 엄마가 살기에 너무 힘들더라. 마지막 예비 17번째 기회를 놓치지 말자." 1등 아니면 혼내던 엄마가, 평균 90점 넘지 않으면 혼내던 엄마가 '예비'라는 기회를 간절하게 말했다. 물론 난 대학시절을 열심히 보내지 않았다. 교수님의 이야기만 봐도 알 수 있다. 하지만 그때 엄마의 간절한 바람이 지금의 나에게는 정말 큰 도움이 되고 있다.

사고뭉치였던 나를 끝까지 붙잡아둔 것은 결국 내 꿈이었다. 끈기 없이 이것저것 맛만 보던 내가 용돈을 벌기 위한 아르바이트에서 시작된 호기심의 끝은 결국 인생을 책임지는 본업이 되었다. 남들은 참 이기적인 삶을 살았다고 혀를 찬다. 맞는 말이다. 나는 참 이기적으로 살아왔고 앞으로도 그럴 예정이다. 나는 누군가가 원하는 삶이 아닌 내 삶을 살고 있는 중이다. 워킹 맘인 지금의 나는 여전히 내가 원하고 꿈꾸는 삶을 살고 있다. 엄마라고 해서 꿈꾸지 못할 이유는 없다. 그렇다고 지금의 내가 처한 모든 것을 놓아버리고 나만의 꿈을 좇지 않는다. 엄마라는 위치와 일하는 직장인의 위치를 무너뜨리지 않는 선에서 꿈꾸고 있다.

책을 읽고 남편에게 한 번씩 "나는 이런 생각을 했는데 책에는 이렇게 돼 있더라?"라고 이야기하면 반대 입장에서 진지하게 답을 해주는 복이 아빠가 참 고맙다. 이기적인 나를 다시 한 번 되돌아볼 수 있게끔 해준다. 철없는 이야기를 해도 진지하게 받아들이고 한 번 더 같이 생각해준다. 그런 면에서 나는 참 행복한 사람이다. 항상 감사하다. 어쩌다 보니 일 벌이기 좋아하는 나를 만나서 고생 아닌 고생을 하는 사람이다. 그래도 싫은 소리 한 번 안 하고 나를 지지해 주고 응원해 준다. 덕분에 내 꿈은 오늘도 조금씩 성장하고 있다.

나는 하고 싶은 게 너무 많고 꿈도 많다. 엄마는 반백 살이 넘어서 공부를 시작했는데 미자 여사의 영향인지 몰라도 배우고 싶은 게 너무 많다. 하고 싶고 배우고 싶은 것이 지금의 일과 전혀 관련 없다는 사람도 있지만 어떻게든 해내고 싶다. 하루는 "다시 공부하고 싶어"라는 내 말에 남편은 정말 0.00000000…1초도 망설임 없이 "해봐"라고 말해 주었다. 어떻게 공부하면 되고 1년에 몇 번 정도 출석해야 되는지 대충 알고 있었나 보다. 울컥 눈물이 났다. 참 감사했다. 무슨 일이 있어도 내가 원하는 바를 해낼 수 있을 것 같은 기분이 나를 감쌌다. 응원해 주는 사람이 항상 곁에 있다는 것은 참 행복한 일이다.

미자 여사는 두말하면 잔소리다. 본인이 공부했던 대학서적을 내가 뒤적거리자 "그 책 말고 정서 관련 책도 있을 거야, 너 그거 제대로 할 거면 15년 이상 투자해야 한다"라고 말하더니 자기 할 일을 했다. 커피를 내리는 미자 여사의 뒷모습에서 어떤 풍파에도 흔들리지 않을 것이라는 확고한 의지를 읽을 수 있었다. 훗날 나의 아이들도 엄마를 바라보는 내 시선처럼 나를 바라봐 주길 바란다. 앞으로 15년 힘들면 좀 어떤가. 결국 나는 그때 내가 원하는 바를 이루는 사람이 되어 있을 것이다. 분명히 그렇게 되도록 할 것이다.

'꿈'을 거창하게 생각하는 사람들이 있다. 생각보다 꿈은 거창하지 않다. 꿈이 삶의 마지막 종착지점이라고 생각하지 말자. 꿈은 그저 흘러가는 일상 중 하나일 뿐이다. 꿈에 대한 사전적 의미는 정말 많다. 하지만 그중 하나 딱 집어 '실현할 모습'이라고 생각하면 된다. 꿈은 절대 허황된 것이 아니다. 이룰 수 있기에 꿈을 꾸는 것이다. 물론, 말도 안 되는 상상의 나래가 아닌, 노력 이상의 것을 할 수 있도록 준비해야 한다. 결국 꿈을 이룰 것이라는 믿음으로 그에 마땅한 대가를 치러야 한다. 그에 걸맞은 나를 만들고 단련시키면 결국 '꿈'이라는 자리에 갈 수 있다. 분명히 내 자리는 마련되어 있다.

나는 '나를 통해 행복해하는 사람이 넘치는 디자이너', '똑똑하고 현명한 엄마', '자랑스러운 딸' 등… 앞으로 이루어야 할 꿈들이 너무 많다. 그 꿈을 위해서 하루하루 해야 할 것들도 많다. 어느 누군가에게는 일용할 양식이 주어지는 삶이 꿈일 것이다. 또 어느 누군가에게는 하루라도 맘 편히 쉴 수 있는 보금자리가 있는 것이 꿈일 것이다. 어떻게 보면 꿈은 참 간단하게 생각할 수 있는 부분이다.

간단하게 생각하자고 해서 꿈을 가볍게 생각하지 말자. 사소한 생각이 미래의 나를 만들고 미래의 나를 진두지휘한다. 꿈은 되도록 크게 꾸어야 한다. 하지만 그에 합당한 노력을 해야 한다. 이룰 수 없는 꿈은 없지만 이루지 못하는 꿈은 존재한다. 얼마만큼 시간을 투자하고 노력하느냐에 따라 성패가 갈린다. 지금은 남들보다 이룬 것도 없고 너무 더디고 천천히 간다고 생각할 수 있다.

"시작은 미약하나 끝은 창대하리라"라는 성경 구절이 있다. 끝이 보이지 않고 저 멀리 있다고 해도 하루에 한 걸음 하루에 한 박자씩 맞추어 나가보자. 언젠가는 그 끝에서 환하게 웃고 있을 나를 상상해 보자.

나는 꿈이 있는 워킹 맘이다. 꿈은 항상 나와 함께 있다. 하루하루 내 꿈은 이루어지고 있고 이루기 위해 나는 쉬지 않고 달릴 예정이다. 조금 지치고 힘들면 쉬어가면 된다. 급하게 후다닥할 생각은 없다. 천천히 그러나 게으르지 않게 꾸준히 하나씩 하다 보면 내가 바라던 모습이 어느 날 눈앞에 다가왔음을 느낄 것이다. 워킹 맘은 꿈꾸기 참 좋은 사람이다. 늦은 때는 없다. 지금부터 꿈을 꾸고 이루어나가 보자. 당신의 하루가 더 특별해지고 아름다워질 것이다. 워킹 맘 당신의 꿈은 무엇인가?

멋진 실장님이라서 행복해요

아이들을 데리러 갈 때면 항상 어두웠다. 가끔 일이 일찍 끝나 어린이집 문 앞에서 종을 누르면 여러 아이들이 기를 쓰고 달려 나온다. 얼굴을 보고 아이들은 "행복이 축복이 엄마다!"라고 이야기하고 행복이, 축복이는 얼굴을 환하게 피고 뛰어나온다. 반면 다른 아이들은 시무룩해져서 들어간다. 가끔 그런 모습을 보면 마음이 짠하다. 우리 아이들도 다른 부모님들이 올 때 저런 표정을 지을 수 있겠구나 싶다. 우리 아이들은 거의 매일 제일 마지막에 하원한다. 일찍 오든 늦게 오든 아이들은 그저 엄마가 왔다는 반가움에 한껏 웃으며 뛰어나온다. 몸이 아무리 지쳐도 웃는 모습에 기분이 좋아진다.

아이들이 처음 시간연장 보육을 받을 때 참 심란했다. 몇 달간 우리 아이들만 남아 있는 모습을 보면서 더 마음이 좋지 않았다. 다른 친구들처럼 집에 일찍 들어가고 싶지는 않을까 싶기도 했지만 애써 무시했다. 차에서 내리면 서로 비밀번호를 누르겠다면서 뛰어가는 뒷모습을 바라보는 것도 짠했다. 손발을 씻고 자신들이 놀 수 있는 시간을 확인한다.

더 놀고 싶은데 언제 큰바늘이 12에 가냐고 물어본다. 한두 시간 신나게 놀고 자러 들어가는 아이들을 바라보는 것도 짠했다. 속으로 엄마가 못 놀아주어서 미안해라는 말을 수없이 했다. 아이의 마음이 어떨까 싶어서 걱정도 되고 심란했다. 지나고 보니 그 또한 쓸데없는 고민 중 하나였지만 그때는 마음이 편하지 않았다.

일을 함으로써 얻을 수 있는 것들에 대해서 하나씩 써 내려가기 시작했다. 워킹 맘들은 꼭 해보길 바란다. 얻는 것과 잃는 것들을 하나씩 써 내려가다 보면 얻을 수 있는 것들이 생각보다 많다. 잃는 것들 또한 심오하다. 나는 긍정적인 부분에 초점을 맞추기로 했다.

경제적 여유가 생기면 아이들이 원하는 것들을 조금은 수월하게 해줄 수 있다. 집에서 아무것도 하지 않는 것보다는 집안 살림에 보탬이 된다, 엄마를 자랑할 수 있는 직업이 있다 등등… 그리고 무조건 내 일을 사랑하기 시작했다. 일을 사랑하기 시작하니 하루가 참 짧았다. 해야 하는 일을 집중해서 빨리 끝낼 수 있고 남는 시간은 나를 위한 시간으로 만들 수 있었다. 비효율적인 걱정은 할 시간도 없었다. 정말이다. 고민할 시간에 내 시간에 온전히 집중한다면 걱정은 사라지기 마련이다. 워킹 맘으로 살 것을 결정했기에 나는 지금의 나에게 집중하면 된다. 일하는 엄마라는 것에 초점을 맞추고 아이들에게 엄마가 일하면서 느끼는 행복을 보여준다면 아이들도 지금의 시간을 잘 견딜 것이라는 확신이 있다.

별별 걱정으로 인한 시간 낭비는 지금 당장 멈추자. 그럴 시간에 차라리 집안일을 찾아서 하면 시간은 금방 간다. 몸은 녹초가 되었지만 집안일에 몰두하는 동안은 고민거리가 싹 사라질 것이다. 간혹 무언가를 생각하면서 기분이 좋지 않고 불안하다면 그런 생각은 접어두어야 한다. 나를 한 단계 발전시킬 만한 생각이 아니라면 나를 뒤처지게 할 뿐이다.

아이들에 대한 고민, 미래에 대한 고민은 접어두고 현실에 집중하기로 했다. 지금도 불쑥 좋지 않은 일이 머릿속을 헤집어놓으면 무언가 할 거리를 찾아 고민할 틈을 주지 않는다. 정말 좋은 방법 중 하나다. 나 자신을 바쁘게 만들고 쉬지 않게 만드는 것은 가혹하다 할 수도 있겠다. 한 번 혹사시킨다고 몸은 병들지 않는다. 하지만 정신은 한 번 혹사당하면 병이 든다. 소중한 내면을 병들게 하지 말자.

하루에 한 번 정도는 아이들과 이야기하는 시간을 꼭 갖는다. 차에서든 마트에서든 집에서든 공간은 만들면 된다. 오늘 하루는 어땠니? 정도의 가벼운 대화다. 하루는 퇴근길에 어린이집 앞 빵집에서 빵을 사고 나오는 길에 행복이에게 물어봤다.

"엄마가 일하고 늦게까지 어린이집에 있는 게 속상하고 힘들지 않아?"

"왜요? 나는 엄마가 멋진 실장님이어서 행복해요."

행복이의 대답은 내 마음을 울리기에 충분했다. 차에서 아이들이 신나게 떠드는 소리를 배경음악 삼아 마음을 추스를 시간이 필요했다. 감사하게도 아이들은 나를 이해해 주고 있었다. 진작부터 걱정할 필요가 없었다. 그저 벅찬 감동이 가라앉기만을 조용히 기다렸다.

아이들은 엄마가 일하는 순간부터 엄마와 떨어진다는 것을 안다. 너무 어리다면 모르겠지만 경험상 2살 이후는 충분히 알고도 남는다. 그래서 엄마와 떨어지지 않기 위해 필사적으로 매달린다. 그래도 통하지 않으면 어느새 의젓하게 주어진 환경에 적응해 나간다. 너무 어른스럽다고 걱정할 것 없다. 그저 워킹 맘의 아이들은 세상을 조금 빠르게 알아가는 것뿐이다. 엄마가 일을 끝내고 오기 전까지 자신들이 있어야 할 곳에서 힘들겠지만 최선을 다해서 적응한다. 그런 아이들이 안쓰러워 보일 수 있다. 나 또한 우리 아이들을 그런 시선으로 바라봤기 때문에. 하지만 우리 아이들은 안쓰러운 존재들이 아닌 엄마의 생활을 존중해주는 멋진 아이들이다. 아이들도 새로운 환경에서 열심히 적응하는 중인데 어른인 워킹 맘은 더 견딜 수 있어야 한다.

다시 나가게 된 직장의 작업환경이 많이 바뀌었을 수 있다. 함께 일하던 동료들이 바뀌었을 수도 있다. 육아휴직 후 돌아와보니 예전 동료가 상사가 된 경우도 생긴다. 그럼 어떤가. 나는 다시 일할 준비가 되어 있고 전투적으로 싸울 준비가 되어 있는 워킹 맘이다. 엄마는 강하다고 했던가. 워킹 맘은 누구와 비교하든 두 배 그 이상 가늠할 수 없을 만큼 강한 존재들이다.

가끔 운전하면서 유튜브 강의를 듣는다. 영상을 시청할 수 없어서 어떤 분의 영상인지 알 수 없는 경우가 많다. 책을 소개하는 동영상을 듣다가 귀에 딱 꽂히는 구절이 있었다. 우리나라는 아이들의 시선에서 본받고 싶고 존경할 만한 부모가 몇 안 된다는 이야기였다. 너무 슬프지 않은가? "부모님을 사랑하지만 존경하지는 않아요"라고 말한단다. 정말 헐!이었다. 존경받아 마땅한 부모님의 위치가 이렇게 되었구나. 그 말을 듣는데 누군가 머리를 수없이 때리는 기분이었다. 순간 멍~해지고 잠시 동영상을 종료했다. 생각할 시간이 필요했다. 아이들이 나를 사랑하지만 존경은 하지 않겠다는 말을 한다고 생각하니 너무 끔찍했다.

정신을 바짝 차려야 했다.

나는 우리 아이가 말한 멋진 실장님에서 멈출 생각은 단 1%도 없다. 무조건 더 성장해서 나중에 아이들이 나를 더 멋진 누군가로 불러주길 바란다. 존경받아 마땅한 엄마로 살고 싶다. 그런 엄마가 되기 위해 나는 지금보다 더 열심히 살아야 하고 열심히 일해야 한다. 두 마리 토끼를 동시에 잡을 수 없다는 말이 있다. 아니! 계획만 잘 세우면 두 마리 토끼뿐 아니라 몇백 몇천 마리 토끼쯤은 거뜬하다. 멋진 워킹 맘 그거 아무나 하는 거 아니다. 계획을 세우고 철저히 준비한 사람만이 쟁취할 수 있다. 아무나 못하는 것을 지금 내가 그리고 당신이 해내고 있다.

아이들은 워킹 맘이기로 결정한 엄마를 위해서 비가 오나 눈이 오나 견뎌내 주고 있다. 그런 아이들 눈에 멋진 워킹 맘으로 보여야 한다. 참 잘하는 엄마 모습을 보여줄 필요가 있다. 그래야만 하는 의무와 사명감을 가져야 한다. 극단적으로 생각해 보면 훗날, 고작 그거 하려고 그 어린 나를 여기저기 맡기고 일했냐는 원망은 듣지 말아야 되지 않겠나. 아이들은 열심히 그리고 치열하게 살고 있는 워킹 맘의 모습을 보고 배운다. 두 마리 토끼 정도는 거뜬한 엄마로 성장한다면 그 모습은 아이들에게 좋은 본보기가 될 수 있다. 저런 대단한 엄마가 우리 엄마라는 자부심은 덤이다.

"나는 엄마가 멋진 실장님이어서 행복해요."

"엄마는 멋진 실장님보다 더 많이 일하고 공부하는 사람이 될 거야."

"우와! 엄마 최고!"

아이의 '멋진 실장님'이라는 말에 감동 한 바구니 받아들고 나는 더 멋진 사람이 되겠노라 아이에게 선언했다. 그날 아이의 눈에서 나에 대한 존경의 눈빛을 처음으로 느꼈다. 물론 축복이는 그러거나 말거나 '싹트네'를 열창했다. 딸아이의 그 눈빛을 끝까지 지키려 발버둥 치는 엄마의 모습을 봐주길 바란다. 어떻게 해내는지 아이가 항상 바라봐주길 바란다. 무수히 넘어지고 무너지기도 할 테고 상처 또한 많이 받고 모든 일이 쉽지는 않을 것이다. 내 아이가 엄마를 존경하길 바라는 마음으로 살 것이다. 그 어떤 맹수보다 무겁게 느껴지는 눈빛으로 나를 바라보는 아이들을 감독 삼아 '워킹 맘 마라톤' 완주를 위해 끝까지 달릴 것이다. 나만이 해낼 수 있고 나만이 꿈꿀 수 있다. 그 꿈은 나만이 실현해 낼 수 있다.

존경받아 마땅한 워킹 맘이 되자.

당신은 사랑받아 마땅하고 존경받아 더더욱 마땅한, 참 치열하게, 참 열심히, 참 멋지게, 참 예쁘게, 참 사랑스럽게, 참 아름답게… 하루를 살고 있는 워킹 맘이다.

"나는 멋진 워킹 맘이다. 나는 우리 아이(들)에게 존경받아 마땅한 복이들 엄마다."

"당신은 멋진 워킹 맘이다. 당신은 아이(들)에게 존경받아 마땅한 ○○○ 엄마다."

당신은 참 멋진 사람입니다. 모든 워킹 맘들에게 지금 걸어가는 길이 아름다운 길이 되길 바랍니다. 대한민국 워킹 맘 파이팅!